Werner J. Meinhold / Gion Condrau / Gerhard Langer (Hrsg.)
Das menschliche Bewußtsein

Das menschliche Bewußtsein

Annäherungen an ein Phänomen

Herausgegeben von
Werner J. Meinhold, Gion Condrau und Gerhard Langer

Walter Verlag Zürich und Düsseldorf

Die Deutsche Bibliothek – CIP-Einheitsaufnahme

Das **menschliche Bewußtsein** : Annäherung an ein Phänomen / hrsg.
von Werner J. Meinhold ... - Zürich ; Düsseldorf : Walter 1998
ISBN 3-530-40038-6

© 1998 Walter Verlag, Zürich und Düsseldorf
Satz: Utesch GmbH, Hamburg
Druck und Verarbeitung: Grafo
Printed in Spain
ISBN 3-530-40038-6

Inhalt

Kapitel 3
Körper, Kunst und Sinne

Kapitel 4
Bewußtheit, Leiblichkeit und Kranksein

Vorwort

Der Begriff «Bewußtsein» täuscht eine verführerische Selbstver-
ständlichkeit vor, jedoch rankt sich um ihn die vielleicht größte
Erneuerung, die der Menschheit bevorsteht. Die Beiträge des
vorliegenden Buches vermitteln einen Einblick in diese bereits
eingeleitete Umbruchsituation und in ihre Quellen. Sie stellen
die entsprechenden Ergebnisse der neuesten naturwissenschaftlichen Forschung anschaulich vor, sie zeigen aber auch altbe-
kannte wie fremdartige Bereiche und Verständnisebenen, die
von jeher im Bewußtseinsbegriff angelegt sind, auf eine ungewöhnliche Weise auf.

Im täglichen Leben ist bisher kaum die Rede vom Bewußtsein, allerdings nicht, weil es nicht auch für den Alltag wichtig
wäre. Ganz im Gegenteil: als etwas nicht extra Erwähnenswer-
tes, weil ohnehin stets zugegen, wird es der Einfachheit halber
übergangen und vergessen. Denn sind nicht schon Sprechen und
Zuhören immer bewußte Tätigkeiten, ganz abgesehen von dem,
was inhaltlich durch sie bewußt werden soll? Und ist man sich
nicht sowieso ständig seines Daseins bewußt, auch ohne daß
man sich dieses Bewußtsein extra bewußt machen müßte?

Doch hat es jeder schon erfahren – ob an sich selbst oder bei
nahestehenden Menschen –, daß die scheinbare Selbstverständ-
lichkeit des Bewußtseins von verschiedenen Seiten her bedroht
ist und schnell verlorengehen kann, zum Beispiel durch einen
Unfall mit der Folge vorübergehender oder dauernder Bewußtlosigkeit oder durch eine Erkrankung, wie die immer häufiger
auftretende Alzheimer Demenz. Eine andere und allgegenwärti-
ge Form des Nichtbewußten ist das sogenannte Unbewußte; es

umfaßt die dem Alltagsbewußtsein verborgenen Räume, die vermutlich viele tausend Male größer sind als die bewußten. Jeder hat in seinen Träumen die Wirklichkeit dieser inneren Welt schon erlebt, vielleicht zuweilen sogar gespürt, wie sein bewußtes Tagesleben davon beeinflußt wurde – und damit wird es schnell zweifelhaft, ob das Tagesgeschehen tatsächlich ganz so bewußt gesteuert wird, wie man es üblicherweise anzunehmen geneigt ist.

Vom Traum her schließt sich die Frage an, wo denn das Bewußtsein im Schlafe ist. Schon in der griechischen Mythologie gilt der Schlaf aufgrund seiner weitgehenden Bewußtlosigkeit als Bruder des Todes, und in unserer modernen Todesverdrängungs-Gesellschaft nehmen die Schlafstörungen rapide zu – wie die Psychoanalyse aufzeigt, oft ein Symptom unbewußter Todesängste. Überhaupt ist die «Bewußtlosigkeit» des Todes, die mögliche Nichtigkeit des Daseins, die Grundlage aller Ängste, zugleich aber auch die Grundlage für das Bewußtsein seiner Bedeutsamkeit. Die Todesverdrängung führt daher den Sinnverlust mit sich, wie Gion Condrau in seinem Beitrag darlegt.

Als äußerst trügerisch erweist sich auch die vermeintlich sichere Wirklichkeitserfahrung, die dem Bewußtseinsverständnis meist zugrunde liegt. Kein getreues Abbild einer von uns unabhängigen Welt liefern uns unsere Sinneswahrnehmungen, sondern längst beweisen die Ergebnisse der neuen Naturwissenschaft, daß ganz offenbar die «äußere Bühne» unserer Welt maßgeblich von der «inneren Bühne» unserer Wahrnehmung und unseres Bewußtseins mitgestaltet oder sogar erschaffen wird, auch wenn dies unser noch nach dem «aufklärerischen» Weltverständnis geprägter Verstand kaum begreifen kann.

Damit schließt sich der Bogen. Jahrtausendealte Weisheitslehren erfahren eine neue Bestätigung. Die über die letzten vier Jahrhunderte und leider auch heute noch weitgehend geübte säuberliche, aber geistlose Zergliederung der Welt in Objekte wissenschaftlicher Beobachtung und materialistischer Nutzung erweist sich als ein Weg, der für die Entwicklung des Geistes vielleicht notwendig war, um über dem Versuch, ihn auszuschließen, sein Fehlen zu bemerken. Jedoch ist heute ein Besinnen auf neue Denk- und Begriffsmodelle, in erster Linie auf ein ganzheitliches Bewußtseinsverständnis notwendig, um den Weg zu einem neuen, ganzheitlichen In-der-Welt-Sein zu öffnen, einen Weg, der das menschliche Leben auf allen Ebenen verändern wird und muß, wenn es sich nicht selbst abschaffen soll.

Die Ansätze, ein derart ganzheitliches Verständnis zu erwerben, können und sollen verschieden sein. Demgemäß ist die Kapitelgliederung des Buches sehr offen vorgenommen und mehr themen- als fachgebietbezogen. Überschneidungen in einzelnen Beiträgen wurden belassen, um die verschiedenen Wege zu ähnlichen Zielen nachvollziehen zu können. Die Beiträge beruhen auf ausgewählten Vorträgen beim 8. Meersburger Seminarkongreß[1] beziehungsweise wurden speziell für dieses Buch zusammengestellt.

Im ersten Kapitel «Geschichte, Gesellschaft und Geschlecht» wird der Wandel des Selbst- und Weltbewußtseins von alter Zeit bis heute verfolgt. Die oft übersehenen Einflüsse geschichtlicher sozialer Strukturen auf die Bewußtseinsbildung werden dargestellt und neue Bewußtseinsmodelle vorgeschlagen.

Im zweiten Kapitel «Von Hypnose bis Ekstase» geht es um die ganzheitlichen Sonderzustände des Bewußtseins, von archaischen Trancekulten über Traumbedeutungen und meditative sowie energetische Erfahrungsebenen bis hin zu modernen Hypnoseverfahren.

Das dritte Kapitel «Körper, Kunst und Sinne» greift auf die oft vergessenen und in ihrer Bedeutung völlig unterschätzten Wurzeln des Bewußtseins zurück, die sinnliche und sinnhafte Wahrnehmung und Gestaltung von Selbst und Welt.

Das vierte Kapitel «Bewußtheit, Leiblichkeit und Kranksein» geht auf das Verständnis von Erkrankungen und Therapieformen aus der Sicht eines ganzheitlichen Bewußtseinsbegriffes ein.

Im fünften Kapitel «Bewußtsein in der neuen Kosmologie und Philosophie» werden die von den neuen naturwissenschaftlichen und philosophischen Denkrichtungen vorbereiteten Wege angedeutet, die unser aller Zukunft entscheidend verändern können.

Das sechste Kapitel «Zwischen Zeugung und Tod und darüber hinaus» betont schließlich diejenigen Denkwege, die dem so lange verbannten Geistigen seinen Raum im konkreten Leben wieder eröffnen.

So vollziehen die sechs Kapitel des Buches einen Weg nach, den der Dichter Friedrich Hölderlin in seiner Elegie «Brod und Wein» prophetisch vorwegnimmt und dessen letzte große Aufgabe die unsere ist. Wohl nicht zufällig sind diese Zeilen um 1800, also in der Mitte der sogenannten Aufklärung entstanden:

> *«Aber Freund! Wir kommen zu spät. Zwar Leben die Götter,*
> *Aber über dem Haupt droben in anderer Welt.*
> *Endlos wirken sie da und scheinens wenig zu achten,*
> *Ob wir leben, so sehr schonen die Himmlischen uns.*
> *Denn nicht immer vermag ein schwaches Gefäß sie zu fassen,*
> *Nur zu Zeiten erträgt göttliche Fülle der Mensch.*
> *Traum von ihnen ist drauf das Leben. Aber das Irrsaal*
> *Hilft, wie Schlummer und stark machet die Noth und die Nacht,*
> *Biss daß Helden genug in der ehernen Wiege gewachsen,*
> *Herzen an Kraft, wie sonst, ähnlich den Himmlischen sind …»*

Die Götter, die aus dem zum Laboratorium verkümmerten Diesseits in eine andere jenseitige Welt verbannt waren, mußten die Menschen schonen, um sie das Irrsal und die Not ihrer selbstgeschaffenen Laboratoriumswelt erfahren zu lassen, so daß, wie beim verlorenen Sohn, der Weg zur Heimkehr frei wurde. Dafür braucht es allerdings «Herzen an Kraft», Herzen, die die Reise bestehen, die das Wort «Bewußtsein» in seiner Urbedeutung ausdrückt: «Die Sinne auf die Reise schicken.»[2]

Bewußt sein, sein Leben bewußt erfahren und gestalten zu können, ist vielleicht die den Menschen am deutlichsten auszeichnende Eigenschaft. Der Mensch hat eine Lebensgeschichte, die ihm seine Kontinuität und seine Eingebundenheit in seine Welt als Ganzes erfahrbar machen kann. Damit lebt er aber auch in der Gefahr, Vergangenes zu stark auf die Gegenwart und sogar auf die Planung seiner Zukunft zu übertragen. Sein Lebensweg wird dann zur Landkarte, die ihm vortäuscht, das Land zu sein.

Das Buch soll neue Wege anregen, die sinnliche Wahrnehmung seiner Selbst und der Welt aktiv zu ergreifen und das eigene Leben verantwortlich und bewußt zu gestalten, mit allen Möglichkeiten, die sich im Aufbruch zu einer neuen ganzheitlichen Lebensweise hierfür abzeichnen.

Werner J. Meinhold
Für die Herausgeber

Anmerkungen

1 Ganzheitsheilkundlicher Kongreß, jährlich im Schloß Meersburg am Bodensee zu verschiedenen Leitthemen veranstaltet von der Deutschen Gesellschaft für therapeutische Hypnose und Hypnoseforschung.
Auskünfte über: GTH-Geschäftsstelle, Kaiserstraße 2a, D-66955 Pirmasens

2 Bewußtsein geht spracharchäologisch aus den Ursilben «ues-et» hervor, mit der Bedeutung: «Die Sinne auf die Reise schicken.» (Meier, G.: Im Anfang war das Wort. Die Spracharchäologie, Haupt 1988.)

Geschichte, Gesellschaft und Geschlecht

Einführung

von Gion Condrau

Das erste Kapitel des vorliegenden Berichts über das «Bewußt-sein» – ein Begriff, der viele Deutungen zuläßt und eine wech-selvolle Geschichte hinter sich hat – beginnt mit einer Reise-beschreibung. Es ist nicht ganz neu geschrieben, fand aber doch – seines Gehaltes wegen (und nach Absprache mit dem Autor) – Aufnahme in dieses Buch als Einstimmung auf das Kommende. Obwohl im ganzen (aus dem Englischen übersetz-ten) Text das Wort «Bewußtsein» nur einmal vorkommt, findet der Leser darin eine Situationsbeschreibung unserer heutigen Gesellschaft. Der in England lebende polnische Soziologe Zyg-munt Bauman vergleicht das moderne Leben mit einer moder-nen Pilgerfahrt des Menschen auf der Suche nach seiner Identi-tät, ausgehend von Augustinus' Feststellung, daß wir «Pilger durch die Zeit» sind und wenig daran ändern könnten, selbst wenn wir es wollten. Die «wüstenähnliche Welt befiehlt dem Leben, Pilgerschaft zu sein», heißt es da, aber die Welt ist un-gastlich geworden für Pilger. In der Postmoderne gewinnt *Fitneß* den Vorrang vor der *Gesundheit*. Die Suche nach Identität ist nicht mehr vordringlich, und die Pilger sind zu Flaneuren, Va-gabunden, Touristen und Spielern geworden. Es sei kein Wun-der, daß jede *postmoderne Persönlichkeit* «eine gehörige Portion Schizophrenie» enthalte, was ein Stück weit die notorische Ru-helosigkeit, Wankelmütigkeit und Unentschlossenheit der prak-tizierten Lebensstrategien erkläre.

Die Schlußfolgerungen Baumans sind im Hinblick auf die moralische Ordnung eher betrübend – ich würde hinzufügen, auch einseitig. Der deutlich hervortretende Charakterzug des *postmodernen Bewußtseins,* da hat er wohl recht, führe zum Kult der zwischenmenschlichen Intimität, aber eine auf «reine Beziehungen» reduzierte Zwischenmenschlichkeit vermöge keine Intimität hervorzubringen und bilde «keine begehbaren Brücken, die über den Treibsand der Entfremdung führen könnten».

Nicht ganz im Sinne Baumans, aber auch rückblickend auf die historische Entwicklung des Sexualbewußtseins, fordert Sabine Lichtenfels ein neues Bewußtsein *der Geschlechter* und Grundlagen für eine Kultur der sinnlichen Liebe. Sie weiß, wovon sie spricht: als (außerkirchliche) Theologin und Friedensforscherin hat sie ihre Erfahrungen mit der patriarchalisch gesteuerten Sexualmoral der kirchlichen und politischen Institutionen gemacht, mit denen sie auch in der vorliegenden Schrift abrechnet. Es ist ihr zugute zu halten, daß sie dies nicht in polemischer Weise tut, wenn auch einige Anklagen vielleicht etwas hart klingen, sondern konstruktiv, eben im Hinblick auf eine neue und menschlichere Einbindung der Sinnlichkeit und Sexualität in die Beziehungen der Geschlechter. Hatte bereits Bauman von einer «Plastiksexualität» gesprochen, vom sexuellen Vergnügen, das sich von der uralten Verknüpfung mit Reproduktion losgerissen hat, so spricht Lichtenfels differenzierter von einer Neubesinnung auf die Sinnlichkeit als friedensstiftendes Moment. Im verschwiegensten, verwundetsten und verlogensten Bewußtsein der Geschlechter, im Bereich der Sexualität, liege der «Kern für Haß, Gewalt, Mißtrauen, Angst, Täterschaft und Opferdasein», ja sogar für Mord und Totschlag. Die Negation der sinnlichen Liebe, der Wollust, des Eros führe zur Gleichsetzung des sexuellen Begehrens mit dem «Bösen» schlechthin. In ihrer Radikalität, die zweifellos einen erfrischenden Zug trägt, müssen auch Eifersucht («Kulturkrankheit») und eheliche (warum nur «eheliche»?) Treue abdanken. Ob dies jedermanns beziehungsweise jederfraus Geschmack ist, sei dem Urteil der Leser überlassen.

Es ist hier nicht der Ort einer kritischen Auseinandersetzung mit Lichtenfels – Pioniere müssen immer etwas einseitig denken –, doch vermisse ich einen Hinweis auf die eindeutig a- und antisexuelle Welle eines (vielleicht falsch verstandenen) radikalen Feminismus, wo nicht mehr von Sexualität, sondern nur noch von «sexuellen Übergriffen» gesprochen wird. Mögen die Schlußbemerkungen des Aufsatzes von Lichtenfels dazu beitragen, die Sexualität wieder befreiender zu erleben.

Zygmunt Bauman

Vom Pilger zum Touristen [*]

Noch nie war so viel von Identität und den damit verbundenen Problemen die Rede wie heute. Dabei ist allerdings die Frage, ob die momentane Besessenheit nicht einfach ein weiteres Beispiel für die allgemeine Regel ist, daß die Dinge nur wahrgenommen werden, *wenn sie verschwinden, in Konkurs gehen oder aus den Fugen geraten.*

Ging es beim *modernen* «Identitätsproblem» darum, wie Identität konstruiert und bewahrt werden könne, so geht es beim *postmodernen* «Identitätsproblem» vor allem darum, wie Festlegungen vermieden und Optionen offengehalten werden können. Hieß das Schlüsselwort der Moderne – im Falle der Identität wie in anderen Fällen – *Herstellung,* so heißt das Schlüsselwort der Postmoderne *Recycling.* Und wenn in der Moderne das «Medium, das die Botschaft enthielt», das *Fotopapier* war (man denke an die unbarmherzig anschwellenden Familienalben, die Seite um vergilbende Seite die allmähliche Zunahme unumkehrbarer und identitätsstiftender Ereignisse verfolgen), so ist das definitive Medium der Postmoderne das *Videoband* (hervorragend lösch- und wiederverwendbar, darauf angelegt, nichts für immer festzuhalten, den heutigen Ereignissen nur auf Kosten der gestrigen Platz einräumend, alles, was der Aufnahme für wert erachtet wurde, mit der Botschaft des

[*] Aus dem Englischen von Michael Haupt und Nora Räthzel. Diese Fassung wurde stark gekürzt. Die vollständige Fassung findet sich in: Das Argument (205) 1994, S. 389–408. Siehe auch: Bauman, Z.: Flaneure, Spieler und Touristen. Essays zu postmodernen Lebensformen, Hamburg 1997.

universellen «Bis-auf-weiteres» imprägnierend). Was die Identität anging, so sorgte man sich in der Moderne vor allem um die Haltbarkeit, heute sorgt man hauptsächlich dafür, Verpflichtungen zu vermeiden. Die Bauten der Moderne sind aus Stahl und Beton, die der Postmoderne aus biologisch abbaubarem Plastik.

Man denkt immer dann über Identität nach, wenn man nicht sicher ist, wohin man gehört, das heißt, wenn man nicht genau weiß, wo man in der offensichtlichen Vielfalt von Verhaltensweisen und -mustern den eigenen Platz finden und wie man sich vergewissern kann, daß die anderen Menschen diese Positionierung als richtig und angemessen akzeptieren, so daß beide Seiten in Gegenwart der jeweils anderen miteinander umgehen können. «Identität» ist ein Name für den gesuchten Fluchtweg aus dieser Unsicherheit.

In das moderne Denken und Handeln trat die Identität von Anfang an in Gestalt einer individuellen Aufgabe ein. Es war Sache des Individuums, einen Ausweg aus der Ungewißheit zu finden. Nicht zum ersten und nicht zum letzten Mal sollten gesellschaftlich produzierte Probleme durch individuelle Anstrengungen gelöst und kollektive Krankheiten durch privat eingenommene Medizin geheilt werden. Nicht, daß man die Individuen ihrer Eigeninitiative überlassen und ihrem Scharfsinn getraut hätte. Ganz im Gegenteil: Als die individuelle Verantwortlichkeit für die Formung und Bildung des Selbst auf die Tagesordnung gesetzt wurde, betraten ganze Schwärme von Trainern, Lehrern, Ausbildern, Beratern und Führern den Schauplatz, die sämtlich behaupteten, am besten zu wissen, wie die von ihnen empfohlenen Identitäten beschaffen seien und wie sie erworben und gepflegt werden könnten. Die Begriffe von Identitätsbildung und Kultur (das heißt: die Vorstellungen von individueller Inkompetenz, der Notwendigkeit kollektiver Erziehung und der Bedeutsamkeit erfahrener und ausgebildeter Erzieher) konnten nur gemeinsam das Licht der Welt erblicken. Die «losgelöste» Identität mündete in die individuelle Freiheit der Wahl *und* in die Abhängigkeit des Individuums von expertengeleiteter Führung.

Das moderne Leben als Pilgerfahrt

Die Gestalt des Pilgers ist keine Erfindung der Moderne, sie ist
so alt wie die Christenheit. Aber die Moderne gab ihr eine neue
Bedeutung und eine neue, fruchtbare Wendung.

Augustinus (354–430) notierte die folgende Beobachtung:
«Von Kain wird berichtet, er habe eine Stadt erbaut, während
Abel, als wäre er nur ein Pilger auf Erden, dies nicht tat. Die
wahre Stadt der Heiligen ist im Himmel»; hier auf Erden dage-
gen, sinnierte Augustinus, wandern die Christen «wie auf einer
Pilgerfahrt durch die Zeit auf der Suche nach dem ewigen
Reich» (1958, S. 325).

Wer durch die Zeit pilgert, sucht die Wahrheit andernorts;
der wahre Ort liegt immer in zeitlicher und räumlicher Ferne.
Wo der Pilger sich auch gerade befinden mag, er ist nicht dort,
wo er sein sollte, und nicht dort, wo er gerne wäre. Der Abstand
zwischen der wahren Welt und der Welt des Hier und Jetzt entsteht aus dem Spannungsverhältnis zwischen dem, was erreicht
werden soll, und dem, was erreicht wurde. Der Glanz und die
Kraft der zukünftigen Bestimmung entwertet die Gegenwart
und läßt sie als nichtig erscheinen. Welchen Zweck kann die
Stadt für den Pilger erfüllen? Er kann nur mit Straßen etwas
anfangen, nicht mit den Häusern – Häuser würden ihn in Versuchung führen, sich auszuruhen, zu entspannen, seine Bestimmung zu vergessen. Doch auch Straßen können sich als Hinder-
nis erweisen statt als Hilfe, Fallen sein statt Fluchten. Sie können
in die Irre leiten, vom rechten Pfad abführen, das falsche Ziel
weisen. «Die jüdisch-christliche Kultur», schreibt Sennett,
«handelt gerade in ihren Ursprüngen von der Erfahrung geisti-
ger Entwurzelung und Heimatlosigkeit. [...] Unser Glaube begann in der Auseinandersetzung mit dem Ort.» (1993, S. 6)

Daß wir «Pilger durch die Zeit» sind, schrieb Augustinus
nicht als Belehrung, sondern als Tatsachenfeststellung. Wir sind
Pilger, was immer wir tun, und wir können wenig daran ändern, selbst wenn wir es wollten. Das Erdenleben ist nichts als
ein kurzes Vorspiel zum ewigen Seelenleben. Nur wenige ver-

spüren den Wunsch und besitzen die Fähigkeit, diese Ouvertüre im Einklang mit der Sphärenmusik selbst zu komponieren und damit ihr Schicksal zu einer bewußt bejahten Bestimmung zu machen. Diese wenigen müssen den Zerstreuungen der Stadt entfliehen. Sie müssen die *Wüste* als Wohnort wählen. Die Wüste des *christlichen Einsiedlers* war vom bunten Treiben des Alltags abgeschieden, weit entfernt von Stadt und Dorf, von aller Weltlichkeit. Die Wüste bedeutete, Abstand zu den Aufgaben und Verpflichtungen zu gewinnen, zur Wärme und Agonie des Zusammenseins mit anderen, zur Kontrolle durch andere, zur Formung und Eingrenzung durch deren Forderungen, Erwartungen und Prüfungen. Im weltlichen Alltagsgetriebe waren einem Hände und Gedanken gebunden. Hier war der Horizont mit Hütten, Scheunen, Gehölzen, Wäldchen und Kirchtürmen verstellt. Hier war man, wohin man auch ging, «vor Ort», fest eingebunden in die Aufgaben, die der Ort erforderte. Dagegen war die Wüste noch nicht räumlich aufgeteilt und daher das Land der Selbsterschaffung. Die Wüste, sagt Jabès, «ist ein Raum, in dem ein Schritt dem nächsten weicht, der ihn auslöscht, und wo der Horizont die Hoffnung auf ein Morgen verheißt, das spricht» (1991, S. 342).

Die Einsiedler des *Mittelalters* konnten sich Gott in der Wüste so nahe fühlen, weil sie sich selbst als gottähnlich empfanden: nicht gebunden an Gebräuche und Gewohnheiten, an die Bedürfnisse des eigenen Körpers und der Seelen anderer Menschen, an die Taten der Vergangenheit und die Handlungen der Gegenwart. Ihre Pilgerfahrt zu Gott war ein Akt der Selbsterschaffung.

Die Protestanten vollbrachten ein Kunststück, das den Einsiedlern von einst unbegreiflich gewesen wäre: sie wurden *innerweltliche* Pilger. Sie erfanden die Möglichkeit, sich zur Pilgerfahrt einzuschiffen, ohne die Heimat zu verlassen, und die Heimat zu verlassen, ohne heimatlos zu werden. Dies gelang ihnen allerdings nur, weil sich die Wüste bis weit in ihre Städte hinein erstreckte und bis an ihre Türschwelle reichte. Sie wagten sich nicht in die Wüste; ihre Alltagswelt selbst wurde immer «wüstenähnlicher». Wie die Wüste, so wurde die Welt ortlos; die vertrauten Züge waren ausgelöscht worden, doch die neuen, die jene ersetzen sollten, erhielten eine Dauerhaftigkeit, die man vordem nur Sanddünen zugesprochen hätte. In der neuen, postreformatorischen Stadt der Moderne fing die Wüste gleich hinter der Haustür an.

Der Protestant, dies *Musterbeispiel* (oder ist er nur eine Allegorie?) für den *modernen Menschen*, wurde, so erzählt uns Sennett, «von der Wildnis in Versuchung geführt, von einem Ort der Leere, der von sich aus keine verführerischen Forderungen an ihn stellte». In dieser Hinsicht unterschied er sich nicht vom Einsiedler. Die Differenz lag darin, daß der Protestant, statt in die Wüste zu reisen, hart arbeitete, damit die Wüste zu ihm komme – damit die Welt nach dem Vorbild der Wüste neu geschaffen werde. «Unpersönlichkeit, Kälte und *Leere* sind wesentliche Begriffe der Sprache, in der der Protestantismus seine Umwelt beschreibt; sie drücken das Verlangen aus, die Außenwelt als nichtig, als wertlos zu betrachten.» (Sennett 1993, S. 44 f.). In solcher Sprache redet man auch von der Wüste: vom Nichts, das darauf wartet, etwas zu werden, und sei es nur für kurze Zeit; von der Bedeutungslosigkeit, die darauf wartet, eine Bedeutung zu bekommen, und sei es nur eine vorübergehende; vom konturlosen Raum, bereit, jede sich bietende Kontur anzunehmen, und sei es nur, bis andere Konturen angeboten werden; von einem Raum, der nicht die Narben vergangener Ackerfurchen zeigt und doch fruchtbar ist in Erwartung scharfer Schneiden; von einem jungfräulichen Land, das noch gepflügt und bestellt werden muß; von einem Land fortwährenden Beginnens; von einem ortlosen Ort, dessen Name und Identität Noch-Nicht ist. In einem solchen Land werden die Wegmarken von der Bestimmung des Pilgers gesetzt, und andere Wege sind kaum von Bedeutung.

In einem solchen Land, das gewöhnlich «moderne Gesellschaft» genannt wird, ist die Pilgerschaft keine Wahl der Lebensweise mehr; noch weniger ist sie eine heroische oder heilige Entscheidung. Das eigene Leben als Pilgerschaft zu leben ent-

springt nicht mehr jener ethischen Weisheit, die sich den Aus-
erwählten und Rechtschaffenen enthüllte oder von ihnen intuitiv begriffen wurde. Pilger ist man *aus Notwendigkeit,* um in
der Wüste nicht verlorenzugehen, um dem Wandern einen
Zweck zu geben, während man das Land ziellos durchquert.
Wenn man Pilger ist, kann man mehr tun als wandern – man
kann *auf etwas zu* wandern. Man kann auf die Fußspuren im
Sand zurückblicken und in ihnen eine Straße sehen. Man kann
über die hinter einem liegende Strecke *nachdenken* und sie als
ein *Fort-Schreiten,* einen *Fortschritt,* ein Vorwärtskommen, ein
*Näher*kommen betrachten, man kann einen Unterschied machen zwischen dem, was «hinter einem», und dem, was «vor
einem» liegt, und die «vor einem liegende Straße» als eine Folge
von Fußspuren betrachten, mit denen, Pockennarben gleich,
das gesichtslose Land markiert werden muß. Die Bestimmung,
der vorgegebene Zweck der lebenslangen Pilgerschaft, gibt dem
Formlosen Form, macht aus dem Fragmentarischen ein Ganzes,
verleiht dem Episodischen Kontinuität.

Die wüstenähnliche Welt befiehlt dem Leben, Pilgerschaft zu
sein. Aber weil das Leben Pilgerschaft ist, ist die Welt hinter der
Haustür wüstenähnlich, gesichtslos, denn ihre Bedeutung erhält
sie erst durch das Wandern, das sie in die Spur verwandelt, die
zur Ziellinie, zum Ort der Bedeutung, führt. Dieses «Erzielen»
von Bedeutung wurde «Identitätsbildung» genannt. Der Pilger
und die wüstenähnliche Welt, die er durchquert, erhalten ihre
Bedeutung *gleichzeitig* und *wechselseitig.* Beide Prozesse können und müssen weitergehen, weil es einen Abstand gibt zwischen dem Ziel (der Bedeutung der Welt und der Identität des
Pilgers, die beide nie ganz vollendet, immer zukünftig sind) und
dem gegenwärtigen Augenblick (der gerade erreichten Station
der Wanderschaft und der Identität des Wanderers).

Bedeutung und Identität können nur als *Projekte* existieren,
und es ist der Abstand, der es ermöglicht, Entwürfe zu machen.
Was wir in der «objektiven» Sprache des Raumes «Abstand»
nennen, ist eine Erfahrung, die wir in «subjektiven», psychologischen Begriffen als Unzufriedenheit mit dem Hier und Jetzt

und als seine Herabsetzung bezeichnen. «Abstand» und «Unzufriedenheit» besitzen denselben Bezugspunkt, und beide ergeben im als Pilgerschaft gelebten Leben einen Sinn.

Für den Pilger, für den modernen Menschen, bedeutete dies in praktischer Hinsicht, daß er den Zeitpunkt seiner Ankunft möglichst früh und voller Zuversicht bestimmen konnte, sollte, mußte, in der Gewißheit, daß die gerade Linie der vor ihm liegenden Lebenszeit sich nicht verbiegen, verdrehen, verkrümmen, innehalten oder umkehren würde. Der Aufschub der Belohnung war, ebenso wie die aus ihm entspringende momentane Enttäuschung, insofern ein treibender Faktor und die Quelle hingebungsvoller Identitätsbildung, als er mit dem Vertrauen in die Linearität und Akkumulierbarkeit der Zeit einherging. Die wichtigste Strategie eines Lebens der Pilgerschaft und der Identitätsbildung war das «Sparen für die Zukunft». Doch war ein solches Sparen als Strategie nur dann sinnvoll, wenn man sicher sein konnte, daß die Zukunft die Spareinlagen mit Zinsen vergüten und die vorab vereinbarte Prämie tatsächlich ausgezahlt werden würde, daß die Spareinlagen nicht vor dem Stichtag der Auszahlung abgewertet oder zur ungültigen Währung erklärt würden und daß das, was heute als Kapital galt, auch morgen und übermorgen noch als solches gelten würde.

Die Welt ist ungastlich geworden für Pilger

Die Welt ist den Pilgern längst nicht mehr gastfreundlich gesinnt. Die Pilger haben die Schlacht verloren, indem sie sie gewannen. Sie strebten danach, die Welt möglichst flexibel und gerade dadurch solide zu machen, damit Identität *beliebig,* aber doch *systematisch* aufgebaut werden konnte, Stockwerk um Stockwerk und Stein um Stein. Zu diesem Zweck verwandelten sie den Raum, in dem Identität gebildet werden sollte, in eine Wüste. Sie entdeckten, daß die Wüste für diejenigen, die Zeichen setzen wollen, zwar angenehm ausdruckslos ist, aber kein Zeichen lange bewahrt. Je leichter ein Fußabdruck hinterlassen werden kann, desto leichter läßt er sich wieder verwischen. Ein Windhauch genügt. Und in der Wüste ist es windig.

Schon bald sickerte durch, daß das eigentliche Problem nicht im *Herstellen,* sondern im *Bewahren* von Identität bestand: Was immer sich im Sand aufbauen läßt, ein Schloß wird es wahrscheinlich nicht sein. In einer wüstenähnlich Welt bedarf es keiner großen Anstrengung, einen Weg zu markieren – die Schwierigkeit besteht darin, ihn nach einer bestimmten Zeit noch als Weg zu erkennen. Wie läßt sich ein Vorwärtsmarsch vom Gehen im Kreis, von der ewigen Wiederkehr unterscheiden? Es erweist sich als praktisch unmöglich, aus den durchwanderten Sandstrecken eine Straßenkarte zusammenzustoppeln – ganz zu schweigen von einem Plan für die Lebensreise.

Das Schreckliche der neuen Situation besteht darin, daß die ganze sorgfältige Konstruktionsarbeit sich als vergeblich herausstellen könnte; ihr Reiz liegt darin, nicht an vergangene Verhandlungen gebunden, niemals unwiderruflich besiegt zu sein, die «Optionen immer offenzuhalten». Beide, der Schrecken und der Reiz, lassen ein Leben der Pilgerschaft kaum als geeignete und somit auch nicht als wählbare Strategie erscheinen. Jedenfalls dürfte sich die Zahl der Adepten in Grenzen halten. Und die Erfolgschancen desgleichen.

Der postmoderne Mensch geht langfristigen Verpflichtungen aus dem Weg. Das bedeutet, sich zu weigern, auf diese oder jene Weise «festgelegt» zu werden. Sich nicht an einen Ort zu binden. Sein Leben nicht nur *einer* Berufung zu weihen. Nicht allem und jedem Treue und Verläßlichkeit zu schwören. Die Zukunft nicht zu *kontrollieren,* sondern *sich weigern,* sie zu *verpfänden.* Der Vergangenheit verbieten, auf die Gegenwart Einfluß zu nehmen. Kurz, die Gegenwart an beiden Enden abzuschneiden, die Gegenwart aus der Geschichte herauszulösen. Die Zeit nur noch als geglättete Zusammenstellung oder als zufällige Folge gegenwärtiger Momente zu konzipieren: als *kontinuierliche Gegenwart.*

Die Schwierigkeit besteht nun nicht mehr darin, eine Identität zu entdecken, zu erfinden, zu konstruieren, zusammenzufügen (oder gar zu kaufen), sondern zu verhindern, daß sie an einem klebenbleibt. Eine gut konstruierte und dauerhafte Identität wird vom Aktivposten zur Schuldverschreibung. Der Dreh- und Angelpunkt postmoderner Lebensstrategie ist nicht die Identitätsbildung, sondern die Vermeidung von Festlegungen.

Welchem denkbaren Zweck könnte die Strategie des «Fortschritts» nach Art des Pilgers in unserer Welt noch dienen? In dieser Welt ist nicht nur der «Beruf fürs Leben» verschwunden, haben Branchen und Berufe die verwirrende Gewohnheit angenommen, aus dem Nichts aufzutauchen und unbemerkt wieder zu verschwinden, sie können zudem kaum noch als Webersche «Berufung» gelebt werden – und (was noch Salz in die Wunde streuen heißt): Die zur Ausübung solcher Berufe benötigten Fähigkeiten werden kaum länger nachgefragt, als es dauert, sie zu erwerben. Berufe sind nicht mehr geschützt und ganz bestimmt nicht sicherer als die Orte, an denen sie ausgeübt werden. Wann immer das Wort «Rationalisierung» ausgesprochen wird, kann man sicher sein, daß weitere Berufe und Arbeitsplätze schon im Verschwinden begriffen sind.

Nicht besser steht es um die Stabilität und Vertrauenswürdigkeit des Netzwerks zwischenmenschlicher Beziehungen. Es ist das Zeitalter der «beiherlaufenden Liebe», die «zu den Qualitäten der romantischen Liebe – ‹auf immer und ewig›, ‹nur du allein› – quer steht», so daß «Romanze und Dauerhaftigkeit nicht mehr gleichgesetzt werden können». Es ist das Zeitalter der «Plastiksexualität», des sexuellen Vergnügens, das «von der uralten Verknüpfung mit Reproduktion, Verwandtschaft, Generation losgerissen ist» (Giddens 1992, S. 61; S. 52; S. 57). Man kann eine Identität kaum an Beziehungen «festmachen», die selbst ein für allemal abgelöst sind, und man ist gut beraten, es gar nicht erst zu versuchen, denn die starke Verpflichtung, die tiefe Bindung könnte verletzen und Narben hinterlassen, wenn die Zeit kommt, sich vom Partner zu lösen. In unserem «kosmischen Kasino» (Georg Steiner) sind alle Werte, die es zu beherzigen gilt, alle Belohnungen, die errungen, und alle Kriegslisten, die dafür angewandt werden sollen, «auf maximalen Eindruck und sofortiges Vergessen» berechnet. Auf *maximalen Eindruck,* denn in einer informationsübersättigten Welt wird Aufmerksamkeit zur knappsten Ressource, und nur eine schockierende Nachricht hat eine Chance, sie auf sich zu ziehen; und auf *sofortiges Vergessen,* weil der Ort, auf den die Aufmerksamkeit gerichtet war, ebenso schnell verlassen werden muß, wie er aufgesucht wurde, um Raum zu schaffen für die nächste Nachricht, die bereits vor der Tür steht.

Das Gesamtresultat ist die *Fragmentierung* der Zeit in *Episoden,* deren jede von ihrer Vergangenheit und ihrer Zukunft abgeschnitten, in sich selbst eingekapselt und selbstgenügsam ist. Die Zeit ist kein Fluß mehr, sondern eine Ansammlung von Tümpeln und Teichen.

Aus den Erfahrungen, die in einer solchen Welt gemacht werden können, läßt sich keine konsistente und zusammenhängende Lebensstrategie entwickeln – keine, die auch nur entfernt an die Zielorientiertheit und die robuste Entschlossenheit der Pilgerschaft erinnerte. Aus diesen Erfahrungen lassen sich höchstens einige, zumeist negative Faustregeln ableiten: Plant eure Reise nicht zu lang – je kürzer sie ist, desto größer die Chance, sie zu Ende zu bringen; laßt bei Menschen, die ihr unterwegs trefft, die Gefühle aus dem Spiel – je weniger sie euch angehen, desto unbeschwerter läßt sich die Reise fortsetzen; setzt euch nicht zu sehr für Menschen, Orte oder Sachen ein – ihr könnt nicht wissen, wie dauerhaft sie sein werden oder wie lange ihr sie eures Engagements für würdig erachtet; haltet eure gegenwärtigen Ressourcen nicht für Kapitalanlagen – Sparbücher verlieren schnell an Wert, und das einst so gerühmte «kulturelle Kapital» tendiert dazu, sich im Handumdrehen in kulturelle *Schulden* zu verwandeln. Vor allem aber, wenn irgend möglich, schiebt Belohnungen nicht auf. Wonach es euch auch verlangt, seht zu, daß ihr es *jetzt* bekommt, denn ihr könnt nicht wissen, ob die Belohnung, auf die ihr heute aus seid, euch morgen noch befriedigt.

War der Pilger die treffendste Metapher für die Lebensstrategie der Moderne, die sich der furchteinflößenden Aufgabe der

Identitätsbildung verschrieben hatte, so bilden der Flaneur, der Vagabund, der Tourist und der Spieler gemeinsam die Metapher für die *postmoderne Strategie*, die durch den Horror vor Bindungen und Festlegungen ausgelöst wird. Keiner der aufgeführten Typen/Lebensstile ist eine Erfindung der Postmoderne – sie waren längst bekannt, als das postmoderne Zeitalter anbrach. Doch ebenso wie die Lebensbedingungen der Moderne die vom Christentum übernommene Gestalt des Pilgers umformten, verleiht der postmoderne Kontext den Typen, die seine Vorgänger schon kannten, eine neue Qualität, und zwar in zweierlei Hinsicht. Erstens: Die Stile, die einst von Randexistenzen in peripheren Zeiten und an marginalen Orten praktiziert wurden, werden jetzt von einer Mehrheit im besten Alter und an lebensweltlich zentralen Orten praktiziert; sie sind jetzt, in der vollen Bedeutung des Wortes, Lebens-Stile geworden. Zweitens: Obwohl es vier sind, sind die Typen nicht frei wählbar, gehorchen nicht dem Entweder-Oder; das postmoderne Leben ist zu unordentlich und unzusammenhängend, um von irgendeinem in sich stimmigen Modell erfaßt werden zu können. Jeder Typ übermittelt nur einen Teil der Geschichte, die sich niemals zu einer Totalität ausbildet. Im Chor der Postmoderne singen alle vier Typen – bisweilen ist Harmonie, zumeist aber Kakophonie das Ergebnis.

Die Nachfolger des Pilgers

Der Flaneur (Spaziergänger)

Im Müßiggang und in der Lebenspraxis des Flaneurs schienen sich alle Stränge des modernen Lebens zu vereinigen: Man geht flanieren, wie man ins Theater geht, man bewegt sich unter Fremden, für die man selbst ein Fremder ist (in der Menge, doch nicht Teil der Menge), man nimmt diese Fremden als «Oberfläche» wahr, das heißt, «was sie sind», erschöpft sich in dem, «was man sieht», wobei Sehen und Erkennen *episodisch* bleiben. Psychologisch gesehen bedeutet Flanieren, die menschliche

Wirklichkeit als Folge von Episoden durchzuspielen, als Ereignisse ohne Vergangenheit und ohne Folgen. Es bedeutet auch, das Zusammentreffen als ein Sichverfehlen zu inszenieren, als Begegnung, die keinen Eindruck hinterläßt: flottierende Fragmente aus dem Leben anderer Personen, die der Flaneur willkürlich zu Geschichten ausgesponnen hat – durch seine Wahrnehmung wurden sie zu Schauspielern in den *von ihm geschriebenen Stücken,* ohne daß sie sich ihrer Rolle oder gar der Handlung, in der sie mitspielten, bewußt waren.

Der Flaneur und das Flanieren warteten in den Randbezirken auf ihre Stunde. Und sie kam – oder vielmehr, sie wurde durch die postmoderne Verwandlung des heroischen Produzenten in den verspielten Konsumenten herbeigeführt. Nun wurde das Flanieren, einst die Praxis marginaler Menschen an den Rändern des «wirklichen Lebens», zum Leben selbst, und die Frage nach der «Wirklichkeit» stellte sich nicht mehr.

In ihrer ursprünglichen Bedeutung bezeichneten «malls» Promenaden zum Flanieren. Heute dagegen sind die meisten Promenaden Einkaufszentren, «*shopping* malls», in denen man während des Flanierens einkaufen und während des Einkaufens flanieren kann. Die Marktforscher witterten die Anziehungs- und Verführungskraft der Gewohnheiten des Flaneurs und bauten sie ins Leben aller ein. Die Pariser Passagen sind im nachhinein zu Brückenköpfen in die künftige Zeit erhoben worden: postmoderne Inseln im Meer der Moderne. Einkaufszentren machen die Welt (oder einen sorgfältig abgeschirmten, elektronisch überwachten und streng geschützten Teil davon) sicher für das Leben-als-Flanieren. Oder besser: Einkaufszentren sind die von Designern für den Flaneur maßgeschneiderten Welten. Die Stätten des Sichverfehlens, der garantiert episodisch bleibenden Begegnungen, der von Vergangenheit und Zukunft losgelösten Gegenwart, von Oberflächen, die andere Oberflächen überglänzen. In diesen Welten kann jeder Flaneur sich einbilden, Regisseur zu sein, obwohl alle Flaneure Objekte einer Regie sind, die, wie ihre eigene vor Zeiten, unsichtbar und unaufdringlich (aber, im Gegensatz zur ihrigen, selten ohne Folgen) bleibt. So werden

Köder als Bedürfnisse empfunden, Zwänge als Intentionen, Verführungen als Entscheidungen. In den Einkaufszentren, im Leben als Flanieren-um-zu-Kaufen und Kaufen-um-zu-Flanieren löst sich Abhängigkeit in Freiheit auf und Freiheit sucht nach Abhängigkeit.

Der Vagabund

Der Vagabund war die Plage der frühen Moderne, der Popanz, der die Könige und Philosophen in die Raserei von Recht und Ordnung trieb. Der Vagabund war *herrenlos*, und Herrenlosigkeit war ein Zustand, den die Moderne nicht ertragen konnte, weshalb sie den Rest ihrer Geschichte damit verbrachte, ihn zu bekämpfen. Die Gesetzgeber der Elisabethanischen Epoche waren besessen von dem Verlangen, die Fahrenden von den Straßen zu vertreiben und in die Gemeinden zurückzubringen, «wo sie hingehörten». Die Vagabunden waren die Vorreiter oder Guerillaeinheiten des posttraditionellen Chaos, und sie mußten gehen, damit die Ordnung (der verwaltete und überwachte Raum) obsiegen konnte. Es waren die frei umherschweifenden Vagabunden, die die Suche nach einer neuen, staatlich geregelten Ordnung auf gesellschaftlicher Stufenleiter als unumgänglich und dringlich erscheinen ließen. Was die Vagabunden so furchterregend machte, war ihre offensichtliche Bewegungsfreiheit, durch die sie dem Netz der bis dahin lokal organisierten Kontrollen entgehen konnten. Schlimmer noch: Ihre Bewegungen waren unvorhersehbar; im Unterschied zum Pilger hat der Vagabund kein festgelegtes Ziel. Niemand weiß, wohin er als nächstes gehen wird, weil er es selber nicht weiß und es ihn auch wenig kümmert. Das Vagabundentum kennt keine vorab bestimmte Reiseroute – seine Bahn wird Stück für Stück zusammengesetzt, jedes Stück zu seiner Zeit. Jeder Ort dient dem Vagabunden als Zwischenstation, aber er weiß nie, wie lange er dort bleiben wird; das hängt von der Großzügigkeit und Geduld der Anwohner ab, aber auch von Neuigkeiten über andere Orte, die neue Hoffnungen wecken. Der Vagabund entscheidet über die Richtung erst, wenn er an den Kreuzweg kommt, er wählt seinen nächsten Aufenthalt nach dem Namen des Straßenschildes. Der Pilger läßt sich leicht kontrollieren, denn dank seiner selbstgesetzten Bestimmung sind seine Wege vorhersagbar. Den streunenden Vagabunden zu kontrollieren ist eine entmutigende Aufgabe.

Wohin der Vagabund auch geht, er ist überall ein Fremder; er kann niemals «der Eingeborene», der «Seßhafte», der «im Boden Verwurzelte» sein. Hegt er den Traum, einmal zu den Eingeborenen zu zählen, so kann das nur in gegenseitigen Anschuldigungen und Bitterkeiten enden. Daher ist es besser, sich nicht allzusehr an den jeweiligen Ort zu gewöhnen. Schließlich winken andere, noch unerprobte Orte, die vielleicht gastfreundlicher sind und sicherlich neue Möglichkeiten bieten. Die eigene «Ortlosigkeit» zu lieben ist daher eine vernünftige Strategie. Das gibt allen Entscheidungen den Geschmack der Vorläufigkeit und erlaubt es, die Optionen offenzuhalten. So bleibt die Zukunft hypothekenfrei. Wenn die Eingeborenen nicht mehr unterhaltsam sind, kann man unterhaltsamere suchen.

Der Vagabund der frühen Moderne wanderte durch besiedelte Gebiete; er war ein Vagabund, weil er sich nirgendwo so niederlassen konnte, wie die anderen es getan hatten. Der Seßhaften gab es viele, der Vagabunden nur wenige. Die Postmoderne hat dies Verhältnis umgedreht. Mittlerweile gibt es nur noch wenige Orte der «Seßhaftigkeit». Die «dauerhaft ansässigen» Bewohner wachen auf und entdecken, daß die Orte (in einer Gegend, in der Gesellschaft und im Leben), wo sie «hingehören», nicht mehr existieren oder unbewohnbar geworden sind; schöne Wohnviertel werden zu Ghettos, Fabriken verschwinden mitsamt den Arbeitsplätzen, Fertigkeiten finden keine Käufer mehr, Wissen verwandelt sich in Unwissenheit, berufliche Erfahrung wird zur Belastung, sichere Netzwerke von Beziehungen fallen auseinander und verschmutzen den Ort mit verwesenden Abfällen. Der Vagabund ist jetzt nicht mehr Vagabund, weil er die Seßhaftigkeit scheut oder schwierig findet, sondern weil es nur noch wenige Orte der Seßhaftigkeit gibt. Jetzt ist es sehr wahrscheinlich, daß die Leute, die er auf seinen Reisen trifft, ebenfalls Vagabunden

sind – heute oder morgen. Die Welt holt den Vagabunden ein, und
sie holt ihn schnell ein. Die Welt entwirft sich neu, und der Vagabund ist ihr Vorbild.

Der Tourist

Wie der Vagabund, so bewohnte auch der Tourist einst die Rän-
der des «eigentlichen sozialen» Handelns (wobei der Vagabund
ein marginaler *Mensch* war, der Tourismus dagegen eine margi-
nale *Aktivität*) und ist nun in dessen Zentrum gezogen. Wie der
Vagabund, so ist auch der Tourist ständig unterwegs. Und wie
der Vagabund, so ist er überall *am Ort*, aber nirgendwo *Teil des
Ortes*. Doch gibt es auch Unterschiede, und sie sind folgenreich.

Erstens neigte sich die Waage mit den fremd- oder selbstbe-
stimmten Faktoren beim Vagabunden stark auf die Seite der
ersteren, beim Touristen dagegen zugunsten der letzteren. Die
Touristen ziehen *aus eigener Absicht* los, sie reisen vor allem,
«um zu», und erst in zweiter Linie (wenn überhaupt), «weil».
Der Zweck liegt in der neuen Erfahrung: Der Tourist sucht bewußt und systematisch Erfahrung, eine neue und andere Erfahrung, die Erfahrung des Neuen und Anderen, denn die Freuden
des Vertrauten nutzen sich ab und verlieren ihren Reiz. Die Touristen wollen in das Fremde und Bizarre eintauchen (ein ange-
nehmes, ein prickelndes und verjüngendes Gefühl, wie Bran-
dungsbaden im Meer) – aber nur unter der Bedingung, daß es
nicht an der Haut haften bleibt und somit abgeschüttelt werden
kann, wann immer sie wollen. Sie wählen die Elemente, in die
sie sich stürzen, nach dem Grad ihrer Merkwürdigkeit, aber
auch ihrer Harmlosigkeit; man erkennt die touristischen Lieb-
lingsorte an ihrer aufdringlichen, protzigen (dabei sorgfältig ge-
pflegten) Seltsamkeit, aber auch an der Überfülle von Sicher-
heitsvorkehrungen und gut markierten Notausgängen. In der
Welt der Touristen ist das Seltsame zahm, häuslich und schreckt
nicht mehr; Schocks werden mit der Sicherheit im Doppelpack
geliefert. Das läßt die Welt als unendlich freundlich erscheinen,
bereit, den Wünschen und Grillen der Touristen zu gehorchen;
aber auch als eine Do-it-yourself-Welt, erfreulich geschmeidig,

nach den Bedürfnissen der Touristen modelliert, fortwährend gestaltet und neugestaltet mit dem einzigen Ziel, zu erregen, zu amüsieren, zu unterhalten. Einen anderen Zweck gibt es nicht, um diese Welt und die Präsenz der Touristen in ihr zu rechtfertigen. Die Welt der Touristen ist einzig und allein nach *ästhetischen* Kriterien strukturiert. Im Gegensatz zum Vagabundenleben stören hier keine zähen und rauhen, der ästhetischen Formung widerstehenden Wirklichkeiten. Was die Touristen kaufen, wofür sie bezahlen, was ihnen geliefert werden muß, ist genau das Recht auf Sorglosigkeit, auf Freiheit von allem mit Ausnahme der ästhetischen Raumbildung.

Zweitens: Im Gegensatz zum Vagabunden, der sich mit dem Zustand der Heimatlosigkeit abfinden muß, hat der Tourist ein Zuhause oder sollte zumindest eines haben. Das gehört zum Sicherheitspaket dazu: Wenn die Freude ungetrübt und allumfassend sein soll, dann muß es irgendwo einen häuslichen und gemütlichen, unbezweifelbar eigenen Ort geben, an den man zurückkehrt, wenn das Abenteuer vorbei ist oder die Reise sich nicht als so abenteuerlich herausstellt wie erwartet. «Das Heim» ist der Ort, wo man die Rüstung abwirft und die Koffer auspackt – der Ort, wo nichts bewiesen und verteidigt werden muß, weil alles am richtigen Platz ist, selbstverständlich und vertraut. Die Friedfertigkeit des Häuslichen läßt den Touristen nach neuen Abenteuern suchen, aber genau diese Friedfertigkeit macht die Suche nach ihnen zu einer ungetrübten Freizeitbeschäftigung: Was immer mit meinem Gesicht hier im Touristenland passiert, welche Maske ich auch immer anlege, mein «wahres Gesicht» ist in sicherer Verwahrung, immun, fleckenabweisend, rein ... Das Problem ist allerdings, daß in dem Maße, wie die touristischen Eskapaden immer mehr Lebenszeit verbrauchen, in dem Maße, in dem das Leben selbst zu einer erweiterten touristischen Eskapade und die touristische Haltung zum Charakter wird, immer weniger Klarheit darüber besteht, welcher der besuchten Orte denn nun der Heimatort ist. Zwar bleibt der Gegensatz «hier bin ich nur zu Besuch, dort ist mein Zuhause» so profilscharf wie zuvor, aber es ist jetzt nicht mehr so einfach, auf das «dort» hinzudeuten, so wie es beim Heimweh geschieht:

«Heimweh ist das Verlangen danach, sich heimisch zu fühlen, die eigene Umgebung zu erkennen und sich dort als zugehörig zu empfinden» (Schwartz 1989, S. 32). Heimweh zu haben heißt, von einer *Zugehörigkeit* zu träumen. Es ist der Traum, einmal *Teil des Ortes* zu sein, nicht einfach nur *am Ort.* Wenn der Tourismus zur *Lebensform* wird, wenn die bislang aufgenommenen Erfahrungen den Appetit auf weitere Aufregungen anregen, wenn die Erregungsschwelle unablässig nach oben klettert und jeder Schock tiefer gehen muß als der vorhergehende – dann ist die Möglichkeit, daß der Traum vom trauten Heim sich je bewahrheitet, genauso entsetzlich wie die Möglichkeit, daß er sich niemals erfüllt. Heimweh ist daher nicht das einzige Gefühl der Touristen, es gibt auch noch die Angst vor der *Heimatverbundenheit,* die Angst davor, an einen Ort gebunden zu sein und ihn nicht verlassen zu können. «Heim» lauert am Horizont des Touristenlebens als un-heimliche Mischung aus Schutzhütte und Gefängnis.

Der Spieler

In der Konfrontation zwischen Spieler und Welt gibt es weder Gesetze noch Gesetzlosigkeit, weder Ordnung noch Chaos. Es gibt nur Manöver, die mehr oder weniger schlau, gewitzt oder trickreich, kenntnisreich oder fehlgeleitet sind. Es kommt darauf an, die Züge des Gegenspielers zu erraten und ihnen zuvorzukommen, sie zu verhindern oder zu unterlaufen – dem anderen «einen Zug voraus» zu sein. Die Regeln, denen der Spieler folgt, können nur abgeschätzt werden. Die Welt des Spielers ist die Welt der *Risiken,* der Intuition, der Vorsichtsmaßnahmen.

In der «Welt als Spiel» zerfällt die Zeit in eine Abfolge von Spielen. Jedes Spiel folgt eigenen Konventionen, jedes ist ein eigenes «Reich von Bedeutungen», ein kleines Universum für sich, in sich abgeschlossen und begrenzt. Jedes verlangt, daß der Zweifel an der Garderobe abgegeben werde, wobei in jedem Spiel ein anderer Zweifel abgegeben werden muß. Wer sich weigert, den Konventionen zu gehorchen, rebelliert nicht gegen das Spiel; er steigt lediglich aus und hört auf, ein Spieler zu sein. Aber «das Spiel geht weiter» und läßt sich von dem, was die Aussteiger sagen und tun, nicht ein Jota beeinflussen. Die Mauern, die das Spiel umgeben, sind undurchdringlich, die außen ertönenden Stimmen sind innen nur als ersticktes, unartikuliertes Geräusch zu vernehmen.

Jedes Spiel hat Anfang und Ende. Jeder Spieler trägt Sorge, daß das Spiel tatsächlich am Nullpunkt anfängt, mit dem ersten Würfelwurf, so als habe es vorher keine Spiele gegeben und keiner der Spieler Reichtümer oder Verluste angehäuft, die dem «Nullpunkt» Hohn sprechen und was Anfang sein sollte, in eine Fortsetzung umwandeln würden. Aus diesem Grund muß jedoch dafür gesorgt werden, daß das Spiel auch ein deutliches, unumstrittenes Ende hat. Es sollte nicht in die darauffolgende Zeit «hinüberlaufen»: Soweit es die späteren Spiele betrifft, darf kein zuvor gespieltes Spiel die Spieler behindern, bevorteilen oder in anderer Weise beeinflussen – *es muß folgenlos bleiben.* Wer mit dem Ergebnis nicht zufrieden ist, muß «die Verluste abschreiben» und erneut bei Null beginnen.

Um sicherzustellen, daß kein Spiel bleibende Folgen hinterläßt, muß der Spieler (wie auch seine Partner und Gegenspieler) sich vergegenwärtigen, daß «es ja *nur* ein Spiel ist». Eine wichtige, wenn auch schwer zu akzeptierende Mahnung, denn Gewinnen ist der Zweck des Spiels, und daher läßt es keinen Raum für Mitleid, Mitgefühl, Bedauern oder Kooperation. Das Spiel ist wie ein Krieg, aber der Krieg, der ein Spiel ist, darf keine mentalen Wunden und keinen heimlich gehegten Groll hinterlassen: «Wir sind erwachsene Menschen und sollten als Freunde auseinandergehen», fordert der aus dem Heiratsspiel aussteigende Spieler im Namen der Täuschungsmanöver zukünftiger Spiele, wie gnadenlos sie auch immer sein mögen. Der Krieg, der ein Spiel ist, erteilt dem Gewissen für seine Skrupellosigkeit Absolution. Das Kennzeichen des postmodernen Erwachsenseins ist die Bereitschaft, das Spiel aus vollem Herzen zu spielen, wie die Kinder es tun.

Was wird aus der moralischen Ordnung?

Allen vier ineinandergreifenden und sich wechselseitig durch-
dringenden postmodernen Lebensstrategien ist gemeinsam, daß
sie die menschlichen Beziehungen fragmentarisieren; sie empö-
ren sich alle gegen feste Bindungen und langfristige Konsequenzen und kämpfen gegen den Aufbau dauerhafter Netzwerke, die
aus gegenseitiger Verantwortung und Verpflichtung geknüpft
sind. Sie befürworten und fördern den *Abstand* zwischen dem
Individuum und dem anderen und entwerfen diesen vor allem
als Objekt ästhetischer, nicht moralischer Bewertungen, das
Verhältnis zu ihm als eine Sache des Geschmacks, nicht der Verantwortung. Im Endeffekt stellen sie einen *Gegensatz* her zwischen individueller Autonomie und moralischen (und allen anderen) Verantwortlichkeiten und entziehen einen umfassenden
Bereich menschlicher Beziehungen, selbst die intimsten, der moralischen Beurteilung. Dem moralischen Impuls folgen heißt, die
Verantwortung für den anderen zu übernehmen, was wiederum
dazu führt, sich für das Geschick des anderen einzusetzen und
sich um sein oder ihr Wohlergehen zu kümmern.

Die von allen vier postmodernen Strategien geförderte Los-
lösung aus Bindungen und Vermeidung engagierten Handelns
hat Rückwirkungen auf das Ausmaß der Unterdrückung moralischer Impulse sowie der Abwertung und Leugnung moralischer Empfindungen.

Zwar scheint das oben Gesagte im schreienden Gegensatz zu
einem anderen deutlich hervortretenden Charakterzug des postmodernen Bewußtseins zu stehen, nämlich zum Kult der zwischenmenschlichen Intimität. Aber es gibt hier keinen Widerspruch. Dieser Kult ist nichts anderes als eine psychologische
(illusorische und angsterzeugende) Kompensation der Einsamkeit, die die ästhetisch definierten Subjekte des Begehrens un-
weigerlich umhüllt. Darüber hinaus bewirkt sie genau das Gegenteil dessen, was sie intendierte, denn die vor Konsequenzen
geschützte und auf «reine Beziehungen» reduzierte Zwischenmenschlichkeit vermag keine Intimität hervorzubringen und bil-

det keine begehbaren Brücken, die über den Treibsand der Entfremdung führen könnten. Wie Lasch Ende der siebziger Jahre bemerkte, «verbirgt der Kult der persönlichen Beziehungen [...] eine tiefgreifende Enttäuschung über diese Beziehungen, so wie der Kult der Sinnlichkeit auf ihre Vernichtung hinausläuft und nur ihre primitivsten Formen übrigläßt». Unsere Gesellschaft «macht es zunehmend schwieriger, tiefe, dauerhafte Freundschaften, Liebesbeziehungen und Ehen einzugehen» (Lasch 1979, S. 102; S. 69).

Literatur

St. Augustine: The City of God. Übers. v. Gerald S. Walsh u. a., New York 1958.

Bauman, Z.: Legislators and Interpreters: On Modernity, Postmodernity and Intellectuals, Cambridge 1987.

Ders.: Modernity and the Holocaust, Cambridge 1991 (dt.: Dialektik der Ordnung. Die Moderne und der Holocaust, Hamburg 1992).

Ders.: Postmodern Ethics, Oxford 1993.

Bech, H.: «Living Together in the (Post-)Modern World». Arbeitspapier für die Sitzung über *Changing Family Structure and the New Forms of Living Together,* European Conference of Sociology, Wien, 22.–28. August 1992.

Chasseguet-Smirgel, J.: The Ego-Ideal: A Psychoanalytic Essay on the Malady of the Ideal. Übers. von Paul Barrows, London 1985.

Freud, S.: Jenseits des Lustprinzips, in: ders.: Das Ich und das Es und andere metapsychologische Schriften, Frankfurt a. M. 1978, S. 171–208.

Giddens, A.: The Transformation of Intimacy: Sexuality, Love and Eroticism in Modern Societies, Cambridge 1992.

Hall, S.: «Thatcherism Today», in: New Statesman and Society, 26. November 1993.

Jabès, E.: The Book of Questions, Bd. II. Übers. v. Rosmarie Waldrop, Hannover 1991.

Ders.: The Book of Margins. Übers. v. Rosmarie Waldrop, Chicago 1993.

Kellner, D.: «Popular Culture and Constructing Postmodern Identities», in: Lasch, S. und Friedman, J. (Hrsg.): Modernity and Identity, Oxford 1992.

Lasch, C.: Culture of Narcissism: American Life in an Age of Diminishing Expectations, New York 1979.

Ders.: The Minimal Self: Psychic Survival in Troubled Times, London 1985.

Lyotard, J.-F.: Moralités postmodernes, Paris 1993.

Schwartz, J. M.: In Defense of Homesickness: Nine Essays on Identity and
    Locality, Kopenhagen 1989.
Sennett, R.: The Conscience of the Eye: The Design and Social Life of Cities,
    London 1993.

SABINE LICHTENFELS

Ein neues Bewußtsein der Geschlechter

Grundlagen für eine Kultur der sinnlichen Liebe

Wenn ich auf das Bewußtsein der Geschlechter eingehe, dann liegt der verschwiegenste, der verwundetste und auch der verlogenste Punkt bis heute im Bereich der Sexualität. Hier liegt auch der Kern für Haß, Gewalt, Mißtrauen, Angst, Täterschaft und Opferdasein. Die Grundlage unserer Kultur basiert auf der Negation der sinnlichen Liebe und auf Paradigmen in der Liebe, die immer wieder neu zu Elend, Krankheit, Mord und Totschlag führen. Ich beziehe mich deshalb insbesondere auf diesen Kernbereich. Ein neues Verhältnis zur Sexualität und zur sinnlichen Liebe würde unser gesamtes Verhältnis zur Natur, zur Forschung, zur Ernährung usw. gründlich verändern. Es würde eine neue positive Basis entstehen, ein positives Grundverhältnis zu unseren Quellen, aus denen alles Leben stammt.

Erst vor wenigen hundert Jahren haben Theologen und Mönche den «Hexenhammer» geschrieben und verbreitet, ein Buch, welches zur Ermordung von attraktiven Frauen aufrief. Es wurde in Europa das meistgelesene Buch nach der Bibel. Frauen, die in offensichtlicher Verbindung zur Natur standen, die sich den Unterwerfungsregeln der Ehe widersetzten, die eine sinnliche Geistigkeit verkörperten und Eros ausstrahlten, wurden zu Hunderttausenden auf bestialische Weise gemordet. Der Geschlechterkampf ist auch heute noch lange nicht beendet, nur spielt er sich viel subtiler ab.

In unserer Gesellschaft und in allen patriarchalen modernen Gesellschaften gilt die Eifersucht als gesunde Begleiterscheinung einer funktionierenden Liebe. Es gilt das Liebesmodell der Ehe oder der Zweierliebe. «Wenn er fremdgeht, bringe ich ihn um.»

Dieser leidenschaftliche Satz ist ein Leitsatz im Liebesbild, der in den Schlafzimmern von Liebespaaren sein Unwesen treibt. Selbstmord, Mord, Alkoholismus, psychische Krankheit, Krebs und vieles mehr sind die Folgen. Was ist mit dem Liebesbild im Laufe der letzten Jahrtausende passiert?

Immerhin scheint es vor Beginn des Patriarchats jahrtausendelang eine relativ stabile Epoche gegeben zu haben, die nicht dem Prinzip der harten Macht durch Lebensvernichtung und Herrschaft folgte, sondern Werte von Schutz und partnerschaftlicher Kultur gelten ließ. Frauen und Männer in diesen frühen Kulturen haben viel weniger privat gelebt als heute, sowohl in der Liebe als auch im gesellschaftlichen Leben. In den verschiedensten Erdteilen haben sich bestimmte Stämme über Jahrtausende hinweg der alten matriarchalen Tradition entsprechend weiter entwickelt und haben trotz härtester Vernichtungsversuche überlebt, zum Beispiel in Berggebieten Chinas, im Tibet, in Indien. Aber die alten Mythen und Bilder wurden entmachtet und zum großen Teil in ihr Gegenteil verwandelt.[1] Der Mythenforscher Ranke-Graves[2] hat hier in seinem Werk über die griechische Mythologie eine beachtliche Entdeckungsreise aufgezeigt über die Art und Weise, wie u. a. im griechischen Götterhimmel die Göttinnen entmachtet und den Göttern untergeordnet wurden.

Kulturgeschichtlich läßt sich verfolgen, wie mit dem Patriarchat durch die neuen Strukturen von Macht und Herrschaft ein eingreifender Wechsel im Liebesbild eintrat, dem wir bis heute folgen. Der Wechsel führte von freieren Liebesformen hin zur Ehe und sexuellen Ausschließlichkeit, und er führte schließlich – im Judentum, in der Gnosis und im Christentum – zur feindlichen Einstellung gegenüber allem Leiblichen und Sexuellen.

Geschichtlich können wir einen fast dreitausendjährigen Kreuzzug gegen die Lust verzeichnen. Besonders in der jüdischen, der ägyptischen, der späthellenistischen und in der christlichen Tradition ist alles Leibliche und alles Weibliche, sofern es sexuell auftritt, das Schlechte und das Böse, dem man durch Askese und strenge Strafen entgegentreten muß. Durch die

Überlieferung des Alten Testamentes verkörpert die Frau als die sexuelle Verführerin das Böse per se. Die Abspaltung des Unerlaubten, des vermeintlich Bösen, führt meist zum tatsächlich Bösen, zur sinnlosen, destruktiven Aggression, zur rauschhaften Zerstörung.[3]

Wo die Sexualität verteufelt wird, bekommt sie eine unnatürliche Macht im Leben. Wenn diese Macht auch noch eingesperrt wird in das Gelöbnis der ehelichen Treue, dann herrscht natürlich das Gesetz der Eifersucht, denn niemand glaubt wirklich daran, daß das Gelöbnis eingehalten wird, da unsere ursprüngliche Natur ja eine ganz andere Quelle hat. Eheliche Treue verwandelt sich oft bei beiden Partnern in einen inneren Kampf gegen die Dämonen ihrer sexuellen Phantasien und Wünsche. Wo sollen wir hin mit unserer sexuellen Energie, wenn sie nur in der Ehe erlaubt ist und in allen anderen Fällen als schmutzig und gefährlich angesehen wird? Hier liegen kulturgeschichtliche Hintergründe der Eifersucht, die weit über die psychoanalytischen Deutungen von kindlichem Trennungsschmerz hinausgehen.

In der Geschichte stoßen wir aber auch auf mythologische Urbilder einer tiefen sexuellen Bejahung und Verehrung, nur sind ihre Quellen viel schwerer aufzufinden, da sie überall verfolgt und vernichtet wurden. So heißt es im Alten Testament: «Ihr sollt alle Kultstätten zerstören, an denen die Völker, deren Besitz ihr übernehmt, ihren Göttern gedient haben. Ihr sollt ihre Altäre niederreißen und ihre Steinmale zerschlagen. Ihre Kultpfähle sollt ihr im Feuer verbrennen und die Bilder ihrer Götter umhauen. Ihre Namen sollt ihr an jeder solchen Stätte tilgen!»[4]

Ist es diese geschichtliche Urerfahrung, die uns noch heute im Nacken sitzt, wenn wir die Bereiche von Sexualität und Wollust betreten und wenn dabei fast reflexartig Angst und Abwehr einsetzen? Wurden wir mit solch grausamen Mitteln über die Jahrtausende zu der heute gültigen Liebesnorm gezwungen? Waren diese Kultplätze, die Jahwe so verdammte, zum großen Teil die Plätze für den Eros, die heiligen Tempel der Liebe und der Göttin? Sakrale Promiskuität war in den Erostempeln gang und gäbe, und das hat die Gegner auf den Plan gebracht. Die Propheten Jahwes schleuderten Brandreden gegen die Erospriesterinnen Kanaans.

Ishtar, die Göttin Babylons, sagte: «Ich führe die Frau zum Mann, den Mann zur Frau, ich schmücke den Mann für die Frau, die Frau für den Mann. Wenn eine Frau vor Lust leuchtet und strahlt, so bin ich bei ihr, wenn eine Frau das Trauergewand trägt, so bin ich bei ihr.» Und: «Bin ich nicht Hure voll Mitgefühl?»[5] In einem Märchen aus Kappadokien (Kleinasien) aus vorchristlicher Zeit heißt es von den Tempeldienerinnen: «Wir sind es, die die Kunst der Liebe aus alten Zeiten bewahrt haben. Was früher alle Frauen wußten, was die Mutter der Tochter erklärte, das müssen die Frauen, auch die Ehefrauen heute von uns lernen. Ohne uns gibt es weder Glück noch Interesse unter den Menschen. Wir heilen den Mann von der Impotenz, die Frauen von Unfruchtbarkeit, wir lehren sie zu tanzen, um seine Sinne zu erregen, wir schlichten den Streit, wenn sie sich zerfleischen, wir lehren die jungen Männer, wie sie sich den jungen Frauen nähern können, wir weihen die Mädchen, die die Mutter zu uns schickt, in die Liebe ein. Und wie oft, glaubst du, kommt es vor, daß die Ehefrau die Gelüste nicht befriedigen will oder kann? [...] Seine Begierde wendet sich in Zorn. Er beginnt sie zu mißhandeln. [...] Ist es denn nicht besser, wenn er zu uns seine Zuflucht nimmt und wir ihm die Göttin zeigen?»[6]

Die Erostempel gab es noch bis in die christliche Ära. Sie wurden erst geschlossen, als das Christentum unter Konstantin zur Staatsreligion erklärt wurde. Warum haben wir in der Schule nie davon gehört? Wie erfrischend wirken archetypische Seelenkräfte, wenn die Göttin Shakti sagt: «Erfreue dich nun mit aller Seligkeit in mir. Ich bin deine Shakti und du bist mein. Ich fordere dich als Schoß des Alls auf, deinen kosmischen Phallus in mich einzupflanzen.»[7]

Es ist für eine Frau aus unserem Kulturkreis kaum noch vorstellbar, daß ihre religiöse Bilderwelt ja auch von solchen Vorbildern geprägt sein könnte und daß sie solche Sätze frei von

Schuldgefühl, frei von schlechtem Gewissen und mit vollem Selbstbewußtsein in aller Öffentlichkeit sagen darf, und zwar nicht nur zu ihrem Gatten, sondern da, wo die kosmische Energie es von ihr verlangt, im Wissen, daß sie durch dieses Tun Erfüllung und Glück findet statt Strafe und Verachtung. Sie darf dies tun, aus voller innerer Freiheit heraus, da, wo sie es wünscht. Was für ein anderes Verhältnis könnte der Mann zur Frau und zu seiner eigenen Sexualität entwickeln, wenn er auf diese Weise eingeladen würde! Er bräuchte nicht mehr seiner verbotenen Lust zu folgen, die ihn in die «schmutzigen» Bereiche außerhalb der Ehe lockt und die er dann verheimlichen muß. Denn auch wenn es dem Mann in unserer Kultur eher erlaubt ist, fremdzugehen, so geht er doch zu einer Schlampe, und er kann vor sich und der Gesellschaft nur sauber bleiben, indem er sie dafür verachtet, daß sie sich preisgibt. In früheren Kulturen waren die Tempelhuren aber die «Unbefleckten», die «Jungfrauen», und es war ein selbstverständlicher Teil des Eros, daß sie für fremde Männer da waren. Der Geschlechtsakt war der Weg zur Teilnahme des Mannes am «Sacrum», das in diesem Fall von der Frau getragen und verwaltet wurde.[8]

Die biologische Grundnatur in uns kennt das sexuelle Verlangen und weiß unbewußt, daß Sexualität nichts Böses ist, sondern eine elementare heilige Quelle des Lebens. Wir kennen paradiesische Lüste aus unseren Träumen und Phantasien. Das, was wir heimlich aus unseren Träumen kennen, vermuten wir aber auch im anderen. Das, was wir uns verbieten, könnte er oder sie sich möglicherweise erlauben. Damit steigt er oder sie ans andere Ufer der Moral. Kein Wunder, daß wir mit rasender Eifersucht und Verlustangst reagieren. Die Liebe, vor allem die sexuelle Liebe, wurde durch die Ehe reglementiert und ist damit zu einem privaten Käfig geworden, der unserer universellen und biologischen Wirklichkeit in keiner Weise entspricht.

Es geht heute weder um eine Revolution, die sich gegen bestehende Strukturen richtet, noch um Anpassung. Es geht um die Einleitung eines kulturgeschichtlichen Ansatzes, der entschlossen nach Modellen und sozialen Strukturen Ausschau hält, die dem heutigen Menschen, Männern wie Frauen, entsprechen. Dazu gehört die Frage nach Sinn, nach Glück, nach Heimat, nach Dauer in der Liebe, nach Gesundheit und natürlich die Frage nach der Sexualität. Gibt es eine universelle Gesellschaftsform, die den geistigen und biologischen Voraussetzungen mehr entspricht? Gibt es eine Gesellschaftsform, in der der Mensch von sich aus «gut» wird? Läßt sich eine natürliche Ethik entwickeln, die sich nicht länger gegen den Leib und gegen die sinnliche Wirklichkeit des Menschen richten muß? Ich meine, es könnte sie durchaus geben und der heutige Mensch hätte auch das geschichtliche Wissen, um sie entsprechend vorzubereiten.

Was bleibt, nachdem wir verschiedene Kulturstufen durchlaufen haben? Wir haben die männlichen Archetypen kennengelernt, die Magier, Priester, Krieger, Machthaber, Väter und Lehrer. Übrig geblieben ist die weibliche Sehnsucht nach dem Mann, der die Liebe kennt, der die weiblichen Quellen und die Mysterien der sexuellen Liebe nicht mehr vergewaltigt, und das ewige Warten auf den Mann, der uns in unserem Frausein auch sexuell erkennt und unterstützt. Der Archetyp des sinnlichen Liebhabers wartet noch darauf, geboren zu werden. Haben wir Frauen uns möglicherweise so lange unter das Schwert der männlichen Herrschaft gestellt, weil die unbewußte Sehnsucht in uns, daß der Liebhaber im Mann erwachen möge, keine Geduld mehr hatte? Waren wir nicht die Mütter jener Söhne, die dann das Schwert über die Frauen erhoben haben? Sind wir deshalb nicht selber mitverantwortlich dafür, daß jetzt ein neuer Typ von Mann und ein neues Bild männlichen Lebens entstehen kann?

Mußte der Mann Land und Wissen beschlagnahmen, mußte der Priester das Land der weiblichen Quelle verteufeln und dem Satan zuschreiben, mußte er die Funktionen von Körperkultur, von Pflanzenwissen, von Geburt und Tod vernichten und der Frau mit Gewalt den Schlüssel entreißen, den auch er selbst zum Leben braucht? Mußte er die Frauen dämonisieren, foltern und verfolgen, um seine männliche Kraft zu entfalten? Waren es nicht steckengebliebene Sohnmänner, die all dies taten, weil sie den Weg zu den Quellen nicht mehr fanden? Das war die falsche Ebene der Befreiung, die wir am Anfang duldeten und der wir dann ohnmächtig zusehen mußten.

Die neuen Männer sind imstande, Frauen zu lieben. Der neue Liebhaber ist zutiefst sinnlich und bewußt sensibel für die Belange der kreatürlichen Welt in all ihrem Glanz. Er weiß, daß es ein zusammenhängendes heiliges Leben gibt. Reflexion geschieht nicht länger aus der Spaltung und Trennung, sondern aus dem Mitgefühl. Männlichkeit bedeutet nicht länger Härte, sondern Empfindsamkeit. Damit beginnt eine neue Stufe der Wahrnehmung und Erkenntnis. Wer den Zugang zu der Macht des Liebhabers gefunden hat, der empfindet instinktiv mit der Welt und den Dingen um sich herum, statt die eigene Macht gewaltsam gegen sie aufzubauen. Er empfindet den Hunger und die Freude, das Leid und das Glück der Pflanzenwelt, der Tierwelt und der Menschenwelt. Er nimmt die Verantwortung des behutsamen Liebhabers und Geburtshelfers für alle erwachenden Dinge an.

Und wir Frauen? Wissen wir, daß es an uns liegt, ob es zu einem erneuten Machtkampf kommt oder nicht? Haben wir nicht die Härte der Männer durch ebensolche Härte bekämpfen wollen? Haben wir nicht versucht, ihre Macht zu brechen, indem wir sie einfach nachahmten? Wir werfen Männern vor, daß sie Männer sind und daß sie uns sexuell begehren. Wir kennen nicht mehr das Spektrum unserer Weiblichkeit und verweigern die Verantwortung für unsere Schönheit, für unsere erotische Verlockung und für unsere natürliche weibliche Macht. Wir sind zu Halbfrauen geworden, deshalb vergöttern, verklären, beneiden, hassen und betrügen, bekämpfen und entmachten wir den Mann, statt zu sehen, daß er seinen Kampf nur so lange vollziehen wird, als nicht durch unsere Mithilfe der volle, der wirkliche, der liebende Mann ins Leben tritt und zur Selbsterkenntnis kommt. Wenn Frauen und Männer ihre Machtkämpfe durchschaut und überwunden haben, wenn wir erkennen, daß wir unser Selbstbewußtsein in uns selbst und nicht im anderen finden, dann kann vielleicht die Geburt der Erkenntnis beginnen: Und sie erkannten sich – ein Mann und ein Weib –, und ein wunderbarer Weg der sinnlichen Liebe kann seinen Anfang nehmen, ein Weg der Liebe, der nicht mehr gebunden ist an Bedingungen.

Ich nenne zusammenfassend die wichtigsten Punkte zur Gründung eines neuen Selbstbewußtseins in einer neuen Kultur der Geschlechter:

- Finden von neuen positiven Selbstbildern für beide Geschlechter.
- Schaffen einer neuen Basis für die Entwicklung der Kräfte des Urvertrauens.
- Entstehung von Gemeinschaften, wo die persönliche Liebesthematik eingebettet ist in ein größeres Ganzes, so daß wir in der Erfüllung unserer Sehnsüchte nicht einzig auf unsere Liebespartner angewiesen sind. Überwindung des privaten Denkens in der Liebe.
- Aufhebung der Forderung nach Monogamie als Gesetz. Entwicklung eines Treuebegriffes, der auf Vertrauen und Öffnung basiert.
- Besonders Frauen werden sich dafür einsetzen, daß das Liebesthema zum politischen Thema wird. Vielleicht wird es einmal wieder Liebestempel geben, in denen Männer und Frauen eingeweiht werden in das Mysterienwissen der Liebe.
- Entwicklung von Forschungsmodellen, in denen neue soziale Strukturen und Bedingungen erforscht werden, die der frei liebende Mensch heute braucht, ohne einen Teil seiner Existenzgrundlage unterdrücken zu müssen.
- Wir werden auf der Grundlage der sinnlichen Liebe die Beziehungen zu Pflanzen und Tieren selbstverständlich wieder aufbauen und von daher ein vollkommen neues System der Ernährung und der Heilung entwickeln, das nicht mehr auf Gewalt und Massaker beruht.
- Schaffen einer positiven Öffentlichkeit für Projekte und Gemeinschaften, die Liebe und Sexualität öffentlich zum The-

ma machen. Hierfür braucht es die Zusammenarbeit von engagierten Vertretern innerhalb der Gesellschaft und Vertretern von Forschungsexperimenten, die den Austritt aus der gängigen Norm gewagt haben. Hierin liegt eine hohe soziale Verantwortung beider Seiten, wenn man verhindern möchte, daß es zu den üblichen Eskalationen von Haß und Mißverständnis kommt, die in den letzten Jahrhunderten immer wieder stattgefunden haben.

• Das Wort «Weltverbesserer» ist heute zu einem Schimpfwort geworden. Es wird aber höchste Zeit, daß sich immer mehr Menschen auf einer nüchternen Grundlage auf die Möglichkeiten besserer und heilender Lebensstrukturen besinnen. Wenn dies umfassend geschieht, halte ich die Einleitung und Vorbereitung einer neuen Epoche für machbar und möglich, einer Epoche, die uns endgültig von der Kulturkrankheit der Eifersucht befreit und damit insgesamt gewaltfreiere Strukturen möglich macht. Auf daß unseren Nachkommen ein erfüllteres Liebesleben bevorstehe und man sie nicht mehr vertrösten muß auf das Paradies nach dem Tod!

Anmerkungen

1 Eissler, R.: Kelch und Schwert, München 1993.
2 von Ranke-Graves, R.: Griechische Mythologie, Hamburg 1961.
3 Vgl. Meinhold, W. J.: Krebs – eine mystifizierte Krankheit. Hintergründe und ganzheitliche Aufarbeitung, Düsseldorf 1996.
4 Altes Testament: Deuteronomium 12,2 f.
5 Ghazal, E.: Schlangenkult und Tempelliebe. Sakrale Erotik in archaischen Gesellschaften, Berlin 1995.
6 Ebenda.
7 Aus: Meinhold, W. J.: Krebs – eine mystifizierte Krankheit. Hintergründe und ganzheitliche Aufarbeitung, Düsseldorf 1996.
8 Deschner, K. H.: Das Kreuz mit der Kirche – Eine Sexualgeschichte des Christentums, Düsseldorf/Wien 1974.

Literatur

Duhm, D.: Der unerlöste Eros, Belzig 1991.
Lichtenfels, S.: Weiche Macht, Belzig 1996.

Kapitel 2

Von Hypnose bis Ekstase –
Sonderzustände des Bewußtseins

Einführung

Von Werner J. Meinhold

Die Sonderzustände des Bewußtseins übten seit Beginn der Menschheitsgeschichte eine starke Faszination aus. Ekstatische Tänze und Rhythmen, Atempraktiken, Meditationsübungen, Gifte aus Pilzen und anderen Pflanzen, Räucherungen usw. eröffnen den Zugang zu Erlebniswelten jenseits des normalen Tagesbewußtseins. Jede Kultur kannte und kennt ihre rituelle Nutzung zu religiösen und meditativen wie zu prophetischen und Heilszwecken durch Schamanen, Priester, Ärzte und Seher. Und je nach Absicht und Glaubenssystem sind die Unterwelt, die Geistwelt, die innere Welt oder durch Raum und Zeit getrennte Wirklichkeiten das Ziel solcher Bewußtseinsreisen.

Emmanuel Olukotun beschreibt am Weltbild des afrikanischen Yoruba-Stammes, wie archaische Völker noch heute im Bewußtsein der ganzheitlichen Verflechtung von Mensch, Natur und Geist leben. Mit Blick auf unser enges Verständnis von Gesundheit und Krankheit und unsere Umweltprobleme beschwört er ein neues Erkennen dieser Ganzheit.

Die Fähigkeit, die Lebensenergie zu spüren und zu steuern, erläutert der Qi-Gong-Großmeister Hong Li Yuan. Das Bewußtsein der Einheit von Körper und Geist, der energetischen Verbindung der Menschen untereinander und zwischen Mensch und Kosmos, fördert die Gesundheit und die Lebensfreude.

Gerhard Barolin konnte über Hirnstrommessungen zeigen, daß die Hypnose neben dem Schlaf und dem Wachsein ein eigenständiger «dritter Bewußtseinszustand» ist und auch allen meditativen und ekstatischen Versenkungen zugrunde liegt. Am Beispiel der Senioren-Psychotherapie stellt er die immer noch viel zu wenig genutzten Möglichkeiten des therapeutischen Hypnoids dar.

Die Oberstufe des Autogenen Trainings (OT) ist eine «westliche Meditationsmethode». Katharina Hilger beschreibt die Wege des OT zur bewußten Innenschau und Selbstbegegnung und zur Öffnung des «Trichters» zum Unbewußten.

Eine Sonderstellung zwischen Schlaf, Hypnose und Wachsein nimmt der Traum ein. Seine Aufgabe, zwischen unbewußtem Erleben und Wesensanteilen und dem Tagesbewußtsein zu vermitteln, verdeutlicht Maria Reith am Beispiel von Alpträumen, Vorahnungen, sexuellen Träumen u. a.

Im mechanischen Weltmodell der zurückliegenden vier Jahrhunderte galten die «Trennung» von Subjekt und Objekt, von Körper und Geist als maßgebliche Prinzipien der Wissenschaft und prägten tiefgehend auch die Wahrnehmung und das Alltagsverständnis. Leiblicher Träger dieses rational differenzierenden Bewußtseins ist die linke Großhirnhälfte. Sie dominierte und unterdrückte die entwicklungsgeschichtlich älteren emotional integrativen Bewußtseinsebenen der rechten Hirnhälfte und der tiefer liegenden Teile des Nervensystems.

Die Beiträge dieses Kapitels führen in praktische Möglichkeiten ein, über den hypnoiden Zustand und umfassendere Verständnismodelle diese Beschränkungen aufzuheben und die verdrängten und doch so wichtigen Ebenen eines ganzheitlichen Bewußtseins neu zu erkennen und wiederzuerwerben.

EMMANUEL O. OLUKOTUN

Archaische Bewußtseinszustände bei afrikanischen Stämmen[*]

Ich lade Sie ein zu einer Reise in die besonderen Bewußtseinszustände alter afrikanischer Stämme, um daraus neue Möglichkeiten für den Umgang mit psychosozialen Konflikten und Störungen in unserer westlichen Kultur zu erschließen.

Der überwiegende Teil der afrikanischen Nationen wurde in
der zurückliegenden Zeit durch die Massenmedien stark vom
westlichen Bewußtseinskonzept beeinflußt. Das von den ursprünglichen Stämmen überlieferte Bewußtseinskonzept erfuhr
dadurch starke Veränderungen.

In der westlichen Kultur wird Bewußtsein als die Fähigkeit
verstanden, wach fühlen, denken und reagieren zu können,
ohne daß dabei schlafähnliche oder in der Wahrnehmung einge-
schränkte Zustände beteiligt sind. In der Psychoanalyse steht
das Bewußtsein für das Ich, das innerhalb des «Realitätsprin-
zips» zwischen dem Denken und der Wirklichkeit vermittelt. So
filtert das Ich einerseits die Wahrnehmungen und steuert andererseits die Bewegungsabläufe auf eine hochorganisierte Weise
nach seinen logisch-rationalen Kriterien. Eine Abwesenheit dieses Realitätsbewußtseins ist deshalb charakteristisch für den Bereich des «Unbewußten».

Nach dem psychoanalytischen Verständnismodell gliedert
sich die Seele in die drei Schichten des Bewußten, des Vorbewuß-
ten und des Unbewußten. Das Vorbewußte besteht aus Inhalten,
die nicht unterdrückt werden und dem Bewußtsein leicht zugänglich sind, jedoch augenblicklich nicht im Mittelpunkt der

[*] Aus dem Englischen übertragen von Werner J. Meinhold.

Aufmerksamkeit stehen. Das Bewußte konzentriert sich auf die momentanen Wahrnehmungs- beziehungsweise Denk- und Steuerungsfunktionen. Das Vorbewußte schläft dabei nicht, sondern ist auf eine ähnliche Weise wie das Unbewußte aktiv. Das Unbewußte besteht aus den Inhalten, denen der Zugang zum Bewußten verwehrt ist [Anm. d. Übers.: durch die «Zensur-Instanz» nach Freud]. Aber es gibt auch andere Quellen, die das Unbewußte speisen. So können die Denk- und Verhaltensweisen, die über die Familien- oder Kulturzugehörigkeit erworben wurden, in dem Sinne unbewußt bleiben, daß der einzelne nie Grund sieht, sie in Frage zu stellen oder überhaupt darüber nachzudenken. Diese Art von Ichbezogenheit hat zur Folge, daß andere Möglichkeiten des Wahrnehmens und Denkens gar nicht vorstellbar sind. Viele der unausgesprochenen Grundlagen unserer Glaubenssysteme und unserer Lebensführung sind auf diese Weise unbewußt.

Das archaische Bewußtsein in afrikanischen Stämmen begrenzt sich demnach nicht auf das wahrnehmbare Fühlen, Denken und Reagieren im Verhältnis zur Umwelt, sondern wurzelt auch in einem Glaubenssystem, das auf den Ebenen Geist und Natur die Verbindung von allem mit allem voraussetzt.

Fühlen, Denken, Reagieren und Glaubenssystem. Betrachten wir die Begriffe. Wenn Sie jemand auffordert, zu denken, zu fühlen, zu reagieren, was tun Sie dann? Stellen Sie sich etwas vor? Sehen Sie etwas? Hören Sie etwas? Fühlen Sie etwas? Oder schmecken oder riechen Sie etwas? Riechen ist unser ursprünglichster Sinn. Wenn Sie gebeten werden, etwas zu denken und zu fühlen, erinnern Sie sich an etwas oder erzeugen Sie etwas? Erzeugen Sie es mit Ihrem «inneren Auge» oder Ihrem «inneren Ohr»?

Solche Fragen setzen eine bewußte Auseinandersetzung voraus und erfordern eine bewußte Antwort. Sie schließen das Gewahrsein von Gedanken, Gefühlen und Empfindungen ein. Sie stehen für das Grundverständnis der meisten westlichen Kulturen und für die Art und Weise, wie die meisten Menschen mit der Welt umgehen.

Das archaische Bewußtsein der afrikanischen Stämme besteht aus Denken, Fühlen, Vorstellen und einem Glaubenssystem (Geist), das mit den Elementen des vigilanten Bewußtseins verbunden ist. In anderen Worten: Es verbindet die bewußte und die unbewußte Ebene der Seele. Damit ist die wesentliche Grundlage beschrieben, auf der in den afrikanischen Stämmen bis zum heutigen Tage Heilungen durchgeführt werden.

Die Welt der Geister

Das *afrikanische* Bewußtsein setzt voraus, daß das Universum voller Geistwesen ist. In diesem Universum gibt es einen höchsten Geist, den Schöpfer aller Dinge, dessen Macht sich mittels seines Götterpantheons manifestiert. Darunter gibt es noch Geister, die zum Beispiel die Bäume und die Tiere beseelen, oder auch einen Geist des Zaubers. Außerdem existieren die Geister der Ahnen, die ständig um die Lebenden sind und ihnen als Führer zur Seite stehen. Dem höchsten Geist wird die Macht zugemessen, Leben zu geben und zu nehmen. Er hat die Macht, zu heilen und zu töten. Seine Macht erstreckt sich bis in die fernsten Winkel des Universums, und es gibt keinen Ort, den er nicht erreichen könnte. Dementsprechend empfangen alle Götter ihre Macht ebenfalls durch ihn, den höchsten Geist. Im Yoruba-Stamm wird er Oluwa genannt. Im Glauben der Yoruba gibt es zwischen dem höchsten Geist und dem Menschen einen Mittlergeist namens Shogo. Bei den Yoruba kennt man viele Götter, von denen einige über bestimmte Zeitperioden besonderen Ruhm genossen und später wieder verschwanden. Andere haben sich bis heute gehalten, und es werden ihnen zu Ehren jährlich Feste veranstaltet. Der bekannteste und mächtigste all dieser Götter ist jedoch Shogo (was «Donnergott» bedeutet).

Ein Gott braucht einen vorübergehenden Aufenthaltsort und einen Priester (Babalawo). Der Aufenthaltsort kann ein Fluß sein, ein Baum oder ein Felsen. Manchmal kann der Priester für den Geist des Gottes ein Idol aus Holz herstellen oder einen kleinen Lehmhügel, bestrichen mit Blut, in der Nähe eines Tempels errichten. Der Gott begibt sich erst dann zu diesem Ort, wenn er vom Priester gerufen wird.

Der Geist des Gottes spricht meist direkt durch den Priester, manchmal wird aber auch der als Trancemedium fungierende Geistliche von einem Helfer interpretiert. Die Auslegung kann dann über die Deutung des Trancegesanges des Priesters erfolgen, über die Deutung seiner Körperbewegungen oder von Objekten, die er aus Tierfell oder Hölzern herstellt.

Darüber hinaus herrscht die feste Überzeugung, daß Tiere und Bäume Seelen haben, obwohl nicht alle davon die Macht besitzen, dem Menschen Unglück zu bringen. Einige unter ihnen sind jedoch mächtig genug, beim Menschen Krankheit oder sogar den Tod zu verursachen. Das ist auch der Grund, warum Bäumen Opfer gebracht werden, bevor man sie fällt. Ebenso wird mit Tieren verfahren, bevor man sie schlachtet, um sie zu verspeisen.

Auch die Erde besitzt geistige Macht. Ihr Geist fördert das Wachstum in der Natur und schützt vor Unglück. Ein starker Glaube besteht auch an schwarze Magie und an Hexerei.

Mensch und Gesellschaft

Um das Weltbild des afrikanischen Stammesangehörigen verstehen zu können, ist es sehr wichtig, sein Bewußtsein von der Natur des Menschen und der menschlichen Gesellschaft zu kennen.

Der Mensch wird zugleich als biologisches wie auch als spirituelles (geistiges) Wesen betrachtet. Ein altes afrikanisches Sprichwort drückt dies so aus: «Der Mensch ist aus dem Blut der Mutter und dem Geist des Vaters geschaffen.» Dieses Denksystem liegt auch der gesellschaftlichen Organisation der afrikanischen Stämme zugrunde. Man glaubt, daß die Verbindung zwischen den Generationen durch das Blut der Mutter vermittelt wird. Die Abstammung eines Menschen wird deshalb von seiner Mutter hergeleitet. Der biologischen Verbindung kommt aber auch eine religiöse Bedeutung zu. Die Verbindung zwischen Vater und Kind [im engl. Original: «father and son»] ist hingegen spiritueller Natur. Sie bestimmt die Individualität, das Ich, die Persönlichkeit und den Charakter eines Menschen.

Die afrikanische Medizin

Einer der wichtigsten Aspekte der afrikanischen Kultur, den sowohl die Europäer als auch die Amerikaner ablehnen, ist die sogenannte schwarze Magie. Darunter versteht man in Europa und in Amerika alles, was den afrikanischen «Aberglauben» ausmacht, und man meint, darin die mangelnde Entwicklung der meisten afrikanischen Länder zu erkennen. Der Kampf dagegen wurde auf das schärfste geführt, so daß sich inzwischen das moderne Afrika selbst von diesen Glaubensformen distanziert und sie mit Unwissen und Bildungsmangel gleichsetzt.

Die Abwertung der alten Schamanenheilkunst geht auf die europäische Medizin und auf das Wirken der Missionare zurück. Aus Mangel an Kenntnissen über die Grundlagen der afrikanischen Philosophie wurde argumentiert, daß die Behandlung eines Kranken durch einen Schamanen in keinerlei Beziehung zu dessen Symptomen stünde. Die verordneten Mittel und die Krankheit hätten also nichts miteinander zu tun. Wenn zum Beispiel ein Asthmapatient das verordnete Heilmittel nicht einnehmen, sondern unter einen Baum legen soll, zeige das die gröbste Nichtbeachtung der Krankheitszeichen und käme einem Betrug gleich. Jedoch wissen wir, daß die moderne Medizin mit dem sogenannten Placeboeffekt ähnliche Wirkmechanismen nutzt. Die Wirkung der Schamanenmedizin ist aber keineswegs auf den Placeboeffekt begrenzt. So werden bei einigen Erkrankungen therapeutisch hochwirksame Pflanzen eingesetzt.

Die Wirkungsweise der afrikanischen Medizin beruht daher auf der Gesamtheit ihrer spezifischen Faktoren, für die das traditionelle afrikanische Glaubenssystem die wesentliche Grund-

lage bildet. Pflanzliche Heilmittel, Suggestionen, Placebover-
ordnungen und Rituale ergänzen sich dabei. Diese vier Behand-
lungswege lassen sich auch in der modernen Medizin in allen
Teilen der Welt wiederfinden.

Zusammenfassend kann das archaische Bewußtsein in afrikanischen Stämmen als das Erleben einer Welt voller Geistwesen
und Gottesbilder bezeichnet werden. Diese Naturgewalten bestimmen alles, was unter der Sonne existiert, und wachen über
die Lebensführung jedes Individuums innerhalb des Netzes seiner Gemeinschaft.

Ich bin davon überzeugt, daß alle im Bereich der seelischen
Gesundheit Tätigen den Blick hinter die biologischen Zusammenhänge seelischer Erkrankungen richten sollten. Weit mehr
Beachtung verdient das Glaubenssystem unserer Patienten und
die Rolle, die es in ihrer Lebensführung und in jedem Krank-
heitssymptom spielt. Unsere Welt ist eine komplexe Ganzheit,
und wir haben noch vieles zu lernen über die Zusammenhänge
psychosozialer Störungen und die Möglichkeiten ihrer Behandlung.

Dabei hege ich die Hoffnung, daß wir am Beispiel der afrikanischen Stämme unsere Welt wieder aus einem anderen, aus
einem weiteren Winkel sehen können.

Hong Li Yuan

Qi Gong – Bewußtsein der Lebensenergie

Was ist Qi Gong?

Manche Europäer beschreiben Qi Gong als Entspannungsübung, Konzentrationsarbeit oder Atemübung. Alle diese Bezeichnungen sind falsch oder unzureichend. Man kann die wahre Bedeutung vom Namen ableiten. Im Chinesischen heißt «Qi» Energie und «Gong» bedeutet Fähigkeit. Qi Gong bedeutet also Energiefähigkeit. Mit Hilfe dieser Fähigkeit kann man die Energie aus der Umgebung aufnehmen und willentlich zu bestimmten Stellen des Körpers führen. Man kann die Energie auch bewußt abgeben und damit Menschen behandeln.

In China unterscheidet man zwischen mehreren Möglichkeiten, Qi Gong zu benutzen:

- Man kann spezielle Übungen machen, um selbst Energie zu erhalten. Das nennt man: Qi-Gong-Übung.
- Wenn man die Energie im eigenen Körper zu bestimmten Stellen führt, zum Beispiel, um kranke Organe zu heilen, nennt man das: Qi-Gong-Selbstbehandlung.
- Wenn man die Energie aus dem eigenen Körper hinausführt und auf andere Menschen überträgt, so ist das eine Qi-Gong-Behandlung.
- Das Sammeln von Energie auf einen Punkt im eigenen Körper, zum Beispiel auf den Bauch, bewirkt eine Konzentration von Energie auf diesen Punkt. So kann man Angriffe von außen abwehren. Man kann die Energie auch auf die eigene Hand oder andere Körperteile bündeln, um seinen Gegner zu schlagen. Das nennt man: Qi-Gong-Kampf.

Es gibt verschiedene Formen von Qi Gong, zum Beispiel Lohan-Qi-Gong, Kranich-Qi-Gong, Shaolin-Qi-Gong und andere. Die Formen unterscheiden sich in der Art der Ausführung. Manche Formen sind eher statisch, andere dynamisch, das heißt mit mehr Bewegung verbunden. Ziel und Zweck der Übungen sind jedoch bei allen Formen gleich. Sie dienen dazu, positive Energie aufzubauen. Diese Energie ist sehr wichtig für einen Menschen. Wenn man genug Energie besitzt, ist man gesund und stark. Wenn man zuwenig Energie hat, wird man krank und schwach. Hat man gar keine Energie mehr, dann muß man sterben. Deshalb sind Qi-Gong-Übungen Übungen für das Leben.

Woher kommt die Qi-Energie?

Über die Herkunft der Qi-Energie gibt es verschiedene Ansichten. Ich glaube, unsere ganze Welt besteht nur aus Energie. Die sichtbare Welt ist eine Ansammlung von unsichtbarer Energie, die von zwei Bedingungen abhängig ist: von Zeit und von Temperatur. So verändert sich beispielsweise ein Stein bei sehr hoher Temperatur (2000 Grad). Er wird flüssig. Bei noch höherer Temperatur verdampft er. Derselbe Stein wird zu einer anderen Zeit, sagen wir 2000 Jahre später, seine Form sicherlich auch stark verändert haben. Die Zahl zweitausend ist, bezogen auf die Größe unseres Universums, eine ganz kleine Zahl, aber sie kann schon alles verändern.

Die Menge der Energie im Universum ändert sich nicht. Sie zeigt sich nur in verschiedenen Formen und unter unterschiedlichen Zeit- und Temperaturbedingungen.

Natürlich hat die Energie verschiedene Elemente. Alles Sichtbare ist eine Ansammlung von Energie aus verschiedenen unsichtbaren Energieelementen. Die Energie, aus der der Mensch aufgebaut ist, nennt man Lebensenergie. Auch diese Energie existiert nicht nur in unserem Körper, sondern sie ist überall.

Mit Qi-Gong-Übungen kann man die Energie aus der Um-

welt sammeln und in den Körper aufnehmen. So wird der
Mensch gestärkt und das Energiepotential im Körper erhöht.

Lao Tse, ein bekannter Philosoph und Meister der Energie-
arbeit, glaubte, daß die Erdkugel im Universum durch eine Ansammlung von Yin- und Yang-Energie entstand. Nach seiner
Meinung bedeutete die Geburt eines Menschen eine Ansammlung, der Tod die Zerstreuung von Lebensenergie. Die Energie
«heiliger» Menschen besteht zum großen Teil aus «Jing Qi», der
besten Lebensenergie.

Woher kommt Qi Gong?

Bis heute kann man nicht genau sagen, wann und wo Qi Gong
seinen Ursprung fand oder wer der Begründer war. Die Geschichte des Lohan-Qi-Gong immerhin begann im Kloster. Vor
einigen tausend Jahren lebten in China Mönche, die täglich
meditierten und mit Energie arbeiteten. Wenn Leute aus der
Bevölkerung Probleme hatten und, vor allem, wenn sie an
Krankheiten litten, gingen sie zum Kloster, um sich dort behandeln zu lassen. Sie wunderten sich über die besonderen Fähigkeiten der Mönche. Man konnte deren Energie schon von weitem spüren. Die Leute hatten großes Vertrauen in die Mönche,
und nach deren Tod stellten sie Figuren her, welche die Mönche abbildeten. Solche Figuren nennt man «Lohan» oder
«Buddha». Jeder Lohan zeigt eine ganz bestimmte und typische
Haltung. Es war die Haltung, in welcher der geehrte Mönch
die Menschen geheilt und welche er am häufigsten eingenom-
men hatte.

Wie kann man Qi Gong erlernen und damit arbeiten?

In China gibt es ein bekanntes Sprichwort: «Eine tausend Kilometer lange Reise beginnt mit dem ersten Schritt.» Dieses
Sprichwort trifft auch auf das Erlernen von Qi Gong zu. Im

Abb. 1: Eine Lohan-Figur in typischer Haltung. Sie zeigt eine Übung, die dazu dient, Energie zu sammeln.

Westen sagt man auch: «Es ist noch kein Meister vom Himmel gefallen.»

Die Qi-Gong-Übung ist zuerst eine körperliche Übung. Man darf nicht an der Theorie haften bleiben. Ich habe in China und in Deutschland gleichermaßen Menschen getroffen, die sich mit Qi Gong nur theoretisch beschäftigt haben. Sie lesen viele Qi-Gong-Bücher und sprechen viel darüber. Ihr theoretisches Wissen ist fast perfekt, aber leider kann man von ihnen keine Energie spüren, und sie können weder sich selbst noch anderen mit Energie helfen. Sie haben nicht oder nicht regelmäßig genug Energieübungen ausgeführt. In China nennt man solche Menschen «Papiermeister».

Dabei ist es nicht schwer, erfolgreich Qi Gong zu lernen. Man muß nur genügend Geduld aufbringen, um regelmäßig zu üben. Durch Üben übt man auch, geduldig zu sein.

Das Erlernen von Qi Gong kann man in drei Phasen einteilen:

1. Phase

Man lernt Qi Gong kennen durch körperliche Übungen. Man spürt sofort Energie, sogar sehr starke Energie. Es mag sein, daß man mit körperlichen Schwierigkeiten zu kämpfen hat, zum Beispiel mit Muskelkater, starkem Schwitzen, Schmerzen in den Knien oder mit einem ungewöhnlichen Gefühl. Dieses Gefühl kann schnell wieder vergehen, es bleibt dann nur das Gefühl von Energie. Es ist unbeschreiblich angenehm. Es kann chronische Krankheiten lindern.

Allerdings ist es auch möglich, daß sich bestehende Krankheiten zunächst verschlimmern. In diesem Fall sollte man nicht mit den Qi-Gong-Übungen aufhören, sondern einfach weitermachen. In der chinesischen Medizin nennt man dieses Phänomen «Abschiedsschmerz».

2. Phase

Durch jahrelanges Üben hat die kranke und verbrauchte Energie den Körper verlassen, und man besitzt ein großes Potential an positiver Energie. Der Energiekreislauf funktioniert störungsfrei, ohne daß Blockaden auftreten. In dieser Phase hat man die Vorteile von Qi Gong schon sehr gut kennengelernt, weil der Körper sich positiv verändert hat. Man hat Mut, eine positive Lebenseinstellung und hat gelernt, Probleme aus eigener Kraft zu lösen.

Die Energie im Körper ist so stark geworden, daß einige Leute glauben, sie könnten schon kranke Menschen behandeln. Das sollte man in dieser Phase jedoch nicht tun, denn die Energie reicht gerade aus für den eigenen Körper. Wenn man zu viel an andere abgibt, schadet man der eigenen Gesundheit, und die Weiterentwicklung wird gehemmt. Es ist besser, sich in dieser Phase auf die eigenen Übungen zu konzentrieren und sie regelmäßig durchzuführen.

3. Phase

Wenn man sehr lange Zeit Qi Gong praktiziert hat, sind auf jeden Fall alle Krankheiten verschwunden. Man kann außerdem neue Krankheiten vermeiden. Ein richtiger Qi-Gong-Meister ist selten krank. Die Energie steht ihm frei zur Verfügung, sie kann in jedes Körperteil geführt werden.

In dieser Phase ist es auch möglich, Energie auf andere Menschen zu übertragen und sie damit zu behandeln.

Man kann die Energie eines Qi-Gong-Meisters schon von weitem spüren. Auf diesem Niveau kann man mittels Qi Gong viel Gutes für sich und andere tun.

Was geschieht beim Üben von Qi Gong?

Wenn man Qi-Gong-Übungen macht, spürt man zuerst langsam einen warmen Strom, der durch den Körper fließt und ein vibrierendes, kribbelndes Gefühl erzeugt. Je länger man übt, desto stärker wird dieses Gefühl. Man wird gesünder und stärker. Der Körper reinigt sich dadurch, daß die gesunde Energie aus der Umwelt aufgenommen und gegen kranke, verbrauchte Energie ausgetauscht wird.

Körper und Geist befreien sich von Spannungen und werden immer lockerer. Man erhält ein besseres Gefühl für den eigenen Körper und lernt sich und die Welt besser kennen. So bekommt man ein tiefes Verständnis für die Verbindung zwischen Mensch und Kosmos. Viele meiner Qi-Gong-Schüler haben mir von diesbezüglichen Erfahrungen berichtet. Bevor sie mit den Übungen begannen, hatten sie das Gefühl, Geist und Körper seien nicht eins, sondern getrennt. Sie spürten ihren Körper kaum noch, alles fiel ihnen schwer. Je länger sie Qi Gong praktizierten, desto besser konnten sie die Ganzheit von Körper und Geist erfahren. Dadurch wurde ihr Lebensgefühl gesteigert, sie erhielten eine positive Einstellung zu sich selbst und anderen. Auch waren sie nun fähig, ihr Schicksal selbst in die Hand zu nehmen und sich und ihre Zukunft optimistisch zu sehen.

Zum Schluß sei noch gesagt, daß es in diesem Bereich niemanden gibt, der alles weiß. Man sollte besser nicht nach einem «Guru» suchen. Alles, was man erreichen kann, muß man sich durch eigene körperliche Übungen erarbeiten. Qi Gong birgt noch viele Geheimnisse.

Literatur

Yuan, H. L.: Qi Gong. Ein praxisbezogenes Lehrbuch über eine uralte chinesische Heilkunst, Kreuzlingen 1996.

GERHARD S. BAROLIN

Der hypnoide Bewußtseinszustand am Beispiel der Senioren-Psychotherapie

Verschiedene Gehirnschädigungen (Traumen, Stoffwechselstörungen etc.) können zu Bewußtseinsveränderungen führen, welche vor allem mit Vigilanzsenkung einhergehen. Diese werden überdies auch in der alltäglichen Medizin im Rahmen der Narkose-Stadien artifiziell hervorgerufen. Bei leichter Vigilanzsenkung spricht man von Dösigkeit oder Sopor. Bei höhergradiger Vigilanzsenkung spricht man vom Koma.

Im Sinne der systematischen Psychotherapie haben diese bewußtseinsverändernden Zustände keine wesentliche Relevanz, allerdings muß jeder im Gesundheitsberuf Stehende lernen und wissen, daß selbst bei scheinbar tief Bewußtseinsgetrübten Worte und Handlungen doch durchdringen können und so im positiven Sinn als Heilfaktoren, im negativen Sinn als Schädigung wirken können. Wir wissen das heute aus Monitorbeobachtungen, wie etwa liebevolle freundliche Worte, Streicheln u. ä. auch bei nicht mehr sprechfähigen Patienten deutliche Positivreaktionen zeitigen können.

Am gesunden Patienten hingegen gibt es drei wesentliche unterschiedlich anzusehende Bewußtseinszustände, nämlich die Wachheit, das Hypnoid und den Schlaf. Sie sind keineswegs in linearer Abfolge zu sehen, etwa daß vor jedem Schlafstadium ein hypnoider Zustand auftritt (Abb. 1). Vielmehr sind sie in einer Art möglicher Dreiecksfunktion miteinander verbunden.

Über das Hypnoid führte der Verfasser dieser Zeilen eine große Forschungsserie durch (Barolin 1982, 1995). Hier nur folgende Feststellungen:

Das Hypnoid ist ein dritter menschlicher Grundzustand neben Wachen und Schlafen; erreicht über unterschiedliche Wege

1. Fremdhypnose: unterschiedliche Induktionstechniken
2. Autogenes Training
3. Respiratorisches Feedback (RFB): über respiratorische Rückkoppelung
4. Diverse Meditationstechniken

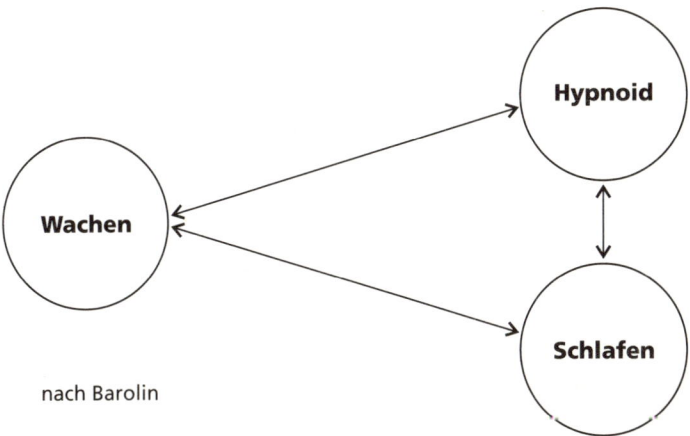

nach Barolin

Abb. 1: Neurophysiologisch stellt das Hypnoid einen speziellen menschlichen Grundzustand dar, der sich deutlich sowohl vom Wachen als auch vom Schlafen abgrenzt.

- Es gibt nur einen hypnoiden Zustand, der beim Menschen neurophysiologisch vorgegeben ist. Es ist egal, ob dieser Zustand durch Fremdhypnose (also Hypnotisiertwerden durch einen Hypnotiseur) hervorgerufen wird oder durch die Selbsthypnose des Autogenen Trainings. Auch die veränderten Bewußtseinszustände, welche bei diversen Meditationstechniken, Yogis etc. auftreten, sind neurophysiologisch gleich einzureihen.

- Man muß unterscheiden zwischen dem hypnoiden Grundzustand und dem, was man in diesen Grundzustand hineingibt.
Denn die verschiedenen Suggestionen, welche in diesen
Grundzustand hineinkommen, sei es durch den Fremdhyp-
notiseur, sei es durch formelhafte Vorsatzbildung des Autogenen Trainings, sei es aber auch bei Meditierenden durch
gewisse Aufgabenstellungen, lösen eine Veränderung des
hirnelektrischen Bildes über das hinaus hervor, was der hypnoide Zustand an und für sich macht.
- Und was bewirkt dieser hypnoide Zustand (neurophysiologisch)?

a) Es ist schon seit den Untersuchungen von Schultz bekannt,
daß sich dabei Atem- und Herzfrequenz regularisieren. Es erfolgt eine Veränderung der Wärmeverteilung im Körper. Es
konnte auch späterhin festgestellt werden, daß in hypnoiden
Zuständen sich die Cortisol-Ausscheidung ändert. Es sind also
verschiedene vegetative Parameter, die hier eine Veränderung
signalisieren.

b) In unseren Untersuchungen konnten wir feststellen, daß
in der hirnelektrischen Aktivität (Elektroenzephalogramm) eine
Synchronisation auftritt, das heißt, es kommt zu Spitzenausbil-
dungen (diese waren besonders deutlich bei den epileptischen
Kindern der Untersuchungsserie zu sehen). Die evozierten Potentiale kamen jedoch regulär in der Hirnrinde an, konnten dort
gemessen werden, obwohl sie aufgrund veränderter Wahrneh-
mungsqualitäten anders wahrgenommen wurden. Daraus
konnten wir schließen, daß keineswegs eine Unterbrechung ir-
gendwelcher Leitungsbahnen durch den hypnoiden Zustand erfolgt, vielmehr eine Modulation. Die eintreffenden sensorischen
Stimuli gehen elektrisch unverändert zur Rinde durch. Gleichzeitig werden sie aber in ihrer bewußten Wahrnehmung verändert, obwohl sie als elektrischer Reiz gleichbleiben.

c) Gab man jedoch Suggestionen in den Hypnoidzustand
hinein, etwa: «Der Arm wird steif, kann nicht gebeugt werden»,
so kam es innerhalb des Zustands zu einer Desynchronisation.

Hier zeigte sich also, daß man unterscheiden muß, was ist Effekt der hypnoiden Umschaltung an sich und was ist der Effekt von hineingebrachten Suggestionen. Ähnliche Desynchronisierungen konnten auch bei meditierenden Yogis gefunden werden, wenn sie sich etwa in der meditativen Selbsthypnose schmerzhafte Reize zufügten, die jedoch nicht bewußt gespürt wurden. Im Anschluß an die Untersuchungen von Schultz und auch im Einvernehmen mit dem, was schon Pawlov über die Hypnose ausgesagt hat, kann man sich das so vorstellen: Es werden im hypnoiden Zustand *Außenreize abgeschirmt*. Das läuft über Formeln wie: «Nichts kann mich stören. Alles, was von außen kommt, ist unwichtig. Was zählt, sind jetzt nur die Worte, die ich höre.» Ähnlich diesen heterohypnotischen Formeln geht es ja auch beim Autogenen Training zu: «Ich bin ganz ruhig, nichts kann mich stören.» Dann erfolgt eine punktuelle Konzentration auf Körperwahrnehmungen.

Dadurch kommen also einerseits weniger ablenkende Störeinflüsse im Hypnoid zum Wirken, und gleichzeitig entsteht dadurch eine höhere *Sensitivität für isolierte Reize,* die in jenen Zustand des Hypnoids eingepflanzt werden. (Pawlov hat dafür den Ausdruck des «supramaximalen Stimulus» verwendet). Derartige eingepflanzte Stimuli sind dann die hypnotischen Aufträge, die vom Hypnotiseur direkt kommen oder in Form der formelhaften Vorsatzbildung (wie wir noch folgend zeigen werden) entweder in der therapeutischen Zweierbeziehung oder in der Gruppentherapie gesucht, gefunden und angewendet werden.

Durch jene veränderte Bewußtseinslage im Hypnoid können also spezielle Stimuli (hypnotische Aufträge) stärker wirken als beim wachen Patienten und haben dann auch die Fähigkeit, im Unbewußten zu verbleiben und aus dem Unbewußten über den hypnoiden Ausnahmezustand hinaus weiterzuwirken. Darüber hinaus ergeben sich jedoch noch zwei weitere therapeutisch verwendbare Möglichkeiten im Rahmen hypnoider Zustände (Abb. 2 a). Es kommt *erstens* zu einer verbesserten und erleichterten «Innenschau» («Introspektion»). Das kann sowohl gegenwärtige Verhältnisse (im Sinne einer Haltungs- und Verhal-

Wirkkomponenten der Psychotherapie mittels Hypnoid (AT, Hypnose, RFB) – nach Barolin – Somatotrop + Psychotrop

1. Muskuläre Entspannung
   A) Direkt-Wirkung
   B) Schiene zum Hypnoid
2. Vegetative Umschaltung zum Hypnoid
   A) Direkt-Wirkung
   B) Förderung der Introspektion «emot. Insight»
   C) Erhöhte Suggestibilität
3. Dynamisierendes Zurücknehmen
4. Gezielte Organ-Beeinflussung
5. Einbau verbal-psychotherapeut. Inhalte, insbes. «Formelhafte Vorsatz-Bildung»

Abb. 2a)

tensanalyse) betreffen als auch Dinge aus der Vergangenheit, welche psychodynamisch relevant sind. Es kann also hier der hypnoide Zustand eine zusätzliche Hilfestellung für analytische Erkenntnisse bringen, welche dann unterschiedlich weiterverwertet werden können, entweder im Sinne der kathartischen Abreaktion oder im Sinne der Besprechung und analytisch orientierten Verarbeitung. Meinhold (1997) hat das im Sinne der «lebensgeschichtlichen Analyse in Hypnose» besonders verwendet, indem er in konsekutiven Hypnosesitzungen Schritt für Schritt mit dem Patienten im Alterungsprozeß zurückgeht, die lebensgeschichtlich wichtigen Ereignisse rekapituliert und unter neuem (therapeutischen) Aspekt bespricht. *Zweitens* soll jedoch auch speziell an die therapeutischen Möglichkeiten erinnert werden, welche durch das «dynamisierende Zurücknehmen» entstehen. Dieses energische Übergehen von dem hypnoiden Entspannungszustand in einen aktivierten Tätigkeitszustand durch forcierte Muskelkontraktionen (etwa im Sinne von Schattenboxen oder gymnastischen Übungen), eventuell plus die For-

Hypnoidtherapie: Hauptkomponenten / Hauptindikationen	Muskelentspannung	Vegetative Umschaltung	Dynamisierung	Gezielte Organbeeinflussung	Verbaltherap. Verwertung
«Psychosomatisch» Vegetativum «Distreß»	+	+			+
(Sub) Drepression Hypotonie		(+)	+		(+)
Herz		+		(+)	+
Hohlorgane	+	+		(+)	(+)
Rehabilitation	+			(+)	+
Schmerz	+	+		(+)	+
Schlafstörung		+	(+)		(+)
«Psychotherapeutisch» Kontakt/Selbstwert Prüfung/Sex		+			+
«Psychohygienisch» Geburt	+		+		
Sportler Künstler, usw.	+	(+)	+	(+)	+

Differentialindikation: Wirkfaktoren Hypnoidtherapie

Abb. 2b)
Das Hypnoid bringt eine Reihe von sowohl psychotropen als auch somato-
tropen Wirkungsmöglichkeiten (2a). In einer gezielten und gekonnten Psychotherapie sollen diese Komponenten differenziert zum Einsatz gebracht werden
(2b).

mel «Ich bin jetzt wieder ganz frisch, ganz da und energisch» haben besonders bei den Patienten mit konstitutioneller Bluttiefdrucklage und/oder subdepressiven Zustandsbildern eine deutlich günstige Wirkung.

Das ist die theoretische Konzeption der Wirkungsweise unserer therapeutisch angewendeten hypnotischen Suggestionen. Praktisch wird heute überwiegend die Selbsthypnose des Autogenen Trainings verwendet, da die Heterohypnose eine sehr zeit- und energieaufwendige Maßnahme ist und daher im Sinne einer ökonomisch gebotenen günstigen Zeitrelation zwischen Arztzeit und Erreichtem nicht mehr so leicht in einer sozialen Medizin unterzubringen ist. Denn man muß ja wissen, daß es praktisch nicht um *eine* Hypnose und hypnotische Suggestion geht, sondern um eine Reihe von Sitzungen (zehn bis hundert, vgl. Meinhold 1997).

Ein weiterer *Vorteil des Autogenen Trainings* ist es, daß es in Gruppen vermittelt werden kann, was eine zusätzliche Zeitökonomie bedingt. Dazu muß jedoch betont werden, daß die Gruppendynamik mehr zu bieten hat als nur Zeitökonomie, denn die *Gruppendynamik* ist ein *eigener psychodynamischer Wirkungsfaktor.*

Gruppendynamik und Autogenes Training beeinflussen einander wechselseitig günstig in folgender Weise: Das Erlernen der Übungen des Autogenen Trainings erfolgt wesentlich leichter in der Gruppe. Es gibt dabei weniger Frustration, wenn eine Übung nicht gleich funktioniert, und die Erfahrungen der anderen helfen deutlich, daß jeder im Autogenen Training gut vorwärts kommt. Man kann das auch als eine Art «Gruppensuggestion» bezeichnen. Für die analytische Gruppenpsychotherapie, die wir daran anschließen, zeigt sich, daß das Autogene Training im Sinne der vorgesagten Möglichkeiten, welche durch das Hypnoid gegeben sind, wesentlich verbessernd auf die allgemeine Gruppendynamik, die allgemeinen Einsichten und die allgemeinen Fortschritte wirkt. Es wirkt dabei schon der gemeinsame zeremonielle Beginn, das gemeinsame Üben und auch die anderen, in Abbildung 2 gezeigten Faktoren.

Unser gruppenpsychotherapeutisches Modell

In diesem Sinn haben wir über Jahre Gruppenpsychotherapie mit Autogenem Training und analytisch orientierter Aussprache als «ein Modell» verbunden und konnten dabei besonders in der Senioren-Psychotherapie gute Erfolge erzielen.

Statt weiterer Theorien wird nun ein Bericht über konkrete gruppentherapeutische Erfahrungen gegeben, da sich daraus für den Interessierten die konkreten Abläufe plastisch darstellen. Überdies haben wir uns in der betreffenden Serie speziell mit der Senioren-Psychotherapie befaßt. Diese ist ein an und für sich in der psychotherapeutischen Literatur weitgehend unterbelichtetes Thema, und es mag daher auch aus diesem Grund sinnvoll sein, sich hier darüber ausführlicher zu verbreiten.

In den Anfängen der Psychotherapie war Senioren-Psychotherapie praktisch nicht existent. Erst in den letzten beiden Jahrzehnten begannen sich neue Betrachtungsweisen zum Seniorentum allgemein und zur Psychotherapie des höheren Lebensalters im besonderen durchzusetzen. Wesentliche Argumente brachten *Thomaes Längsschnittuntersuchungen*. Daraus geht hervor, daß in den höheren Lebensjahrzehnten die soziale Lebensthematik keineswegs an Gewichtigkeit verliert, sondern, gegenteilig, gerade eine besonders intensive Auseinandersetzung damit stattfindet. Auch findet keine Reduzierung der Zukunftsperspektiven statt, und Themen wie Befürchtungen hinsichtlich Gesundheit der eigenen Person und des Lebenspartners sowie Gedanken an den Tod müssen keineswegs überwertige Bedeutung gewinnen. Verstärkte Auseinandersetzung mit körperlichen Insuffizienzgefühlen findet sich vor allem bei niedrigem Sozialstatus.

Lehr (1983) hat gezeigt, daß die *Lernfähigkeit im Alter* keineswegs erlischt, sondern nur andere Maßnahmen erfordert hinsichtlich Darbietens, Behaltens und Inhaltskriterien. Das neue Wort «Geragogik» will darauf besonders hinweisen.

Radebold (1983) hat sich besonders für die Psychotherapie *im höheren Lebensalter* eingesetzt und die notwendigen methodenspezifischen und inhaltspezifischen Modifikationen aufgezeigt. Besprochen werden psychoanalytische Gruppentherapie, Gruppentherapie mit zudeckenden psychotherapeutischen Verfahren, Gestalttherapie, verhaltenstherapeutische Lernprogramme, soziale Therapie in Gruppen (psychosoziale Gruppenarbeit), sozialpädagogisch orientierte Arbeit in Gruppen (mit Lernstoff, Steigerung von Interesse, Aktivität und Kontakt). Es wird über Erfahrungen bis zum höchsten Lebensalter berichtet.

Di-Pol hat die Probleme des älteren und alternden Menschen in folgenden vier Problemkreisen zusammengefaßt:

1. Gefühl der zunehmenden Einsamkeit und sozialen Isolation,
2. Herabsetzung des Selbstwertgefühls,
3. Zunehmender Verlust an aktiv gestalterischem Vermögen,
4. Vermeintlicher Verlust an Lebenssinn.

In der zweiten Hälfte des Lebens sollen bei einer Psychotherapie keine einschneidenden Persönlichkeitsänderungen angestrebt werden, sondern eher ein harmonisches «Sichauseinandersetzen» mit den Problemen, um schließlich eine größtmögliche Bejahung auch des Alters mit seinen unvermeidlichen Beschwerden zu erreichen. Denn auch in dieser Altersstufe sei ein Leben mit positivem Lebensinhalt vorstellbar.

Wir geben diese Meinung von Di-Pol wieder, ohne voll damit übereinzustimmen. Wir sehen in unserer Erfahrung deutlich andere Schwerpunkte der Involutionsproblematik. Hingegen stimmt die abgeleitete Konklusion sehr wohl auch mit unseren Ansichten überein, insbesondere daß das Eingehen auf die Aktualsituation weitgehenden Vorrang etwa gegenüber in die Kindheit zurückreichenden Analysen zu haben hat.

Erwähnenswert sind weiter *flankierende soziale Maßnahmen,* welche teilweise für den älteren Menschen die Psychotherapie erst ermöglichen, so Tageskliniken mit Hol- und Bringdienst, wie sie am englischen Beispiel jetzt auch in der Bundesrepublik Deutschland anvisiert werden (Bergener, Kark).

Wir wollen einen weiteren Beitrag zur sozialen *Integration der Psychotherapie* leisten, ein Gedankengut, das wir seit Jahren besonders betonen: Psychotherapie, die alle diejenigen erreicht, welche ihrer bedürfen, insbesondere auch soziale Randgruppen; Psychotherapie, die sich nicht auf einen engen (elitären) Rahmen beschränkt, sondern ihr Gedankengut in die Allgemeinmedizin, Sozialstruktur, letztlich auf Politik, Architektur etc. einfließen läßt (Barolin 1981).

Eigene Methodik

Wir haben in unserem Arbeitskreis über vieljährige Erfahrung ein stehendes Schema für Gruppentherapie in Anwendung. Unser gruppentherapeutisches Ablaufschema ist über viele Jahre in systematischer Modifikation gereift und hat sich nunmehr seit Jahren in der hier dargestellten Form bewährt. Es ermöglicht gründliche fachgerechte und doch sozial tragbare Psychotherapie, daneben auch (insbesondere durch den alternierenden Therapeuteneinsatz) rationelle didaktische Weitergabe.

1. Sammelliste, über das Jahr laufende Somatogene + Psychogene
2. Herbst-Einladung: drei Altersgruppen → wöchentlich zwei Stunden bis Sommer
3. AT + analytisch orientiertes Gruppengespräch (Zusatz-Einzelgespräche nicht ausgeschlossen)
4. Ab Halbzeit: formelhafte Vorsatzbildung
5. Alternierende Gruppenführung, Protokolle → in Einzelkrankengeschichte

Soweit unsere Klientel es zuließ, versuchten wir jeweils dreierlei Altersgruppen für die Gruppentherapie zusammenzufassen, nämlich

    a) Gruppen von Lernenden und Studenten,
    b) Gruppen des mittleren Lebensalters,
    c) Involutionsgruppen.

Die Auswahl der Patienten für die Involutionsgruppe erfolgt nicht ausschließlich nach ihrem Lebensalter, sondern nach der *individuell vorliegenden Problematik*.

So kann eine Frau, welche sehr jung geheiratet hat und nun Mitte 40 bereits von allen ihren Kindern im Sinne der Ausheiratung verlassen wurde, durchaus bereits Involutionsprobleme aufweisen. Bei spät entwickelten aktiven Menschen treten jene hingegen fallweise erst in einem viel höheren Lebensalter auf.

Mehrfach hat es sich allerdings ergeben, daß wir involutive Patienten und Patienten mittleren Lebensalters in einer Gruppe zusammenfassen.

Dies erfolgte fallweise primär, falls zu wenig Teilnehmer für zwei Gruppen waren, fallweise auch etwa im zweiten Drittel der gruppentherapeutischen Aktivität, wenn ein Teil der Gruppenteilnehmer vor Beendigung der Gruppentherapie ausschied (sei es im Sinne des Therapieabbruchs, sei es im Sinne des bereits Erreichens eines guten therapeutischen Ziels).

Manchmal ergab sich in so einer Mischung durchaus auch eine zusätzliche interessante Gesprächsbereicherung (psychodynamisch auch mehrfach im Sinne einer Ersatz-Mutter-Ersatz-Sohn-Beziehung). Wir betonen das, um zu zeigen, daß wir in unserer Methodik durchaus *flexibel* sind und uns den *Gegebenheiten anpassen*.

Herr L. (23 Jahre), erkrankt an einem Morbus Recklinghausen mit höhergradiger spastischer Halbseitensymptomatik, stellte im Laufe einer Gruppensitzung, nachdem er über einige Stunden hinweg die Probleme der Älteren lange Zeit schweigend angehört hat, fest, daß «es noch Schlimmeres gibt und man sich oft damit abfinden muß». Diese Äußerung wurde sinngemäß in die formelhafte Vorsatzbildung hineingenommen. Mit dieser Bemerkung half er einer älteren Patientin (Frau B., 53 Jahre), die für sich dann eine ähnliche Formel wie der junge Mann fand und diese positiv verwerten konnte.
Formel von Frau B.: «Ich finde mich mit der Krankheit ab, und es gibt noch Schlimmeres, ich gebe nicht auf.»

Überwiegend sehen wir jedoch günstige Ergebnisse bei Einhaltung der angeführten altersmäßigen Dreier-Gruppierung und streben diese daher auch organisatorisch nach Möglichkeit an.

Die *Indikationsstellung* zur Gruppentherapie allgemein erfolgt im Rahmen psychodynamisch und problemorientierter Basisexplorationen und Basisgespräche, welche wir praktisch bei jedem stationären und ambulanten Patienten führen, um eine sinnvolle Wegweisung im Rahmen der von uns sogenannten «gezielten Polypragmasie» zu haben. Unser komplexes Therapieangebot besteht in medikamentösen und physiotherapeutischen Maßnahmen, in jeweils möglichst rationeller Kombination (also kein Entweder-Oder, sondern ein möglichst rationelles Sowohl-als-Auch).

Die von uns praktizierte *alternierende Gruppenführung* (Barolin 1967; 1970; 1976) hat folgende Vorteile:

a) Es kommt zu geringer Fixierung auf einen einzigen Gruppenleiter, dadurch mehr psychodynamisches Attachement an die Gruppe selbst. Etwaige spätere Ablösungsschwierigkeiten vom Gruppenleiter fehlen daher praktisch völlig.

b) Die Gruppenleiter sind unterschiedliche Persönlichkeiten mit unterschiedlichen methodischen Nuancen. Einzelne Patienten fühlen sich mehr von dem einen, andere mehr von dem anderen Gruppenleiter angesprochen und kommen dadurch zu psychodynamisch relevanten Aktionen. Es wird so also das therapeutische Angebot verbreitert.

c) Die didaktische Weitergabe erfolgt in dieser Weise am zwanglosesten und natürlichsten. Ordentliche Protokollierung und jeweilige Besprechung der Gruppenleiter untereinander sind dafür Voraussetzung, insbesondere, um auch das wechselseitig Gegeneinander-ausgespielt-Werden – wie es simplen psychodynamischen Grundmodellen schon aus der Kindheit (Vater gegen Mutter) entspricht – zu vermeiden.

d) Rein praktisch bewährt sich das System für Urlaubs- und Erkrankungsfälle im Sinne der fortlaufenden Gruppenkontinuität.

Wir führen eine weitgehend *abstinente (nondirektive) Gruppenleitung* durch.

D. h., daß vor allem keine Deutungen und Analysen vom Gruppenleiter vorgenommen, Fragen weitgehend an die Gruppe weitergegeben werden. Die Abstinenz hat folgende Ausnahmen:

a) Wo sie zu unnatürlich wirken würde und eine kurze Antwort sinnvoll erscheint, insbesondere bei medizinischen Problemen, welche jedoch dann als nichtgruppengeeignet ausgeschieden werden.

b) Wo es notwendig ist, die regressiven Tendenzen oder das engagementlose dahinplätschernde Gespräch etwas mehr in psychodynamisch relevante Richtung zu bringen.

c) Wo (nach entsprechender Erlaubnis durch den Einzelpatienten) medizinische Aufklärungen vonnöten erscheinen (siehe noch später).

d) Bei der Redaktion der formelhaften Vorsatzbildung.

Die *gruppenmäßige Suche formelhafter Vorsatzbildungen* wird von seiten des Gruppenleiters (oder der Gruppenleiter) etwa in der 12. Stunde als Möglichkeit vorgeschlagen (sinngemäß dann, wenn das Autogene Training rein technisch bei den meisten Teilnehmern gut funktioniert). Dabei ändert sich die *Rolle des Therapeuten* aus einer vorher *abstinenten* in eine stärker *direktive*.

Obwohl der Therapeut somit in eine stärker direktive Rolle gleitet, versucht er dabei die Eigendynamik der Gruppe anhand des neuen Instruments der formelhaften Vorsatzbildung möglichst stark zu stimulieren und sich damit wieder in den Hintergrund zu spielen. Die Vorteile daran sind folgende:

a) In einer Phase, wo das Gruppengefüge sich auf einem bestimmten Niveau konsolidiert und routiniert hat, das Autogene Training weitgehend erlernt ist und möglicherweise auch bereits gewisse Gewöhnungs- und Bequemlichkeitsriten sich eingeschlichen haben, kommt neuer Impetus und Inhalt in die Gruppentherapie im Sinne gruppenspezifischer und gruppendynamisch relevanter Eigenleistungen.

b) Der Gruppenleiter, der sich bisher weitgehend abstinent im Hintergrund gehalten hat, kann aufgrund seines Wissens um die Problematik des einzelnen nunmehr mehrfach stärker steuernd ins Geschehen eingreifen und vorsichtig gewisse zusätzliche positive Richtungen weisen, ohne jedoch die Gruppendynamik massiv zu stören.

c) Es erfolgt neuerlich intensive Befassung mit der Problematik des einzelnen durch die Gruppe, welche sich über eine oder mehrere Gruppensitzungen anhand der Formelsuche erstrecken kann.

d) Schließlich sind die direkten therapeutischen Wirkungen der formelhaften Vorsatzbildung zu nennen, welche der Patient dann auch nach Ende der Gruppentherapie in Art eines «psychischen Proviants» mitnimmt.

Erwähnenswert ist, daß manche Patienten von sich aus während der Lernphase bereits ins Autogene Training formelhafte Vorsatzbildungen einführen, bevor dieser Programmpunkt in den Gruppensitzungen erklärt wurde, und diese Formeln oft nach Diskussion mit der Gruppe beibehalten werden beziehungsweise nur geringfügig variieren. Auch daraus ergibt sich, daß die formelhafte Vorsatzbildung eine durchaus organische methodische Hilfe ist, welche sich zwanglos und gut ins Autogene Training mit Gruppentherapie einfügt.

Falldarstellung

Herr G., 55 Jahre, litt seit etwa 10 Jahren an verschiedenen Hirnstammsymptomen im Rahmen einer Basilarisinsuffizienz; zunehmende Schwerhörigkeit, fallweise Schwindelattacken, einmalige Ohnmacht. Aktuell bestand deutliche Ambivalenz hinsichtlich seines Arbeitsplatzes, einerseits Schwierigkeiten mit der nachdrängenden Generation (und deren im Konkurrenzkampf übliche Härte), andererseits erschwerte Umstellbarkeit sowie Kontaktschwierigkeiten durch Alter plus Schwerhörigkeit. Es bestand die Frage der Renteneinreichung.

Im Laufe der Sitzungen erwies er sich einerseits als sehr aktiv im Hinblick auf Einbringen der eigenen Problematik, andererseits wirkte er öfter auch als «ruhend ausgeglichener Pol» bei lebhaften Diskussionen der anderen Teilnehmer. Er wurde im Laufe der

Gruppensitzungen gegenüber seinen Problemen, sowohl im Betrieb als auch in der Familie, bedeutend distanzierter und toleranter.

Seine Ehefrau besuchte im darauffolgenden Jahr ebenfalls eine Gruppe, weil sie nach ihren eigenen Angaben gesehen hatte, wie gut die Gruppentherapie ihrem Mann tat. Sie selbst war in einem Akkordbetrieb tätig. Ihr Gatte war inzwischen bereits pensioniert.

Am Beginn der Gruppensitzungen kamen immer deutlicher Aggressionen gegen ihren Gatten heraus, der «zu Hause sitzt», während sie noch arbeiten muß. Weiter beklagte sie sich zunächst, daß er, «wenn er mir nicht zuhören will, einfach den Hörapparat herausnimmt und Autogenes Training macht». Mit Hilfe unserer Gruppe gelang es, sie zu einem besseren Verständnis und einer toleranteren Haltung gegenüber ihrem Gatten zu bringen. Sie verstand am Ende der Gruppensitzungen die speziellen Probleme eines pensionierten Menschen besser. Sie selbst kam durch Autogenes Training so weit, daß sie bei Streßsituationen mit der Schulter-Nakken-Feld-Übung gut durchkommen konnte und weiter – nach ihren eigenen Angaben – ruhiger und toleranter wurde. Eine weitere Schwierigkeit bei ihr, Alkohol zu widerstehen (ohne aber im eigentlichen Sinne eine Gewohnheitstrinkerin zu sein), wurde mit der Formel «Habe keinen Durst» gut überwunden.

Das Beispiel dieses Ehepaares kann zeigen, daß die von uns durchgeführte *Therapie mit Ehepartnern*, die hintereinander erfolgte, beide Teile auch im höheren Lebensalter wieder mehr zusammenführen konnte und zu gegenseitigem toleranterem Verhalten brachte. Hinsichtlich des Erfolges ist noch zu bemerken, daß der eine Ehepartner, im konkreten Fall der Mann, einem der Therapeuten etwa ein Jahr nach der Gruppe spontan von einem harmonischen und guten Verhältnis daheim erzählte.

Während bei den beiden geschilderten Fällen eher die psychischen Probleme und die damit verbundene Verstärkung vorhandener leichter organischer Substrate dominierten, stand bei einer Reihe von Fällen die *organische Komponente* primär eindeutig im Vordergrund. Das Angreifen der Therapie zeigte sich dabei einerseits im Rahmen der daraus sekundär resultierenden psychodynamischen Probleme, andererseits aber auch im Rahmen direkten Angreifens in gestörten körperlichen Funktionen.

Zum Stellenwert des Autogenen Trainings

Wir haben gezeigt, daß in unserem therapeutischen Modell das Autogene Training einen «integrierten» Bestandteil darstellt. Welche Rolle spielt das Autogene Training dabei? Wie ist es einzuordnen? Insbesondere aber auch: Ist eine Kombination zwischen analytischer Gruppenpsychotherapie und Autogenem Training überhaupt sinnvoll?

1. Es haben sich folgende *wechselseitig günstige Beeinflussungen* in der Kombination beider Methoden gezeigt.

a) Der gemeinsame ritualisierende Beginn mit dem Autogenen Training rückt günstig von dem Tagesgespräch und der Tagesproblematik ab.

b) Die spätere Introspektion wird deutlich gesteigert; ob nur durch jenes erwähnte Abrücken von der Tagesproblematik oder zusätzlich durch die hypnoide Versenkung, bleibe dahingestellt. In Hinblick auf uns vielfach bekannte Wirkungsqualitäten des Hypnoids (Barolin 1978) glauben wir jedoch, daß dieses an sich dabei eine wichtige Rolle spielt.

c) Der klare Wechsel in der Rolle der Therapeuten, vom zuerst mehr Lehrenden und Direktiven (in der Unterweisung des Autogenen Trainings) zum dann weitgehend Nondirektiven und Abstinenten (während des Gruppengesprächs) scheint uns – wenn man diese Rollenteilung klar sieht und durchhält – eher eine Bereicherung als eine Erschwerung darzustellen.

Der Patient lernt dabei den Arzt in völlig unterschiedlichen Rollen kennen, und dies scheint uns förderlich. Schließlich wechseln ja auch unsere Rollen im Alltagsleben mehrfach, und das Einüben wechselnder Rollenverhalten ist auch etwas in anderen psychotherapeutischen Methoden durchaus Gängiges und Produktives (etwa im Psychodrama).

d) Die Möglichkeit, formelhafte Vorsatzbildung aus dem Gruppengespräch in das Autogene Training hineinzunehmen, erscheint als weiterer wesentlicher Pluspunkt.

2. Die ländliche Bevölkerung unserer Klientel ist für Psychotherapie an sich noch kaum motiviert und instruiert. Dementsprechend stellt die Einberufung zur «Gruppentherapie mit Autogenem Training» eine wesentlich plausiblere Motivation dar, als es etwa die Einladung zu einer abstrakten Gesprächstherapie vermöchte. So banal das erscheinen mag, sollte man es nicht unterschätzen; denn die schönsten Theorien nützen nichts, wenn sie den Patienten nicht erreichen. Es ist eben in weiten Kreisen der Allgemeinpatient auf körperliche Vorgänge und Behandlungen noch wesentlich mehr fixiert und auf dem Wege darüber auch besser motivierbar, als er es den rein psychotherapeutischen Maßnahmen gegenüber ist.

Sehr wohl haben wir dann in manchen Fällen gegen Ende der Therapie von Patienten die Meinung gehört, daß für sie das Gespräch mit seinen Erkenntnissen wichtiger gewesen sei als das Autogene Training. Bei anderen Patienten war es umgekehrt. Etwa, wo vegetative Störungen im Vordergrund standen, hörten wir fallweise, daß ihnen das Gespräch nicht soviel gegeben hat, sondern sie vom Autogenen Training vor allem profitiert hätten.

Wir bieten also in sinnvoller Kombination *zwei Möglichkeiten* an und erweitern damit unser therapeutisches Spektrum. Darüber hinaus ist es aber so, daß wir für den psychotherapeutisch noch nicht aufgeklärten Patienten auch eine Art *somatische Überleitungsbrücke* (oder, wenn man so will, ein somatisches «Lockvögele») anzubieten haben, über welche er dann in die für ihn auch nötige analytische Gruppentherapie hineinfindet, welche er vorher gescheut hätte.

3. Besonders bei den Senioren ist es wichtig, die fallweise im Rahmen des Autogenen Trainings auftretende Tendenz zum *Zurückgleiten in die regressive Haltung* zu kennen und nicht aufkommen zu lassen. Neben der gesprächsweisen Aufarbeitung derartiger Haltung geschieht das auch durch besondere Betonung des energischen Zurücknehmens mit dem Hinweis

auf die dynamisierende Komponente des Autogenen Trainings, welches keineswegs nur «eine Entspannung» oder eine Überleitung zum Dolcefarniente (genießende Passivität) darzustellen hat.

4. Die Wirkung des Autogenen Trainings *auf organisch Kranke* ist einerseits im psychotherapeutischen Sinn über die psychogenen Begleitkomponenten und Folgemechanismen zu sehen. Dies ist bekannt. Viel weniger bekannt in der psychotherapeutischen Literatur ist es aber, daß man mittels der hypnoiden Methodik des Autogenen Trainings sehr wohl auch direkt in die körperlichen Abläufe des Organgeschädigten eingreifen kann, so bei organischen Lähmungen (Multiple Sklerose, Schlaganfall, Parkinsonismus etc.). Dies geschieht wahrscheinlich über eine Mobilisierung von zerebralen und/oder muskulären Reservekapazitäten, die im Wachzustand nicht mobilisierbar sind. Die ermutigenden Ergebnisse, welche wir in unserer Gruppentherapie mit Senioren diesbezüglich, insbesondere bei Parkinsonisten und Postapoplektikern hatten, waren Mitanlaß für eine systematische Hypnosestudie bei Organgelähmten. Sie zeigte sich ebenfalls positiv und ist an anderer Stelle ausführlich publiziert (Simma/Barolin 1983).

5. Schließlich ist auch hier nochmals besonders darauf hinzuweisen, daß das *Autogene Training sicherlich keine Altersgrenze* nach oben hat. Wesentliche Kreislaufprobleme sind in unserem Kreis nie aufgetreten, die fallweise üblichen Störfaktoren im Sinne von Erhöhung der Vasolabilität mit entsprechenden Beschwerden sind im höheren Lebensalter nicht anders als im jüngeren Lebensalter. Erwähnt sei, daß der eine von uns auch mit einer Gruppe von älteren Kardial-Patienten zu einem früheren Zeitpunkt autogene Gruppenarbeit machen konnte und daß auch hier, bei Kenntnis der notwendigen Kautelen, keinerlei Probleme aufgetreten sind. Fallweise läßt man individuell die Übungen kürzer machen, fallweise im Liegen. Es stehen dann im Gruppenraum etwa eine oder

zwei Couchen für die betroffenen Patienten. Generell ist aber das Autogene Training für Senioren genauso sinnvoll und gewinnbringend anzuwenden, wie es das in anderen Altersgruppen ist.

6. Wir haben schon angesprochen, daß das Autogene Training unseres Erachtens nur so bezeichnet werden sollte, wenn es *in eine sinnvolle ganzheitliche Psychotherapie eingebaut* ist und nicht etwa im Sinne von psychovegetativer Gymnastik als reine Entspannungsmethode kursmäßig kommentarlos verabreicht wird. Wir haben hier den Ausdruck «integriertes Autogenes Training» dafür plakativ verwendet und konnten aufzeigen, daß die Möglichkeit der Integration Autogenen Trainings als wertvoller Komponente in eine ganzheitlich orientierte, komplexe Psychotherapie für die Senioren genauso zutrifft wie für andere Altersgruppen.

7. Eine wesentliche Bedeutung des Autogenen Trainings allgemein scheint uns darin zu liegen, daß es von Anbeginn an eine neue Wegweisung für die Psychotherapie ergab, nämlich: Heraus aus dem Elfenbeinturm einer elitären Minorität und hin zur *sozial-integrierten Psychotherapie* (Barolin 1980; 1981). Die Einbeziehung des Autogenen Trainings in die Psychotherapie für Senioren scheint uns ein logischer weiterer Schritt auf diesem Wege zu sein.

Literatur

Barolin, G. S.; Rohrer, T.: Bericht über 2 Jahre geschlossene Gruppentherapie unter zwei alternierenden Therapeuten, in: Österr. Ärztezeitung (22) 1976, S. 1627–1635.

Barolin, G. S.: Erfahrungen mit verschiedener Methodik in der Gruppentherapie, in: Wiener Med. Wochenschr. (15) 1970, S. 265–272.

Ders.: Ist Gruppentherapie im höheren Lebensalter möglich und sinnvoll?, in: Geriatrie (6,1) 1976, S. 22–25.

Ders.: Werk und Leben des Johannes Heinrich Schultz, in: Ärztl. Praxis und Psychotherapie (1) 1980, S. 9–13.

Ders.: Psychotherapie und soziale Verpflichtung, in: Musik und Medizin (15) 1981, S. 20–30; (16) 1981, S. 33–44.

Ders.: Experimental basis for a neurophysiological understanding of hypnoid states, in: European Neurology (21) 1982, S. 59–64.

Ders.: Autogenes Training heute, in: Münch. Med. Wochenschr. (120) 1987, S. 1289–1294.

Ders.: Das Hypnoid in der integrierten Psychotherapie und in der Psychohygiene, in: Experimentelle und klinische Hypnose (II, 1/2) 1995, S. 1–24.

Bergener, M.; Kark, B.: Tagesklinische Behandlung im Alter, Darmstadt 1982.

Lehr, U.: Psychologische Aspekte des Alterns, in: Reimann (Hrsg.): Das Alter, Stuttgart 1983.

Meinhold, W. J.: Das große Handbuch der Hypnose. Theorie und Praxis der Fremd- und Selbsthypnose, Kreuzlingen 1997.

Radebold, H.: Psychische Erkrankungen im höheren und hohen Lebensalter und ihre Behandlungsmöglichkeiten, in: Reimann (Hrsg.): Das Alter, Stuttgart 1983.

Schultz, J. H.: Das Autogene Training, Stuttgart 1973.

Simma, L.; Barolin, G. S.: Hypnose und Rehabilitation neurologischer Erkrankungen, in: Ärztl. Praxis und Psychotherapie (2) 1983, S. 13–21.

Katharina Hilger

Bewußtseinsveränderungen bei der Oberstufe des Autogenen Trainings

Das Autogene Training (AT) als Methode der konzentrativen Selbstentspannung

Beim Autogenen Training handelt es sich um eine leicht zu erlernende Selbsthilfe, die auf dem Weg über ein gelöstes Körpergefühl und über den Einfluß auf das vegetative Nervensystem Geist und Seele beruhigt und stärkt.

Die *Unterstufe* des Autogenen Trainings führt zur organismischen Umschaltung in die trophotrope Phase auf psychosomatischem Weg. Bewirkt werden: Erfrischung, Wachheit, Einfluß auf das Vegetativum, das heißt besserer Schlaf; bessere Durchblutung, vermehrte körperliche Leistung mit weniger Energieaufwand, Vorbeugung gegen Distreß und Wirkung auf die Psyche (Gelassenheit und Angstabbau). Formelhafte Vorsatzbildung in Verbindung mit Autogenem Training kann gezielte Verhaltensänderung bewirken (Abbau unerwünschter Reaktionen, Um-/Verlernen).

Die sogenannte *Oberstufe* des Autogenen Trainings (OT, auch Autogene Imagination, Oberstufentraining, Autogene Bilderschau, Autogene Imagogik, Autogene Meditation oder Analytische Oberstufentechnik des Autogenen Trainings) ist nicht etwa der Aufbau im Sinne einer siebten Stufe nach den sechs Stufen der Unterstufe des Autogenen Trainings, sondern es handelt sich um eine eigenständige, gleichwertige und in sich abgeschlossene Methode.

Auch das Autogene Training hat Beziehungen zu meditativen Verfahren. Während jedoch die Unterstufenübungen physiologische Phänomene hervorrufen, die erst die Voraussetzung für die geistige Umschaltung bilden, stehen bei den meditativen Verfahren geistige Phänomene im Vordergrund und treten die allgemeine Entspannung und die physiologische Umschaltung erst als sekundäre Erscheinungen auf.

Voraussetzung zum Oberstufentraining ist längeres Aufrechterhalten eines meditativen Zustandes mit Umschaltung von Puls und Atmung. Genügte bei der Unterstufe der abgesenkte und eingeengte Bewußtseinszustand mit Konzentration auf die jeweilige Standardformel, wird bei der Oberstufe nichts eingegeben, sondern aus dem Unbewußten angenommen, was freigegeben wird, und gemeinsam mit einem analytisch geschulten Begleiter aufgearbeitet.

Das Grundprinzip besteht darin, daß durch die autogene Entspannung rückwirkend Effekte auf Hirnstamm und Cortex ausgelöst werden, die dann einen hypnoiden Zustand hervorrufen. Hypnoide und auch meditative Zustände unterscheiden sich ungeachtet ihrer Genese physiologisch deutlich vom Schlaf. Während das Bewußtsein im Schlaf in seiner gesamten Breite abgesenkt ist, wird es während der meditativen Versenkung durch Konzentration gleichzeitig eingeengt. Ähnlich einem Spotlight, das die Umgebungsreize ausschaltet oder gleichgültig werden läßt, so daß die Wahrnehmung gerichtet wird. Dies bewirkt einen «überwachen Bewußtseinskern» – vergleichbar mit einem Trichter oder Schlüsselloch. Oben ist die gesamte Breite des Tagesbewußtseins, unten die mögliche Öffnung zum Unterbewußtsein. Einerseits wird eingegeben, andererseits aufsteigen gelassen.

Es gibt mannigfalte Versuche, die unterschiedlichen Bewußtseinszustände nachweislich voneinander abzugrenzen. Diehl hat psychophysiologisch untersucht, «ob die Bewußtseinslage in der Hypnose einhergeht mit Veränderungen meßbarer Parameter, die sich psychopathometrisch oder an physiologischen Kennwerten objektivieren lassen», und kommt zu dem Ergebnis, daß «sich funktionale und topographische Charakteristika»[1] feststellen lassen, durch die Ruhetönung, Autogenes

Training und Schlaf vom Hypnosezustand unterschieden werden können.

Jeden meditativen Zustand kann man als Ausgangslage nutzen, um sich selbst intensiver zu begegnen. Die Funktion des Oberstufentrainings ist: Einstellung des Denkens bei der Konzentration des Objektes und darauf achten, was dann aus tieferen Schichten hochkommt, welche Informationen das Unbewußte freigibt.

Ausgehend zunächst von der Beobachtung, daß Farberlebnisse produziert wurden (vor dem geistigen Auge erscheinen), wurde der Vorgang umgekehrt und die Aufgabe gestellt, nach der Umschaltung ins Vegetativum eine gleichförmige Farbe sich entwickeln zu lassen, die das gesamte Gesichtsfeld auskleidet.[2] Das hat eine andere Qualität, als sich die Farbe *vorzustellen*. Diese soll leibhaftig ungerufen *gesehen* werden. Der Übende soll sie buchstäblich *vor Augen* haben und sehen, wie sie sich aus dem vorherigen Dunkel heraus entwickelt. Dieser eigentümliche Vorgang läßt sich willentlich nicht produzieren. Im eigenen Erleben kann bald unterschieden werden zwischen Vorstellungen, die aktiv da sind, und dem, was von innen heraus sich entwickelt. Etwas von sich heraus wachsen lassen hat eine andere Qualität. Es wird nicht gemacht, sondern ist einfach da.

Das Oberstufentraining wird – wie das Unterstufentraining – meist in sechs oder sieben Stufen vermittelt. Je nach Eigenart des Individuums stellt sich das Bildersehen – Mittelpunkt der Oberstufenübungen – früher oder später ein. Diese «Innenschau» bezeichnet Schultz als «gehobene Aufgabenstufe im Autogenen Training». «Die Erlangung der Oberstufe unserer Technik setzt eine vollständige, sichere und prompte Beherrschung der allgemeinen Technik der Unterstufe voraus.»[3] Hinzu kommen «erschwerte Bedingungen» wie Geräusche und ähnliches.

Veränderliche Bewußtseinszustände

Bewußtseinszustände lassen sich beschreiben und zum Teil messen und in mehr oder weniger große Abstufungen einteilen. Diese sogenannten «Vigilanzstufen» des Wachheits- oder Aufmerksamkeitsgrades lassen sich aber kaum hinreichend voneinander abgrenzen. Statt eines Stufenmodells im Sinne eines Fahrstuhles und unterschiedlicher Stockwerke läßt sich das eventuell gleitend vorstellen im Sinne eines Paternosters. Dabei sind sämtliche Übergänge fließend und gleitend von überwachem Bewußtsein bei gespannter Aufmerksamkeit über Alltagsbewußtsein, freischwebende Aufmerksamkeit, Tagträume, oberflächlichen (träumend) und tiefen (traumlosen) Schlaf bis zur völligen Bewußtlosigkeit. Diese Bewußtseinsebenen wechseln ständig.

Ebenso verändert sich auch die Bewußtseinsbreite. Dies kann man sich trichterförmig vorstellen: Oben sieht man während der Wachphase die Höhe und die Breite des Bewußtseins. Auf dem Weg in die organismische Umschaltung gelangt man Schritt für Schritt und Stufe um Stufe in einen Zustand, in dem das Bewußtsein laufend eingeengt und abgesenkt wird. Der 1979 verstorbene AT-Therapeut Rosa berichtet von Oberstufenerlebnissen, die diesen gedachten Trichter in die dritte Dimension erweitern.

Auch im Schlaf ist das Bewußtsein mehr oder weniger tief abgesenkt; aber in seiner ganzen Breite, so daß im Traum alles aus dem Unterbewußtsein hochkommen kann, was hochkommen will.

In jedem hypnoiden Zustand ist das Bewußtsein eingeengt und abgesenkt. Dabei und dadurch lassen sich auto- oder heterosuggestive Eingebungen im Tiefenbewußtsein verankern. Je eingeengter das Bewußtsein ist, desto tiefer senken sich die Suggestionen ein. Erhält man diesen Versenkungszustand lange genug aufrecht, treten Farberlebnisse auf, die Produktionen aus dem Unbewußten sind (nicht aus dem Unterbewußtsein wie in Tagträumen). Diese Produktionen nehmen den umgekehrten

Weg wie die Suggestionen. Der gedachte Trichter kann wieder als Beispiel dienen – oder ein Schlüsselloch zwischen einem hellen und einem dunklen Raum. Vom Hellen ins Dunkle wird das Bewußtsein eingeschränkt. Vom Dunklen ins Helle strömen die Signale und Eindrücke, die das Unbewußte gespeichert hat.

Während die Unterstufe zur (Aus-)Bildung gehört, sollte das Oberstufentraining im Verlaufe des Selbstfindungsprozesses und der Sinnbildung möglichst *jedem* Menschen zugänglich gemacht werden. Dies kann klinisch erfolgen, aber auch einzeln oder in Gruppen über längere Zeit unter Anleitung und in Begleitung eines analytisch geschulten Menschen. Nicht alles, was in Seminarangeboten unter der «Oberstufe des Autogenen Trainings» firmiert, beinhaltet tatsächlich die analytische Oberstufe, sondern ist oft eine Aufbaustufe oder Autogenes Training für Fortgeschrittene. Deshalb empfiehlt es sich, im voraus Erkundigungen einzuholen.

Zur Meditation

Meditation ist ein Grundbedürfnis aller Menschen. «Asiatische Techniken der Meditation sind nicht eine Ausnahmeerscheinung in der Menschheitsgeschichte; tatsächlich hat jede Entwicklungsstufe der Menschheit Methoden zur Selbsterzeugung von ekstatischen und tranceartigen Ausnahmezuständen gekannt.»[4] Archaische Meditationsformen äußerten sich meist in überschießender Aktivität (rituell-magischer Tanz), oft verbunden mit Geräuschen (Klatschen, Stampfen, Trommeln). Profane Formen finden sich heute zum Beispiel in der Disco-Szene, bei Open-air-Festivals und an Techno-Partys. Die von einzelnen oder Gruppen erlebte Ekstase kann übergehen in Enstase, eine verinnerlichte Form der Meditation in völliger Gelöstheit und Bewegungslosigkeit. Dazwischen gibt es viele Abstufungen und Abwandlungen.

Wildem Gedankenflug während der Ekstase steht im anderen Extrem die völlige Gedankenleere während der Enstase gegenüber. Die Wurzeln aller Formen der Meditation lassen sich bis in die Jungsteinzeit zurückverfolgen; die Verfahren wurden jeweils verfeinert und den Umständen angepaßt. Meditative Versenkungszustände führen zur veränderten Bewußtseinslage; ob es sich dabei um den Trancezustand eines Yogi im Lotussitz handelt, ob der Christ betend kniet, der Buddhist im Zazen verweilt oder der Sufi-Derwisch ekstatisch tanzt. Das Bewußtsein des eigenen Ich (Ego, Selbst) tritt in den Hintergrund (psychophysiologisch meßbar). Das ist nicht lediglich Bewußtseinsveränderung oder -einschränkung, sondern Untertauchen ins Unbewußte. Objektfreies Bewußtsein beinhaltet nicht nur abgesenkte Aufmerksamkeit, sondern besondere, überbewußte Helligkeit und Konzentration zwischen Super- und Subvigilanz.

Anmerkungen

1 Diehl, B. J. M.: Gehirnphysiologische Aspekte der Hypnose und des Autogenen Trainings, in: Praxis der klinischen Verhaltensmedizin und Rehabilitation, Heft 20, 1992, S. 259.
2 Wie sich die Unterstufe aus Beobachtungen bei der Hypnose herausbildete, so entwickelte sich die Oberstufe des Autogenen Trainings aus der Unterstufe. Das ist mißverständlich, weil es eine Wertung nahelegt.
3 Schultz, J. H.: Das Autogene Training, Stuttgart 1973, S. 176. Schultz beweist, daß sich jeder Versenkungszustand als Ausgangspunkt für die Anwendung des Oberstufentrainings eignet.
4 Langen, D.: Die transzendentale Meditation – eine kritische Stellungnahme, in: Journal für Autogenes Training und Allgemeine Psychotherapie (1/2), Wien 1978, S. 15–21.

Literatur

Diehl, B. J. M.: Veränderungen des Blutflusses im zerebralen Kortex während unterschiedlicher Bewußtseinszustände, in: Diehl/Miller (Hrsg.): Moderne Suggestionsverfahren. Hypnose, autogenes Training, Biofeedback, Neurolinguistisches Programmieren, Heidelberg 1990.

Hilger, K.: Autogenes Training für Multiplikatoren nach Prof. Dr. J. H. Schultz, Berlin, in: Hypnos (Nr. 1–4), St. Gallen 1979–1985.

Luthe, W.: Autogenic Therapy, New York 1969.

Meinhold, W. J.: Das große Handbuch der Hypnose – Theorie und Praxis der Fremd- und Selbsthypnose, Kreuzlingen 1997.

Rosa, K.: Das ist die Oberstufe des Autogenen Trainings, München 1977.

Schultz, J. H.: Das Autogene Training, Stuttgart 1973.

Maria Reith

Traum und Bewußtsein

Der Traum als Sprache unseres Herzens

«Ich komme in meine Wohnung und wundere mich, daß die Woh-
nungstür offensteht. Drinnen befinden sich viele fremde Leute. Ein
Priester ist auch da. Ich frage die Leute, was sie wollen. Sie geben
keine Antwort. Sie scheinen es aus Gedankenlosigkeit getan zu haben. Ich bin hilflos und wie gelähmt.»

Elisabeth, Teilnehmerin einer Traumgruppe, hatte über Konflikte mit Kollegen berichtet. Besser als in diesem Traum hätten ihre
Hemmungen und Konflikte nicht geschildert werden können. In
der Traumarbeit soll sie den Traum neu erleben. Andere Teilnehmer aus der Gruppe drücken aus, wie sie auf diese Situation
reagiert hätten, nämlich mit Zorn und Empörung über das un-
befugte Eindringen. Sie hätten die Leute ganz energisch aus der
Wohnung gewiesen. Anders Elisabeth. Vorsichtig erzählt sie
mehr über sich. Privat lebt sie isoliert und ist im beruflichen
Bereich auch zurückhaltend. Sie fühlt sich abhängig von der
Meinung und dem Verhalten anderer Menschen und hat nie
gelernt, sich andern gegenüber abzugrenzen, ihren eigenen
Standpunkt und ihre eigenen Bedürfnisse zu finden. Dies zeigt
der Traum ganz deutlich. Fremde Menschen dringen einfach in
ihre Wohnung ein. Sie ist bei sich selbst eher Gast. Sie richtet
sich ganz nach fremden Autoritäten, verkörpert durch das Bild
des Priesters. Dieser extreme Konflikt wird Elisabeth erst in der
Arbeit an ihrem Traum voll und ganz bewußt.

Träume sind Äußerungen unseres Unbewußten. Dieses

könnte mit einem Partner verglichen werden, der eine uns fremde Sprache spricht, zu dem wir, wenn wir uns mit den Träumen beschäftigen, in Beziehung treten. Das Unbewußte ist nämlich nicht nur eine Art Ablagestätte für Vergessenes oder Verdrängtes, sondern auch der Boden, aus dem neue Gedanken und Impulse entstehen. Es ist eine Art Naturwesen mit eigenen Gesetzen, Erlebnisformen und -möglichkeiten. Es bietet Lösungsmöglichkeiten für anstehende Probleme und ist eine tiefgehende Wurzel unserer Kreativität (Dieckmann 1984).

Der Traum vertritt unbewußte, verdrängte, vergessene Wesensanteile. Er ist also Ausdruck eines weit über unser Wachbewußtsein hinausgehenden seelischen Bewußtseins. Er beschreibt unsere seelische Landschaft, unser inneres Zuhause, spricht für das Kind in uns. Zeigt bildhaft, wie wir mit den andern Menschen unabhängig von Zeit und Raum verbunden sind, gibt Hinweise auf unsere Fähigkeiten und unsere Lebensaufgabe.

Unsere Traumkraft gibt uns Informationen, wenn wir sie darum bitten. Dies besonders, wenn es sich um die Lösung eines emotionalen Problems handelt. Die Träume vertreten unsere Gefühle und unsere Bedürfnisse. Gerade die Erlebnisse, die uns gefühlsmäßig tief berühren, prägen uns und bleiben im nachhinein die wichtigsten in unserem Leben.

Wenn wir uns in einer Phase des Lebens befinden, in der wir unzufrieden sind, uns die Frage stellen, ob eine Veränderung notwendig ist und wie eventuell eine solche Veränderung aussehen könnte, dann können wir um einen aufklärenden Traum bitten. Die Traumkraft unterstützt uns darin, herauszufinden, welches unsere tieferen Bedürfnisse sind und welche Qualität unser Leben haben sollte, woran es mangelt und was es zu verändern gilt.

Vertrauen wir auf unsere inneren Ressourcen. Ob wir die Inspirationen ausschließlich aus unserer seelischen Bewußtheit beziehen oder ob die Lösung eines Problems, um die unsere Gedanken tagsüber kreisen, letztendlich im Traum eine konkrete Form erhält, ist belanglos. Wir sind eine Einheit von Geist, Gefühlen und Körper. Einige Anteile sind uns bewußt, andere nicht. Je mehr wir aus den Tiefen unserer unbewußten Schichten ans Licht des (Tages-)Bewußtseins heben können, desto ganzheitlicher werden wir und desto bunter und reichhaltiger können wir unser Leben gestalten.

Träume sind reich an ungewohnten Bildern und phantastischen Dingen. In ihnen tritt die ganze Vielfalt unserer Kreativität auf faszinierende Weise und ungebrochen immer wieder hervor. Wer kommt schon im Wachleben auf die Idee, einen Tomatenbaum zu malen? Darauf, daß weiche bunte Seidenkissen wie Blumen auf einer Wiese wachsen? Oder daß in einer offenen Wunde am Leib Samenkörner keimen? Dinosaurier fliegen durch die Luft, und wir selbst erst! Wir können erwachsen und gleichzeitig Kind, hier und in unserem Heimatort sein. Wir sind wir selbst und auch verkörpert in anderen Personen. Raum und Zeitgrenzen sind aufgehoben. Naturgesetze werden außer Kraft gesetzt, etwa indem wir uns aus eigener Kraft in die Luft erheben und fliegen. Ebenso häufig kommt es in Träumen vor, daß wir uns nur vor etwas zu fürchten brauchen, damit es sogleich geschieht, daß zum Beispiel eine Sturmflut hereinbricht oder ein hohes Gebäude einstürzt.

Die Träume haben in der Tat eine eigene Logik, die von der unseres Verstandes oft weit entfernt ist. Sie sind die Sprache unseres Herzens und stellen ein Thema ganzheitlich mit seinen vielfältigen, oft auch widersprüchlichen Facetten dar.

«Die Mythen und Märchen sind die Träume der Völker», meint C. G. Jung (1971). In ihnen wird die gleiche Sprache gesprochen wie in unseren Träumen. Es ist eine Sprache, die sich in Bildern ausdrückt, in Symbolen. Wenn wir beispielsweise von Feuer träumen, so heißt das eben nicht nur Feuer im ursprünglichen Sinne, sondern es kann auch stehen für etwas Aufregendes, für Leidenschaft, für Bedrohung, Vernichtung oder für Veränderung. Wie der Begriff Feuer in unserem Wachbewußtsein unterschiedliche Gefühle auslöst; je nachdem, ob wir an ein Feuer im Kamin oder an einen Waldbrand denken, so ist Feuer im Traum auch nur aus seinem Kontext heraus zu verstehen. Dieser Gesamtzusammenhang kann aber bei jedem Menschen je nach seinen bisherigen Erfahrungen ganz anders aussehen und andere Vorstellungen und Gefühle bei ihm auslösen. So sind Traumsymbole also nur Anhaltspunkte, und ihre tatsächliche Bedeutung ergibt sich aus dem ganz individuellen Erfahrungshintergrund des Träumenden.

Die vielfältigen Funktionen der Träume

Wenn man die Träume auf ihre Funktionen hin untersucht, ergeben sich folgende Traumarten:

Tagtägliches

Die Konflikte und Sorgen des täglichen Lebens, die uns Menschen alle mehr oder weniger beschäftigen, lassen sich auch nach dem Zubettgehen nicht einfach beiseite schieben. Eine der Funktionen unserer Träume besteht darin, diese störenden Eindrücke zu verarbeiten. Psychischer Druck löst sich dabei ganz von alleine auf, so daß wir uns am nächsten Morgen frei davon fühlen und uns dem neuen Tag zuwenden können. Fühlen wir uns dagegen während des Traumes und beim Aufwachen nicht wohl, sind die Probleme nicht gelöst. Dann sollten wir etwa getroffene Entscheidungen oder unsere bewußte Sicht der Probleme des Alltags überprüfen.

Warnungen

Tagsüber nehmen wir vieles nur ganz unterschwellig wahr. Wir haben etwa den Hausschlüssel verlegt oder die Fenster und Türen am Abend nicht alle verschlossen. In der Nacht träumen wir von Einbrechern. Ein Hinweis, dem wir nachgehen sollten, bevor wir nach einem tieferliegenden Sinn suchen.

Körperliche Störungen

Oft gibt der Körper schon vor einer Krankheit Signale ab, die wir nicht beachten. Dann kann das Unbewußte über einen Traum nachfassen. Träumen Sie beispielsweise, daß Ihnen Zähne ausfallen, dann lassen Sie sie untersuchen, selbst wenn Sie noch keine Schmerzen spüren. Es kommen freilich auch Träume über Erkrankungen vor, bei denen sich selbst bei umfassender Untersuchung keine krankhaften Veränderungen feststellen lassen. In solchen Fällen hat der Traum einen symbolischen Charakter. Dem Träumer fehlt die Fähigkeit *zuzubeißen,* oder er hat Schwierigkeit, seine Aggressionen auszudrücken. Krankheitsträume schildern die innere Situation. Sie verlangen Beachtung, wenn man seelisch gesund bleiben will.

Problemlösungen

Der Traum bietet eine Lösung für ein Problem an, welches uns im Wachbewußtsein bedrückt. So schildert der Neurologe Oliver Sacks aus eigenem Erleben. Nach einer Beinverletzung sollte er anstatt bisher zwei nur noch eine Krücke benutzen. Er versuchte es und fiel hin. Er berichtet: «Ich schlief ein und träumte, ich streckte meine rechte Hand aus, nähme die Krücke von der Wand, klemmte sie unter den rechten Arm und machte mich ganz selbstverständlich und voller Selbstvertrauen auf den Weg, den Korridor entlang.» Nach dem Erwachen folgte er dem Traumbeispiel und konnte sich problemlos bewegen (Sacks 1995). Angstbeladene Träume beziehen sich gelegentlich auf bevorstehende Ereignisse, etwa ein Examen oder eine Operation, die uns beunruhigen. Sie sind nicht verschlüsselt, helfen, die bevorstehende Streßsituation zu bewältigen und Spannungen abzubauen.

Kreativität

Verdeckte kreative Potentiale suchen nach Entfaltung. Dichter und Maler verwendeten oft Traummotive. Der im Februar 1995 verstorbene Wiener Maler Rudolf Hausner, Anhänger des phantastischen Realismus, berichtete öfters, daß er seine Motive als Ausdruck seiner inneren «psychischen» Bilder verstand.

Verdrängte Konflikte (Alpträume)
Ängste und innere Konflikte reichen oft bis in die Kindheit zurück. Impulse und Gefühle sind verdrängt worden. Dadurch ist psychische Energie blockiert. Die Psyche wehrt sich gegen diese Einschränkung und schickt Träume, die erschrecken und den Träumer zur Aufarbeitung drängen. Alpträume sind mithin Mitteilungen im positiven Sinne, die es zu begreifen und zu lösen gilt. Der starke Aufforderungscharakter dieser Träume wird oft noch dadurch sichtbar, daß die Träume als Serie auftreten. Nach einer gelungenen Traumarbeit drückt sich das Gefühl der inneren Befreiung auch nach außen hin sichtbar aus.

Kompensation
Einen kompensatorischen Charakter haben Träume, in denen man sich reich und glücklich fühlt, besonders wenn sie in Krisenzeiten auftreten. Wünsche und Bedürfnisse rufen Spannungen hervor. Ist eine Befriedigung nicht möglich, steigern sich die Spannungen. Träume bieten die Möglichkeit, diese Spannungen abzubauen. Dadurch bleibt das psychische Gleichgewicht erhalten. Im Traum finden wir vielleicht Geld oder wertvolle Gegenstände. Verläuft das Leben eher eintönig und fade, sieht sich der Träumer in höchst spannende Abenteuer verwickelt. Er lebt sozusagen im Traum aus, was ihm im Wachleben fehlt. Dies weist auf innere Ressourcen hin.

Sexualität
Sexuelle Spannungen werden abgebaut. Unbewußte inzestuöse oder homosexuelle Wünsche zeigen sich in Träumen durch Sex mit Familienangehörigen und gleichgeschlechtlichen Personen. Machen wir sie uns bewußt, dann unterliegen sie unserer Kontrolle und werden nicht zur Belastung. Sex hat auch einen metaphorischen Charakter und steht für *aufgedreht* und *aufgeputscht* (Faraday 1980).

Große Träume

Sogenannte große Träume zeichnen sich durch ihre klaren eindrucksvollen Bilder aus und durch eindringliche Gefühle. Wir spüren die zugrundeliegende Energie und sind tief beeindruckt. Einen solchen Traum erleben wir meist in Grenzsituationen unseres Lebens, wenn wir Unterstützung brauchen oder unser Leben sich grundlegend zu verändern beginnt. Ein großer Traum greift meist in mehreren Sequenzen alle unsere wichtigen Lebensthemen auf. Er spiegelt nicht ausschließlich persönliche Erfahrungen wider, sondern auch menschliche Grunderfahrungen von existentieller Bedeutung.

Vorahnungen

Nur schwer sind Träume erklärbar, welche Ereignisse wie Krankheit oder Unfall aus der Umgebung des Träumers darstellen, die später tatsächlich eintreffen. Es gibt Menschen, die sensibler auf ihre Umgebung reagieren als andere, sozusagen mit viel feineren Antennen die geringsten Botschaften einer atmosphärischen Veränderung aufnehmen, besonders wenn sie mit nahestehenden Menschen zusammenhängen. Hinzu kommt, daß unsere Seele die Grundtendenzen eines geliebten Menschen mehr oder weniger kennt und von daher die längerfristige Entwicklung dieses Menschen bereits ahnt. Nur ein ganz geringer Teil aller Träume, in denen der Tod vorkommt, bezieht sich tatsächlich auf den leiblichen Tod. Tod bedeutet das Sterben von bisherigen ideellen Werten, die Platz für Neues schaffen müssen. Tod heißt also Transformation.

Nicht erklärbar sind freilich jene Vorahnungen, für die mit Sicherheit keine unbewußten Signale aufgenommen werden konnten, in die der Träumer selbst nicht verwickelt ist und auf die er auch selbst keinen Einfluß ausüben konnte. Kann unsere Seele im Traumzustand in eine andere Dimension, in der unsere aktuellen Begriffe von Raum und Zeit nicht gelten, hinübergleiten, wie es die Esoterik sagt? Diese Frage bleibt jedenfalls offen. Das Phänomen als solches gibt es. Der bekannte amerikanische Hellseher und Prophet Cayce hat eine Reihe von Voraussagen im Traum- und Trancezustand gemacht, die sich später ereignet haben.

Der Zusammenhang zwischen Traum und Trance

Die meisten Menschen gleiten unmerklich ganz von alleine in einen tranceartigen Zustand, wenn sie einen Traum erzählen. Sie erleben ihn gleichsam noch einmal. Die Trance vertieft sich, wenn der Traum gespielt wird. Der Träumer ist die andere Person, das Tier oder ein Gegenstand seines Traumes und spricht aus dieser Rolle heraus. Die Überlegung dabei ist, wie Fritz Perls, der Begründer der Gestalttherapie, sagte, daß jedes Element im Traum einen Teilaspekt der Persönlichkeit des Träumers darstellt, nicht nur das handelnde oder beobachtende Traum-Ich (Perls u. a. 1979). Ein Traum ist gerade deshalb so rätselhaft und schwer verständlich, weil die verschiedenen – oft widersprüchlichen – Aspekte eines Themas so eng verknotet sind. Ein Alptraum ist beispielsweise die verdichtete Darstellung eines Konfliktes, der wie ein Wollknäuel verwickelt ist. Erst die Entzerrung durch das Spiel läßt die einzelnen Aspekte des Themas verständlich werden. Es kommt zu einem Akzeptieren des «Gegners» und zur Versöhnung. Dieser Prozeß läuft wesentlich schneller und sanfter ab als in einem Gespräch über den Traum, in dem sich der Träumer gleichsam von einer Metaebene aus seine inneren Anteile anschaut. Im Traumspiel dagegen spricht und agiert er unmittelbar aus seinen verschiedenen Anteilen heraus. Er bewegt sich auf der Ebene seines Traumbewußtseins. In meinem Buch sind mehrere Beispiele ausführlich geschildert.

Literatur

Aeppli, E.: Der Traum und seine Deutung, München 1984.
Berne, E.: Was sagen sie, nachdem sie guten Tag gesagt haben?, München 1975.
  Ders.: Spiele der Erwachsenen, Hamburg 1968.
Dieckmann, H.: Träume als Sprache der Seele, Fellbach 1984.
Faraday, A.: Deine Träume – Schlüssel zur Selbsterkenntnis, Frankfurt 1980.
Freud, S.: Die Traumdeutung, Frankfurt 1984.
Ders.: Über Träume und Traumdeutungen, Frankfurt 1984.
Jung, C. G.: Erinnerungen, Träume, Gedanken, Olten 1971.
Perls, F., Hefferline, R., Goodman, P.: Gestalt-Therapie, Lebensfreude und Persönlichkeitsentfaltung, Stuttgart 1979.
Reith, M.: Der Traum – Königsweg zu unserem Unbewußten, Düsseldorf 1996.
Sacks, O.: Die Nachtmahr als Lehrerin, aus: Die Zeit, Ausgabe vom 22. 9. 1995.
Sechrist, E.: Traumberichte über Cayce. Cayce Traumbuch, München 1983.
Williams, S.: Durch Traumarbeit zum eigenen Selbst, Interlaken 1984.

Kapitel 3

Körper, Kunst und Sinne

Einführung

Von Werner J. Meinhold

Körperbewußtsein, Kunst und Sinne – auf den ersten Blick nehmen diese Bereiche einen hohen Stellenwert in unserer Kultur ein, bei genauerem Hinsehen aber zeigt sich ein eigenartiger Zwiespalt. Das Körperbewußtsein floriert eher als Körperkult, der eine wirkliche Akzeptanz der Leiblichkeit mehr behindert als fördert; Kunst ist im Alltagsbewußtsein des Normalbürgers das (kommerzialisierte) Geschäft einer gesellschaftlichen Enklave, der sogenannten Künstler, während er selbst bestenfalls im Museum, Theater oder Konzerthaus, meist aber nur über Medien, Kaufhausbilder usw. als Konsument auftritt und über die Verkaufsindexe die Wertung bestimmt; die Sinne sind vornehmlich zu bloßen Werkzeugen einer vermeintlich objektiven Wirklichkeitswahrnehmung degradiert, denn nicht zufällig gebrauchen wir den Begriff «Sinn» für «Bedeutung» und «Zweck» und nennt der Duden als Synonym für «sinnlich» das abwertende Wort «begierig»[1].

Körperlichkeit und Sinnlichkeit gehören jedoch ursprünglich zu den Grundlagen der Kunst, und als Kunst wurde zu voraufklärerischen Zeiten auch bezeichnet, was heute Wissenschaft heißt, angelehnt an die alte germanische Bedeutung von kennen/können, nämlich «geistig vermögen, verstehen»[2]. Überraschend und klar zeigt die Sprachentwicklung auf, was unserer Zeit verlorenging.

Der Mensch wird demnach als geistig Verstehender zum Künstler. Und in der Kunst findet er zugleich den Daseinsbereich, in dem er eine andere wesentliche Ebene des Menschseins, seine individuelle Kreativität, frei entfalten kann. So kann vielleicht auch gesagt werden: Er wird als Künstler zum Menschen.

Die zwiespältige Unterdrückung des Körperbewußtseins schlug sich sogar in der neuzeitlichen Medizin nieder, die sich doch ausdrücklich dem materiellen Körper zuwendet; zwischen Patient und Arzt traten mehr und mehr Geräte als Vermittler. Noch stärker tabuisiert wurden körperliche Kontakte in der Psychoanalyse. Tilmann Moser erläutert in seinem Beitrag, auch aufgrund eigener Erfahrungen, welche Probleme durch diese Abstinenz genährt werden und welche Vorteile durch die bewußte Kontaktaufnahme für die Therapie erwachsen.

Die Stimme ist «Ton des beseelten Lebens», Spur zur Person und Grundlage der Sprachkunst. Annette Cramer beschreibt, warum die logische Botschaft der Wörter gegenüber dem sinnlichen Ausdruck der Stimme und der durch sie vermittelten seelischen Stimmung zurücktritt und wie beides zusammen stimmen kann.

Gertrud Orff wendet die heilende Kraft der Töne in der von ihr entwickelten Orff-Musiktherapie an. Die Unmittelbarkeit des Gehörsinnes, die Ursprünglichkeit von Ton und Rhythmus, aber auch die «multisensorielle» Einbeziehung der anderen Sinne beim Musizieren verbindet sie mit einem hohen Maß an Akzeptanz für den Patienten und meditativem Gewahrsein für das Hier und Jetzt. Erfolge mit behinderten Kindern, die als untherapierbar galten, sind die besten Beispiele für die durch die Orff-Musiktherapie eröffneten Wege zum Bewußtsein.

Auf eine besondere künstlerische Weise macht auch Gottfried Waser die ganzheitlichen Grundlagen des menschlichen Bewußtseins erfahrbar. In seiner Therapiekonstellation tauschen sich nahestehende Menschen über das «Kommunikative Unbewußte» aus und finden diese Beziehungen durch bildnerische Umsetzung einen überzeugenden Ausdruck. Die Eingebundenheit allen Seins in ein offenbar zeit- und raumloses, individualitätsübergreifendes Feld wird deutlich.

Anmerkungen

1 Der große Duden, Band 8, Mannheim 1972.
2 Duden, Band 7, Mannheim 1963.

TILMANN MOSER

Psychoanalyse und Körperbewußtsein*

Die Angst vor Gefühlen

*Können Sie sich eigentlich selbst noch als Psychoanalytiker be-
zeichnen?*

MOSER: Ich verstehe mich ganz und gar als Psychoanalytiker. Die Körpertherapie ist für mich eine Erweiterung meiner
Möglichkeiten. Mit der Körperarbeit wächst auch meine Einsicht in die Wichtigkeit und Ergiebigkeit der psychoanalytischen
Theorie als Entwicklungspsychologie. Es vertieften sich die
Identität und die Theorie der Übertragung. Von Einseitigkeiten
abgesehen, finde ich alles bestätigt, was die Psychoanalyse je
erforscht hat, ich wende es nur etwas anders an.

*Ihre Identität hat sich vertieft, doch verträgt sich diese Iden-
tität mit der orthodoxen Psychoanalyse, die ja unter anderem
die Abstinenzregel aufgestellt hat?*

*Danach ist es strikt verboten, den Patienten in irgendeiner
Form zu berühren.*

MOSER: Die Abstinenzregel ist sehr einseitig interpretiert
worden, gegen Triebbefriedigung: Hinter der Couch sitzen, den
Patienten nicht anschauen, auf keinen Fall berühren. Ich kann
das nur aus der Geschichte heraus sehen: Freud und seine be-
sorgten Schüler hatten Angst, daß die Psychoanalyse anrüchig
werden könnte, wenn es zu Entgleisungen kommt. Freud war
vollkommen unvorbereitet, als ihn einmal eine Patientin
umarmt hat. Wenn so etwas heute einem Therapeuten passiert,

---

* Vom Autor überarbeitete Fassung eines Zeitschrifteninterviews.

ist das kein Grund zur Aufregung mehr. Denn heute weiß man, daß sich in so einer Geste viel Dankbarkeit und kindhafte Wünsche äußern können, und wird sie nicht mißverstehen. Trotzdem halte ich nach wie vor an dem Begriff Abstinenz fest: Der Therapeut soll keine eigenen sexuellen Bedürfnisse mit Patientinnen befriedigen; er versucht nicht, seine Aggressivität abzuladen: auch nicht, seine symbiotischen Bedürfnisse mit Patienten zu befriedigen.

Die alte Abstinenzregel diente also auch der Abwehr von Gefühlen ...

MOSER: ... und dem Ruf der Psychoanalyse. Das war von Freud ganz strategisch gedacht.

Diese Ängste scheinen heute bei orthodoxen Psychoanalytikern immer noch vorhanden zu sein, wenn sie sich gegen den Einbezug von körpertherapeutischen Verfahren wenden. Sind das Ängste vor den eigenen Gefühlen oder vor den Gefühlen der Patienten?

MOSER: Ich kenne das ja aus eigener Erfahrung: Wenn man jahrelang gedrillt wird, hinter der Couch zu sitzen und nur auf die aufsteigenden Phantasien und Gefühle des Patienten zu achten, und wenn man eingebleut bekommen hat: Berührung ist gleichzusetzen mit Agieren, Verwöhnung oder Triebbefriedigung, dann hat man nicht gelernt, mit jenen Gefühlen umzugehen, die nach stärkerem Ausdruck, auch nach körperlicher Aktivität verlangen. Dadurch verfestigt das Setting eine gewisse Ängstlichkeit.

Worin sehen Sie vor allem den Vorteil körpertherapeutischer Verfahren in der Psychoanalyse?

MOSER: Eine Reihe von Patienten kommt aus Familien, in denen sie nicht gelernt haben, Gefühle in Worte zu fassen, wo sie noch nicht einmal gelernt haben, ihre Gefühle zu spüren. Bei solchen Patienten ist manchmal eine körperliche Interaktion als Vorform der Symbolisierung hilfreich und notwendig.

Doch man darf das auf gar keinen Fall verallgemeinern: Ich höre auch von Kollegen, die allein mit ihrer Stimme, durch das empathische Einfühlen mit Worten, sehr frühe Phasen und sehr verschüttete Gefühle erreichen können. Ich möchte die psycho-analytische Methode also nicht verurteilen oder entwerten, sondern ich sage, daß es Erweiterungen dieser Methode gibt, sie sollten aber durch Selbsterfahrung von den Analytikern erst einmal erlebt werden. Viele sogenannte klassische Analytiker urteilen heute über körpertherapeutische Verfahren, ohne auch nur jemals eine Stunde Selbsterfahrung gehabt zu haben.

Ich habe sehr viel Glück gehabt. Ein Schweizer Freund und Kollege hat mich dazu animiert, Workshops in Gestalttherapie, Erlebnistherapie, Psychodrama und so weiter zu besuchen. Trotz sehr vieler Jahre Analyse konnte die depressive Grundschicht, von der ich immer wieder bedroht bin, nicht ausgeräumt werden. Ich habe dann erfahren, daß ich auf bestimmte Formen der körperlichen Zuwendung, auch der körperlichen Auseinandersetzung sehr intensiv reagiere. Mein erster sehr wichtiger Eindruck war zum Beispiel ein Ringkampf mit einem Freund, der mir meine eigenen mörderischen Vorstellungen gegenüber meinen Brüdern gezeigt hat.

Sie nennen ihre Methode «psychoanalytische Körpertherapie». Können Sie konkretisieren, wie Sie mit dem Körper in ihren Analysen arbeiten?

Moser: Ich nehme einmal das einfachste Beispiel: Halt geben.

Ein kleines Kind kommt oft in Situationen, wo es überschwemmt wird von seinen Gefühlen und wo die Mutter dann aus irgendwelchen Gründen nicht verfügbar ist. Wenn es mit diesen Gefühlen alleine nicht fertig werden kann, dann muß es diese Gefühle abspalten oder in den Körper abschieben. Diese Gefühle sind dann weg und tauchen höchstens nur noch in sogenannten Übersprunghandlungen später wieder auf: in Wutausbrüchen, Tränen, in psychosomatischen Störungen oder auch in der Sexualität. Sehr viele frühe Gefühle werden ja in anklammernder Sexualität ausagiert. In der psychoanalytischen Körpertherapie kann man diesen frühen fehlenden mütterlichen Halt nachliefern. Konkret sieht das so aus, daß ich zum Beispiel hinter der Couch sitze und mit beiden Händen

den Kopf des Patienten halte. Ich frage natürlich vorher, ob er oder sie das auch möchte, doch meistens gibt es auch optische Zeichen dafür, daß eine Sehnsucht danach besteht. Den Kopf zu halten, das ist die einfachste Form, mütterliche Zuwendung nachzuholen.

Eine andere Form ist Widerstand geben. Wenn zum Beispiel jemand sehr viele Gefühle unterdrücken muß, dann hat er oft Kopfweh, spürt einen Ring um den Kopf oder eine Last auf der Brust.

Ein Beispiel: Ein Mensch bekommt einen neuen Chef, der ihn ständig subtil unterdrückt. Dadurch entsteht latente Wut, die abgewehrt wird, und irgendwann hat dieser Mensch dann eine Blockierung, weil er ständig eine Muskulatur bremst, die eigentlich zuschlagen möchte oder beißen oder treten. Wenn man diesem Menschen dann Widerstand bietet, dann kann sich diese Blockierung lösen. Zum Beispiel kann ich diesen Menschen dazu auffordern, eine Faust zu bilden. Ich umschließe dann diese Faust mit meinen Händen – und es sind viele Reaktionen denkbar. Ein depressiver Mensch fängt eher an zu weinen und sagt, das ist wunderbar. Er hat dann möglicherweise das Gefühl, in meinen Händen sei sein ganzes Selbst sicher umschlossen. Jemand, der latente Wut in sich hat, nimmt meine Hände als Halt und kann dann endlich mal Kraft und Zorn ausprobieren. Die Faust ist dabei sowohl konkret als auch symbolisch: manche Patienten kann man alleine nicht halten, wenn sie ihre Wut voll rauslassen würden. Deshalb nehme ich symbolische Einheiten heraus, wie zum Beispiel die Faust. Wichtig ist, daß der ungefilterte Affekt erst einmal zum Vorschein kommen kann. Das ist das, was immer als Katharsis verdächtigt wird. Natürlich hat das kathartische Aspekte, aber wenn einmal ein bestimmtes Quantum archaischer Gefühle gezeigt werden kann, dann ist auch das Abwehrsystem nicht mehr ständig überlastet. Das Ich bekommt wieder Spielraum, und eine diffuse Wut kann plötzlich deutlich zugeordnet werden, wohin sie gehört. Es gibt Menschen, die wissen überhaupt nicht, daß sie auf den Chef, die Mutter oder sonst jemanden wütend sind.

Erst wenn sie ein Stück von diesem Gefühl zeigen konnten, dann merken sie überhaupt, daß sie es haben. In der klassischen Psychoanalyse heißt die Regel, daß man den Affekt in Worte fassen muß. Die Körpertherapie bietet an, daß man mit Affekten auch umgehen kann, wenn sie noch nicht in Sprache gefaßt werden können.

Sie haben das psychoanalytische Setting auch dahingehend geändert, daß Sie nicht mehr unbedingt hinter dem Patienten sitzen.

MOSER: Ich sitze seitlich mit dem Gesicht zum Patienten. Doch immer bestimmt der Patient die Nähe. Er bestimmt also, wie nahe ich mit meinem Stuhl an die Couch heran kann. Es kann allerdings vorkommen, daß ein Patient erst nach einem halben Jahr so weit ist, daß er sich auf die Couch legen will. Viele Patienten haben ja eine ganze Weile Angst davor, sich auf die Couch zu legen. Mir ist grundsätzlich wichtig, daß der Patient wieder zu Initiative und Aktivität zurückfindet. Ich sage deshalb auch immer: Bitte, das ganze Zimmer steht zur Verfügung. Auch die Patienten auf der Couch können erproben, wenn sie mit mir üben, wie nah oder fern ich von ihnen sitzen soll. Der Patient kann sich zur Wand drehen, er kann mich anschauen oder wegschauen, er kann sich mir zuwenden.

Der Körper erinnert sich

Ein weiteres Beispiel für meine Arbeit: Ich hatte vor Jahren einen etwa fünfzigjährigen Patienten, also aus der Generation, die selten Väter hatte, mit denen sie sich auch körperlich auseinandersetzen konnte.

Dieser Patient wirkte wie eingeschnürt. Ich könnte ihn nun sprachlich darauf hinweisen, doch das wirkt leicht kritisch. Auch ein freundlicher Hinweis auf etwas, das man nicht kann oder hat, wirkt als Kritik. Irgendwann im Laufe der Analyse sagte ich zu diesem Patienten: «Wie Sie wissen, arbeite ich ja auch mit dem Körper, und ich würde Ihnen gerne eine kleine

Übung vorschlagen. So können wir herausfinden, ob es im Körper gestaute Gefühle gibt, von denen die Seele noch gar nichts weiß. Können Sie mal im Stehen den Kopf in meine Hände legen und versuchen, mich mit dem Kopf wegzuschieben? Wollen wir mal sehen», sagte ich zu ihm, «ob Sie für einen Stierkampf tauglich wären.» Er kämpfte wie ein Stier mit mir. Meistens taucht dann irgendwann eine Szene auf. Das heißt, der Körper erinnert sich durch die freigewordene Aktivität an die Szene, wohin die rückgehaltene Aggressivität gehört; auch an die Ängste, die zu ihrer Unterdrückung führten.

Gehen denn alle Patienten auf Ihre Aufforderungen ein? Gibt es nicht auch Patienten, die ganz bestimmte Vorstellungen von Psychoanalyse haben oder Angst davor, berührt zu werden?

MOSER: Ja, ich habe auch Patienten, die sagen, ich kann Berührung noch nicht ertragen. Doch meistens schlage ich solche Interaktionen auch nur dann vor, wenn ich spüre, der Patient ist bereit dazu. Manchmal kommt es vor, daß Patienten auf dieses Angebot eben nicht eingehen. Sie haben Angst, von ihren Gefühlen überschwemmt zu werden, sie haben Angst vor eventuellen Übergriffen meinerseits, sie haben Angst, die Kontrolle zu verlieren. Das sind ganz elementare Ängste.

Gibt es denn in dieser Hinsicht Unterschiede zwischen weiblichen und männlichen Patienten?

MOSER: Natürlich gibt es Unterschiede in der Art der Beziehung, aber nicht in der Stärke der Angst. Frauen und Mädchen haben öfter Übergriffe erlebt von ihren Vätern, den Brüdern, den Lehrern, so daß sie diesbezüglich mehr Ängste haben als Männer. Bei Männern dagegen taucht bei der Vorstellung, festgehalten zu werden, eher die Angst auf, daß sie zurückkehren zur festhaltenden Mutter. Wenn ich ein derartiges Übungsangebot mache, dann kann mich das in der Übertragung blitzartig von einem Mann in eine gefährliche Frau verwandeln. Halten bedeutet für viele Männer, vor allem wenn sie vaterlos aufgewachsen sind, zu eng von der Mutter festgehalten zu werden. Deshalb ist dann besonders «väterlicher» Halt wichtig. Dafür gibt es eigene Formen.

Gefahr sexueller Übergriffe

Sie sprechen die Angst mancher Patientinnen vor sexuellen Übergriffen an. Wie groß ist denn Ihrer Meinung nach die Gefahr, daß in einer Therapie, die auch mit dem Körper arbeitet, sexuelle Übergriffe stattfinden können?

MOSER: Ich denke, in erster Linie kommt es auf die Reife eines Therapeuten an. Er muß sich klar identifizieren können mit einer elterlichen Position. Es ist ein Grundgesetz jeder Therapie, aber erst recht der Körpertherapie, daß man keine Dinge tut, die auch Eltern im wohlverstandenen Interesse ihrer Kinder nicht tun würden. Von Anklammern bis sexuellem Mißbrauch – für alle menschlichen Bedürfnisse können Kinder mißbraucht werden. Für mich erhöht die Einbeziehung des Körpers die Sicherheit, daß keine Übergriffe passieren. Das klingt paradox, doch ich bin durch das Berühren sehr viel mehr mit dem verletzten Kind identifiziert und in Kontakt mit dem ängstlichen, scheuen, haltbedürftigen Kind im Patienten.

Es gibt Patienten, die ihre frühen Nähebedürfnisse über Sexualität befriedigen wollen. Diese Frauen oder Männer haben eine ganz starke Ausstrahlung, die suggeriert, daß sie ganz dringend erotische Nähe brauchen. Die haben richtig leuchtende Augen, diese Paradiesaugen, oder zynisch ist auch vom «spermatischen Blick» die Rede. Aus diesen Augen strahlt das sehnsüchtige Kleinkind plus der erwachsenen Frau oder des erwachsenen Mannes. Und das erhöht natürlich die Attraktivität. Doch wenn ein Therapeut diesen Blick erkennt, dann müssen alle Warnlichter angehen. Und natürlich muß das richtige Umgehen mit solchen Patienten in der therapeutischen Supervision eingeübt werden. Meistens erkennt man es am Blick, wenn sich ein starkes symbiotisches Nähebedürfnis vermischt mit sexuellen Wünschen. Erstaunlich ist, daß die richtige Berührung diese beiden verklumpten Welten rasch trennen kann, so daß der Patient auch die Vermischung dieser beiden Gefühle spürt.

Nun gibt es aber immer wieder Therapeuten, die ihre elter-

liche Rolle vergessen und der Versuchung nicht widerstehen können. Wie muß eine therapeutische Ausbildung aussehen, die einen Therapeuten befähigt, die Grenze zwischen den Wünschen und Phantasien der Patienten und dem eigenen Begehren zu erkennen? Ist die psychoanalytische Ausbildung auf dieses Problem überhaupt ausgerichtet?

MOSER: Ja, aber zu ängstlich, so, als ob Berührung und Halten immer schon Triebbefriedigung wären. Ich bin überzeugt davon, daß jüngere Kollegen immer mehr den Wunsch äußern werden, auch während der psychoanalytischen Ausbildung andere Therapien kennenzulernen, mal zu einem Workshop gehen zu können. Die meisten machen das bislang noch nach Ende der Ausbildung, weil sie merken, die Ausbilder reagieren auf solche Wünsche etwas säuerlich. Manchmal kommt auch direkt ein Verbot oder eine entmutigende oder entwertende Deutung. Ich plädiere sehr dafür, daß es möglich sein sollte, bereits während der psychoanalytischen Ausbildung körpertherapeutische Erfahrung sammeln zu können.

Gibt es Methoden, vor denen Sie warnen würden?

MOSER: Ich warne vor gar keiner Methode. Es kommt immer auf die Qualität und die Reife des Therapeuten an. Es gibt in allen Therapien Pfuscher, und es gibt in allen sehr differenzierte Therapeuten. Alle Körpertherapien gehen meist erst einmal von einem wichtigen Aspekt aus, den sie entdeckt haben: sei es der Schrei, das Schlagen, das Atmen, die Umarmung, das Festhalten. Was auch immer im Mittelpunkt der Therapie steht, es ist gleichgültig, solange daraus kein Patentrezept gemacht wird und die Therapeuten auch mit Phänomenen der Gegenübertragung vertraut sind.

Es gibt zum Beispiel harte Formen von Bioenergetik, die nicht so sehr mit der Beziehung arbeiten, sondern die Übungen in den Mittelpunkt stellen: zum Beispiel den sogenannten Atem-Stuhl, Streßsituationen oder das Schlagen auf Matratzen. Der Therapeut tritt dann kaum selbst in eine Interaktion ein, sondern er ist vielmehr eine Art Zeremonienmeister. Dabei kann es zu sehr komplizierten Übertragungsverstrickungen kommen, weil der Patient im Therapeuten dann doch plötzlich den strengen Vater entdeckt oder den Wunsch entwickelt, von ihm gehalten und berührt zu werden. Der Therapeut aber schickt ihn dann dauernd wieder zum Beispiel auf die Matte und fordert ihn auf: Mach weiter, du hast einen Widerstand, schrei laut, dann kommt alles raus. Das kann dann fatale Folgen haben. Ich rede und schreibe nicht umsonst deshalb so viel für die Psychoanalytiker, damit sie den Reichtum wahrnehmen, den sie durch ihre psychoanalytische Ausbildung, kombiniert mit körpertherapeutischen Verfahren, haben. Sie haben ein solides Fundament durch ihre psychoanalytische Ausbildung, auf die sie aufbauen können. Sie sind durch einen langen Übertragungsprozeß gegangen, sie haben diagnostisch denken gelernt. Sie können gewährleisten, daß der Körper nicht nur Verfahren überlassen bleibt, denen mehrere Dimensionen fehlen. Ich habe also die Wunsch-Utopie, daß die Psychoanalytiker die körpertherapeutische Szene durchdringen und sich einverleiben, was sie brauchen können. Die Psychoanalytiker sollen den Körpertherapeuten nichts wegnehmen, sondern sie können lernen und mit ihnen kooperieren. Die Analytiker sollten manchen Patienten erlauben oder sogar raten, parallel an stagnierenden Punkten oder wenn die Symbiose zwischen Analysand und Analytiker schwer auflösbar ist, einen Dritten, einen Körpertherapeuten, aufzusuchen.

Wenn Sie für eine Kombination verschiedener therapeutischer Methoden plädieren, dann drängt sich die Frage auf: Wer soll das bezahlen?

MOSER: Es ist doch heute schon so, daß viele Patienten, die sich vorher durch Lektüre oder die Erfahrungen anderer kundig gemacht haben, mit dem deutlichen Wunsch kommen, körpertherapeutisch arbeiten zu wollen. Doch für die meisten Therapien werden von den Kassen die Kosten nicht übernommen. Also stehen die Patienten vor der Wahl, Körpertherapien bei anderen Therapeuten selbst zu bezahlen.

Gegen hochfrequente Analysen

Die meisten körpertherapeutischen Institute bieten sehr strukturierte Ausbildungen an, meiner Meinung nach aber mit nach wie vor zu wenig Selbsterfahrung, mit zu wenig Kooperation mit dem klinischen Wissen anderer Verfahren, also zum Beispiel der Psychoanalyse.

Meinen Sie damit, daß die langwierige, oft über Jahre gehende Psychoanalyse sich verkürzen könnte?

MOSER: Die psychoanalytische Behandlung wird nicht wesentlich verkürzt werden durch körpertherapeutische Verfahren. Der Prozeß wird allerdings intensiver, das effektive Erleben breiter. Hinzu kommt, daß von den mir bekannten Kollegen, die die Körpertherapie miteinbeziehen, niemand mehr als zwei Wochenstunden anbietet. Das heißt, die Überdosierung an Therapiestunden könnte überflüssig werden. Denn bei vier bis fünf Therapiestunden die Woche, da hängen die Patienten ja wie an einem Tropf; da wird die Therapie zur Lebensform. So viel intensive Zeit verbringen ja nicht einmal Ehepartner miteinander. Das ist eine Überfütterung, auch eine schleichende Entwertung der Therapie. Der Patient kann sich immer sagen, was ich heute nicht sage, das sage ich halt dann morgen.

Sie haben jetzt im Grunde ein Zukunftsbild der Psychoanalytiker entworfen: Verkürzung der Wochenstundenzahl, Integrierung körpertherapeutischer Methoden ...

MOSER: Ich sage nicht, so stelle ich mir die Zukunft der Psychoanalyse vor; ein Teil der Entwicklung könnte in diese Richtung gehen, aber global würde ich das so nicht ausdrücken. Denn wie ein Analytiker arbeitet, das ist auch eine Temperamentsfrage. Es wird immer klassisch arbeitende Psychoanalytiker geben, die sagen, mit meiner Familie habe ich Berührung genug, ich bin froh, wenn ich das in meinen Therapien nicht auch noch machen muß. Das können sehr gute Therapeuten sein. Ich möchte meine Version nicht verschreiben. Ich möchte sie allerdings anbieten, weil ich von ihr überzeugt bin.

Die Rechte der Patienten

Haben denn da die Patienten, um deren Schicksal es schließlich geht, ein Wörtchen mitzureden?

MOSER: Bis jetzt kaum, aber das sollte sich ändern. Immer mehr Patienten sollten gleich zu Beginn fragen, ob der Analytiker den Körper einbezieht oder ein Stück Selbsterfahrung mit Körperpsychotherapie hat oder wenigstens mit einem Körpertherapeuten zusammenarbeitet. Viele Patienten wissen heute schon ganz gut, was sie suchen, weil sie informiert sind. Die Gesamtgruppe der Psychotherapiepatienten, so würde ich sagen, hat ein Recht und einen Anspruch, daß sich wenigstens ein Teil der Analytiker, auf die sie wegen des Kassenmonopols angewiesen sind, fortbildet oder die Kenntnisse einbezieht, die weniger dogmatisch gebundene Therapeuten anderer Schulen sich erworben haben.

Im Grunde fordere ich ein Stück Druck von seiten der Patienten oder den informierten und psychosomatisch denkenden Ärzten, die Patienten in Psychotherapie überweisen, weil sie wissen, daß hinter vielen vordergründig körperlichen Erkrankungen seelische Konflikte oder frühe seelische Mängel stecken.

Literatur

Moser, T. und Pesso, A.: Strukturen des Unbewußten, Klett-Cotta 1989, Suhrkamp Taschenbuch 1994.
Moser, T.: Symbiose, Halt und Abgrenzung, Dreiland Film, Freiburg i. Br.

Annette Cramer

«Sprich, damit ich dich sehe!»

Die Stimme als Spur zur Person

Beim Sprechen kommen die gesamten seelischen Vorgänge – der Mensch als Ganzes – ins Spiel. Alle menschlichen Anlagen und Kräfte wirken mit, damit ein einfacher Satz zustande kommt: Stimmung und Verfassung, Geste, Gebärde und Körperhaltung, Muskelbewegungen und Körpertonus und natürlich unser Gehirn. So werden Stimme und Sprache Teil dessen, was unserem Leben Gestalt gibt, Teil unseres Selbst und unserer Persönlichkeit.

Sprache wurde zum wesentlichen Bestandteil der Kultur, bedeutender fast als Wille und Tat. Erst der sprachbegabte Mensch konnte sich die Welt unterwerfen und sich ihrer im wahrsten Sinne des Wortes bemächtigen. Die Manipulation mit Worten ist so alt wie die Sprache selbst. Mit Worten ordnen wir unsere Welt und machen sie uns untertan. Mit einem Wort gehen wir eine lebenslange Bindung ein, mit einem Wort können wir sie für immer abbrechen. Mit einem Wort werden Kriege begonnen und beendet.

Persönlichkeit kommt vom lateinischen Wort *persona* (Maske, Person; *per sona* heißt eigentlich: durch den Ton). Die *persona* war das Mundstück der Masken, die die Schauspieler in der Antike benutzten.[1] Die Maske, die «per-sona», hatte die wichtige Funktion, die Stimme zu verstärken, sie magischer und eindringlicher wirken zu lassen, denn man glaubte daran, daß unsterblich werde, wer die Kunst der Sprache mit allen Finessen beherrsche. Doch die faszinierendste Maske, das beste Sprachrohr, das Wort als solches verliert seine Wirksamkeit, wenn die Stimme nicht trägt, wenn der Körper steif und starr bleibt, die

Überzeugung des ausgesprochenen Wortes fehlt, der Mensch hinter seiner *persona* – seinem Mundstück – stumpf wirkt. Viel wichtiger also sind Ausdruck und inneres Engagement.

In dem Moment, in dem wir die Maske ablegen, zeigen wir uns über die Stimme so, wie wir sind. Ein Prozeß, der wünschenswert ist, denn er läßt ja unsere Persönlichkeit zu. Doch damit umgehen können wir erst dann, wenn wir uns dieses Prozesses des Freilegens, des Aufdeckens, des Enthüllens bewußt sind. Solange ein Mensch nicht bewußt spricht, nicht bewußt seine Worte wählt, bewußt Kontakt zum Klang seiner Stimme sucht und findet, wird er immer angreifbar sein für die anderen und sich immer wieder hinter seiner Maske verstecken wollen.

Wer seine Stimme beherrscht, spricht wirklich frei – ohne Maske –, und er weiß, wie er spricht und wie er wirkt. Freies engagiertes Sprechen, Ausdruck und Harmonie in Haltung, Gestik und Stimmlage wirken auch auf den Zuhörer mehr als der Inhalt. Das zeigte sich in mehreren überraschenden Forschungsstudien von Mehrabian[2].

Ein Zuhörer achtet:

- zu 50 Prozent auf die Art und Weise, *wie* etwas vorgebracht wird, also auf Gestik, Mimik, Aussprache, Klangfarbe und Stimmlage, Körperhaltung, inneres Engagement;
- zu 42 Prozent auf das äußere Erscheinungsbild – auf das Gesicht, die Figur, die Frisur, auf die Kleidung, die Farben, lackierte oder unlackierte Fingernägel, geputzte oder dreckige Schuhe und natürlich auf Seriosität. Er läßt sich also von Äußerlichkeiten ablenken;
- nur zu 8 Prozent auf den Inhalt. Und zwar erst dann, wenn alles andere «durchgecheckt» wurde.

«Stimme ist ein gewisser Ton des beseelten Lebens», schreibt Aristoteles (384 bis 322 v. Chr.). Und weiter: «[...] Nicht jeder Ton eines Lebewesens ist nämlich Stimme, wie wir sagten – man kann ja auch mit der Zunge und wie die Hustenden einen Ton erzeugen –, das Anschlagende (das Anschlagen der eingeatmeten Luft in der Luftröhre) muß beseelt sein und mit einer gewissen Vorstellung begabt; denn die Stimme ist ein bedeutungsvoller Ton (Laut) [...]»[3] Aristoteles äußerte sich sehr genau darüber, wie die Stimme zur Darstellung der einzelnen Effekte einzusetzen wäre, wann mit starker, schwacher und mittlerer Stimme und wann in hoher, tiefer oder mittlerer Stimmlage beim Vortrag zu sprechen sei. Auch Rhythmus, Melos (melodischer Klang) und Harmonie sollten beachtet werden. Dieser Meinung war auch Theophrast (372 bis 287 v. Chr.), der Lieblingsschüler und Nachfolger von Aristoteles. Er stellte zusätzlich zwei Prinzipien auf. Erstens: der Vortrag eines Redners müsse derart gestaltet sein, daß der Redner selbst vom Inhalt seiner Rede ergriffen sein müsse; zweitens: dem Zuhörer müsse diese seelische Ergriffenheit zum Bewußtsein kommen. Entsprechend dieser Forderung müßten die Stimmittel verwendet und dienstbar gemacht werden.[4] So entstand die Lehre der Rhetorik, die Kunst, durch Sprache Meinungen oder Verhalten der Gesprächspartner zu beeinflussen. Sprechen im öffentlichen Leben spielte eine bedeutende Rolle, deshalb genoß die Rhetorik höchstes Ansehen. Doch stets war Rhetorik mehr als nur der perfekte Umgang mit dem Wort, wie wir schon bei Aristoteles erfahren haben. Stimmschulung in der Antike umfaßte auch den Klang und die Stärke der Stimme, den rhythmischen Fluß des Sprechens, die Harmonie des Körpers und die Feinheiten der Stimmodulation. Rufen, Lachen, Seufzen, Ächzen, Stöhnen und sogar unartikulierte Ausrufe des Schmerzes wurden geübt, um so Kontakt zur eigenen Stimme zu bekommen.

Die Stimme als diagnostisches Mittel

Wenn die Stimme Seele hat, wenn sich ein Mensch seiner Persönlichkeit, die er mit dem Ton ausdrückt, bewußt ist, dann wird Sprache mehr als nur reines Kommunikationsmittel. Der Körper beginnt, mit der Sprache zu schwingen. Er bildet gemeinsam mit den «Sprechorganen», mit den vielen kleinen Gesichts- und Mundmuskeln und mit den Händen, ein Schwingungsmuster, das zu uns gehört wie unser Fingerabdruck.

Ein erfahrener Therapeut stellt seine Ohren auf das ein, was hinter den Worten zu hören ist, genauso wie er immer wieder auf das schauen sollte, was hinter dem Menschen, in seinem Hintergrund zu sehen ist.

Sprache ist Sinn und Sinnlichkeit wie zugleich auch der Inhalt aller Lebensäußerungen. An Stimme und Sprache können wir die «Stimmung», die seelische und körperliche Verfassung, den schwingenden oder statischen Zustand eines Menschen erkennen. Wie wichtig neben der Beobachtung des Stimmklangs auch die der Körperhaltung ist, zeigt folgendes Beispiel:

Da ist eine Stimme, die zwar laut klingt, doch bei genauerem Hinschauen bemerken wir: der Blick weicht aus, der Mund wird kaum aufgemacht, die Lippen so gut wie gar nicht bewegt, die Halsmuskulatur ist verspannt, die Arme hängen steif neben dem Körper, oder die Hände sind verkrampft, die Knie durchgedrückt. Die Lautstärke wird hier durch inneren Druck erreicht. Die Stimme klingt bei genauem Hinhören angestrengt. Sie gehört zu einem Menschen, der unter Spannung steht und dabei hinter seiner Maske verborgen bleibt, sich durch die Stimme eine andere Persönlichkeit zulegt: die starke, laute Person, die ihre Anspannung und damit auch ihre körperliche Verfassung einfach ignoriert.

Auf Stimmen reagieren wir sofort. Die eine klingt sympathisch und melodiös, die andere hart und dominant. Wenn wir einen Menschen *nur* hören, ohne ihn zu sehen und zu beobachten – wie das am Telefon der Fall ist –, so irren wir uns erstaunlicherweise in unserem Urteil nur selten. Unser Ohr ist (wenn wir den richtigen Zugang dazu haben) ein äußerst feines Meßgerät, das uns immer sagen kann, ob eine Schwingung zu uns paßt oder nicht.[5]

Doch es ist heikel, vom «Idiolekt» (Sprache, Stimme und Stimmklang) auf eine Person zu schließen. Zu dieser Thematik sind viele Untersuchungen, typologische und charakterologische Sprechanalysen und Tonaufnahmen gemacht worden.

Stimmprobleme: Genscher mußte Rede stoppen

HANNOVER (dpa). Vier Tage nach seinem Schwächeanfall in Düsseldorf mußte Bundesaußenminister Genscher in Hannover erneut eine Wahlkampfrede unterbrechen. Kurz nachdem er bei einer Veranstaltung der niedersächsischen FDP ans Rednerpult getreten war, ging der 63jährige – leicht erschöpft wirkend – zurück zu seinem Stuhl. Nach wenigen Minuten, in denen der niedersächsische Wirtschaftsminister Hirche die Positionen Genschers in der Abrüstungsfrage erläuterte, setzte der Außenminister seine Rede im Sitzen fort. Ein Sprecher des Auswärtigen Amtes sagte, die Situation sei mit dem Schwächeanfall Genschers am Sonntag in Düsseldorf nicht vergleichbar. Genscher habe seiner Einschätzung nach lediglich Probleme mit seiner Stimme gehabt.

Abb. 1: «Nur» Probleme mit der Stimme. Doch sie bringt den wahren Zustand des Politikers an den Tag. Offensichtlich hat Genscher seine körperlichen Probleme «weggedrückt». Aus: «Flensburger Tageblatt» vom 5. 5. 1990.

Auch Gestik, Gebärde, Körperhaltung und Mimik spielen bei der Bestimmung der Sprechstimme und ihrer Beziehung zur Person eine große Rolle. Die Probanden wurden zum Teil während der Sprachproben gefilmt.[6]

Hier einige Ergebnisse, die unter Vorbehalt zu betrachten sind:

- Sprechtempo: Rasches Sprechtempo läßt bei gutem Rhythmus auf innere Lebendigkeit und Selbstsicherheit schließen, gestörter, abgehackter Sprechrhythmus auf Situationsbefangenheit oder Unsicherheit.
- Stimmhöhe: Frauen haben eine höhere, Männer eine tiefere Stimme. Wenn daher ein Mann eine besonders hohe Stimme hat, dann preßt er, was leicht den Eindruck des Gekünstelten erweckt. Hohe und schrille Töne sind auch Ausdruck von Angst und Erregung. Die tiefe Sprechstimme wirkt – soweit das Tempo nicht zu schnell ist – gelassen, ruhig und würdig. Paßt diese Tonlage jedoch nicht zu der Ge-

samtqualität der Stimme und nicht zur Figur des Sprechers, dann wirkt sie nicht mehr überzeugend.

- Artikulation: Flache oder verwaschene Akzentgebung deutet auf Mangel an Interesse an der Aufgabe, Nachlässigkeit und Bequemlichkeit – in der Regel auf Mangel an geistigen Interessen überhaupt. Wer Vokale und Konsonanten, Haupt- und Nebensilben dagegen betont klar und deutlich ausspricht, zeigt eine bewußte, disziplinierte und strenge, aber auch angespannte Haltung (oft verspannte Kiefergelenke und nachts Knirschen mit den Zähnen).
- Timbre: Das Timbre ist die Klangfarbe. Hier werden seelische und charakterliche Züge unmittelbar spürbar. Wärme oder Kälte, Weichheit oder Härte der Stimme lassen mit einer gewissen Wahrscheinlichkeit auf ähnliche charakterliche Züge in der Persönlichkeit des Sprechers schließen. Eine metallisch klingende Stimme wird häufig mit Härte verbunden, eine «fettige» oder salbungsvolle Stimme mit falschem Pathos, gemachter Freundlichkeit und unechter Verbindlichkeit.

Da jeder akute oder chronische Spannungszustand im Körper über die großen Muskelschlingen auch den Kehlkopf beeinflußt, wird die Stimme inzwischen auch in der psychotherapeutischen Arbeit als diagnostisches Mittel herangezogen. Der Kehlkopf schwebt in ständiger Balance zwischen zwei Muskelgruppen: denen über und denen unter dem Zungenbein. Insgesamt sind daran fast *vierzig Muskeln* beteiligt. Der kleinste Dehnzug verändert die Stimme: Wird die Muskelgruppe über dem Zungenbein angespannt (was sich auch durch Kopf- und Nackenschmerzen äußern kann), dann wird die Stimme kehlig und hoch, die Schleimhäute sind leicht trocken, es gibt ein «kratziges» Gefühl in der Kehle. Werden die Muskeln unter dem Zungenbein angezogen, so wird die Luftröhre leicht zusammengedrückt, die Stimme klingt gepreßt und hoch. Bei Angst und hoher Erregung zieht sich das Zwerchfell zusammen, das führt zur zitternden oder bebenden Stimme. Akute Angst kann zu Stimmversagen führen. Die neurotische Stimme läßt sich dementsprechend aufschlüsseln:[7]

- Die *flache, monotone Stimme*, der Gefühl, Tiefe und Resonanz fehlt, deutet auf eine orale Struktur. Oft haben wir es hier mit Menschen zu tun, die viel reden, ohne Inhalt, nur um Zuneigung zu gewinnen. Sie vermeiden es, sich eingehend mit ihrer eigenen inneren Leere zu befassen.
- Eine *mechanische Stimme*, die trocken und kalt klingt, kann ein Hinweis auf eine schizoide Struktur sein. Hier ist die Atmung gespalten, Zwerchfell und Bauchraum sind zusammengezogen, der Stimmumfang ist stark begrenzt.
- Mit einer *affektierten, künstlichen Stimme* wird ein Mangel an Gefühlen verdeckt. Die Stimme wird künstlich moduliert, manchmal sogar bewußt mit einem Akzent versehen, um den Stimmträger interessanter zu machen. Sie verweist auf masochistische Strukturen. Ihre Träger wollen durch Auf- und Abgleiten jammern und klagen oder auch einfach nur provozieren, um so blockierte Gefühle freizusetzen.

Der französische HNO-Arzt Alfred Tomatis kann über die Stimme die Biographie eines Menschen bis in seine pränatale Phase entschlüsseln.[8]

Auch in der traditionellen Medizin der Chinesen ist die Stimme ein diagnostisches Mittel. Blockaden oder Störungen in den Energiekreisläufen lassen sich mit einem geschulten Gehör über die Stimme heraushören. Das Herz, unser Gefühlsbereich, gibt unserer Stimme die Richtung vor. Für den blockierten Herz-Dünndarm-Meridian gilt: gleichbleibend monotone Stimme. Im Sprechen und Singen äußert sich das in einer mangelnden emotionalen Ausdrucksfähigkeit: es fehlt an Herz.[9]

Die Stimmarbeit als Arbeit an der Person

So, wie die Stimme uns Aufschluß über einen Menschen geben kann, wirkt sie auch zurück, wenn mit ihr gearbeitet wird. Das heißt, durch Übungen mit der Stimme, durch «Stimmenthüllung», wird Einfluß auf Leib und Psyche genommen. Die Atmung wird angeregt und vertieft, die Körperhaltung verbessert sich, die

Lymphe kommt vermehrt ins Fließen, durch verschiedene Vokal-
übungen und Töne können gezielt Körpersegmente «angetönt»
werden. Umfragen aus meiner praktischen Arbeit mit der Stimme
haben gezeigt, daß Stimmübungen Hemmungen abbauen, Kör-
perwahrnehmung verbessern, das Allgemeinbefinden positiv beeinflussen und das Selbstbewußtsein stärken. Je größer die Flexi-
bilität einer Stimme ist, desto besser können eigene Gefühle
wahrgenommen und ausgedrückt werden. Stimmarbeit ist also
Arbeit an der Person und Persönlichkeit.[10] Deshalb gehörte in der
Geschichte der Menschheit die Stimme als Instrument der Heilung im ganzheitlich körperlich-seelischen Prozeß immer dazu.

Will man das «Sprachmuster» des Menschen entschlüsseln,
dann sollte man bei sich selbst anfangen, sich vor dem Spiegel
fragen: Wie bewege ich meinen Körper? Bewege ich meine
Mundmuskeln beim Sprechen oder sind meine Lippen fast geschlossen? Sind meine Kiefergelenke entspannt, wenn ich nur
«Ha» sage? Was machen meine Augen, meine Schultern, meine
Arme und Hände, wenn ich spreche?

Und noch etwas Wesentliches gehört beim Sprechen dazu:
der Inhalt und die Reaktion auf die Worte des anderen. Wenn
wir Antwort geben, geben wir ja ein Wort zurück. Antwort beinhaltet aber auch das Verhalten auf die Worte des anderen.

Sprechen ist ein schöpferischer Akt. Hier verleiht der
Mensch seinem Denken, Fühlen und Wollen Ausdruck. Das
Wort dient dem Menschen zur Mitteilung an die Umwelt, um
sie an seinem inneren Erleben teilhaben zu lassen. Vorher aber
sollten Denken, Fühlen und Wollen vom Verstand ausgewertet
werden. So findet eine Art «inneres Reden» statt.

Wir müssen uns immer darüber im klaren sein, daß die Fähigkeit, Gedankenformen zu Lautgebilden zu gestalten, im Mitmenschen wieder gleiche oder ähnliche Vorstellungen erweckt.
Das gibt unseren Gedanken Macht, Kraft, Realität und unter
Umständen Materialität. Gleichzeitig werden unsere ausgesprochenen Gedanken immer auf uns selbst bezogen.

Ein arabisches Sprichwort sagt, daß jedes unserer Worte
durch drei Tore gehen sollte, ehe wir es aussprechen. Am ersten

Tor fragt der Pförtner: «Ist es wahr?» Am zweiten Tor heißt es: «Ist es notwendig?», und am dritten Tor lautet die Frage: «Ist es auch freundlich?»

Die Sprache ist also nicht nur die «Spur», sie ist auch das «Werkzeug» der Person beim Wahrnehmen, Urteilen und Denken. Sie ist Ausdruck der Welt, in der wir uns befinden, und Voraussetzung für ein Miteinanderleben unter Menschen. Ohne die Sprache als Werkzeug wüßten wir weder über andere noch über uns selbst Bescheid.

Anmerkungen

1 Gellius: Noctes atticae V, S. 7.
2 Mehrabian, A.: Nonverbal communication, Chicago 1972.
3 Aristoteles: Über die Seele. Nach der Übersetzung von Willy Theiler. Bearbeitet von Horst Seidl, Hamburg 1995, Buch II, Kapitel 9, 420 b und 421 a.
4 Krumbacher, A.: Die Stimmbildung der Redner im Altertum bis auf die Zeit Quintilians. Rhetorische Studien X, Paderborn 1921, S. 32–34.
5 Herta Herzog ließ neun Personen unterschiedlichen Alters, Geschlechts, Berufs, Aussehens und Temperaments im Hörfunk denselben Text sprechen und bat die Hörer um Angaben zum Aussehen der Sprecher. An dem Versuch beteiligten sich 2700 Hörer. Lediglich aufgrund der Stimme bezeichneten 61,3 Prozent der Hörer den größten Sprecher als groß, 73 Prozent den dicksten als dick, 72 Prozent den hypomanischen Pykniker und Kaffeehausbesitzer als frisch und beweglich und 68 Prozent den ruhigen Pykniker und Priester als ruhig und schwernehmend. Vgl. Herzog, H.: Stimme und Persönlichkeit, Zeitschr. f. Psychologie 130, 1933.
6 Görlitz, D.: Ergebnisse und Probleme der ausdruckspsychologischen Sprechstimmforschung, Meisenheim am Glan 1972; Hertrich, I.: Experimentelle Untersuchungen zur individuellen Variabilität der menschlichen Sprechstimme. Dissertation der Fakultät für Biologie der Ludwig-Maximilians-Universität, München 1986; Eckert, H. und Laver, J.: Menschen und ihre Stimmen. Aspekte der vokalen Kommunikation, Weinheim 1994; Wundt, W.: Völkerpsychologie. Eine Untersuchung der Entwicklungsgesetze von Sprache, Mythus und Sitte, Leipzig 1900; Fährmann, R.: Die Deutung des Sprechausdrucks. Studien zur Einführung in die Praxis der charakterologischen Stimm- und Sprechanalyse, Bonn 1960.
7 Pierrakos, J.: Core-Energetik, Essen 1987, S. 182 ff.

8 Tomatis, A. A.: Der Klang des Lebens. Vorgeburtliche Kommunikation – die Anfänge der seelischen Entwicklung, Hamburg 1993.

9 Cramer, A.: Herzensklänge. Das Herz aus der Sicht der Musiktherapie, in: Condrau, G., Hahn, S. und Meinhold, W. J. (Hrsg.): Das Herz. Rhythmus und Kreislauf des Lebens, Zürich/Düsseldorf 1997, S. 75 ff.

   Khia, R. A.: Stimme. Spiegel meines Selbst. Ein Übungsbuch, Braunschweig 1992, S. 60 ff.

10 Cramer, A.: Kinder fördern durch Sprechen und Singen, München 1995.

GERTRUD ORFF

Musiktherapie im Dialog der Sinne

Cantus – Memoria – Meditatio

Meinen Beitrag zum Thema «Bewußtsein» möchte ich beschränken auf die Erfahrung meiner therapeutischen Beschäftigung mit Kindern während der letzten Jahre. Der Ausgangspunkt für die jahrzehntelange Tätigkeit mit der Kindertherapie war eine zufällige Begegnung mit Prof. Dr. Hellbrügge. Dr. Hellbrügge benutzte für seine produktive Idee der Kindertherapie spontan den Begriff Orff-Musiktherapie, die zu den vielen übrigen bereits praktizierten Therapieangeboten nun als akustische, durch mich als multisensorisch verstandene Disziplin dazukam.

Für mich bedeutet Musiktherapie eine multisensorisch praktizierte Therapie nach dem griechischen Ursprungswort *musicé* (Musenkunst, alle akustischen Künste umfassend). Dieses umfaßte auch die dem Gehör benachbarten Sinne und war reicher und umfassender als der heutige Begriff Musik. In diesem Sinne soll die Therapie den ganzen Menschen ansprechen, alle Mittel, die Klang und Bewegung umschließen, werden nach Bedarf eingesetzt. Gewöhnlich wird in der Therapie vor allem das Defizit beachtet, das, was das Kind nicht kann, was aufgeholt werden muß, eine Entwicklungsverzögerung. Natürlich soll und muß dies geschehen, jedoch passiert es meistens zuungunsten der von mir so genannten Profizite, welche das Guthaben des Kindes meinen, das ganz individuell ausgeprägte Wissen und Sein im Kind, das neben dem Defizit doch auch schon ausgebildet ist. Dabei können gerade die Profizite ergänzend zur Diagnose wirken, und oft ergibt sich gerade über sie ein Weg zum Kind. Im Erkennen und Fördern des Profizits wird dem Kind ermöglicht, neue Quellen in sich zu erschließen.

«Wo Kinder sind, ist ein goldenes Zeitalter», schreibt Nova-
lis. Die Animation des Kindes ist wichtig. Durch das Tun des
Therapeuten wird über den Weg der Sinne und eigenes Tun beim
Kind das Wollen zum Tun hervorgerufen. Es entsteht spontan,
unerwartet, musikalisch. Was in anderen Bereichen der pädiatri-
schen Arbeit mit Kindern bereits seit langem erkannt und geschätzt ist, wie das Kritzeln als Vorform des Zeichnens und Ma-
lens, wird in dieser Form der Musiktherapie in den akustischen
Bereich übertragen. Dabei sollte es möglichst wenig darauf an-
kommen, daß das Kind den Therapeuten nachahmt. Der Therapeut sollte vielmehr versuchen, den unmittelbaren Ausdruck
des Kindes zu beobachten und wahrzunehmen. Dr. Hellbrügge
und ich benutzen vor allem beim in der Entwicklung stehenden,
behandlungsbedürftigen Kleinkind im frühesten Alter den Begriff des Prä. Darunter verstehen wir ein prä-melodisches und
prä-rhythmisches Anfangsspiel des noch nicht mit dem her-
kömmlichen Musikverständnis vertrauten Kindes. Es ist sein
persönlich ausgeprägtes Tun, kommt unmittelbar aus der Natur
des jeweiligen Kindes, aus der Lust, sich auszudrücken, spontan
und individuell. Dieser Ausdruck muß unbedingt beachtet und
geschätzt werden. Das Prä-Spielen dauert so lange, wie das Kind
es nötig hat. Das melodische und rhythmische Musikverständnis wird sich organisch zur rechten Zeit entwickeln, so wie die
Zeit des Reifens auf den Frühling folgt, sobald die Blüte Frucht
angesetzt hat. Man kann hier Fehler machen, indem man das
Prä-Spielen zu schnell abbricht oder auch zu lange durchhält; es
wäre schlimm, das Prä-Spielen anzubieten, wenn das Kind
schon darüber hinaus ist.

Als Beispiel für ein Kind, das über die Prä-Phase bereits hinaus war, möchte ich hier den Fall der blinden Anna-Maria anführen. Das Mädchen kam als Vierjährige mit ihren Eltern erstmals zu mir. In der ersten Stunde bot ich auf dem Stabspiel die
Melodie «Guten Abend, gute Nacht» an, und ihre Mimik glänz-
te auf. Dennoch dauerte es zwei weitere Stunden, bis sie einen
Klöppel der Stabspiele auch nur berührte. Sie sprach nicht, jedoch ihre Mimik zeigte, daß sie emotional voll und ganz ver-

stand. Meine Wahrnehmung zeigte mir, daß sie positiv getroffen
war, aber nicht wußte, wie sie reagieren könnte. Der Klöppel
war ihr nicht vertraut, und ich mußte ihr durch taktile Berührung verständlich machen, daß es dieser Klöppel war, der spielte: «Spürst du ihn?» Danach überraschte sie mich durch ihr
Spiel, indem sie, vom C ausgehend, alle Töne des Metallophons
gleichmäßig anspielte und beim G, dem vorletzten Ton, endete,
was sie sichtlich auskostete. Zu Beginn der Stunden war ihre
Animation noch nicht geweckt. Intuitiv geschah dies durch die
von mir gewählte Melodie, und dies gab mir die Berechtigung,
sie über das Prä-Spiel hinaus zu fördern. Es gelang durch ihre
mir gezeigte Offenbarung: dieses stete Spielen, mit dem hohen
G als Schlußpunkt, das sie favorisierte und erkannte. Damit
offenbarte sie Ansätze eines tonalen Verständnisses, das sie bereits in sich trug.

Man ersieht daraus die Bedeutung der ersten Stunde und der
Beobachtungs- und Wahrnehmungsfähigkeit des Therapeuten.
Wenn die volle Aufmerksamkeit des Therapeuten gegeben ist,
kann eine Therapie gelingen. Die Stunde mit dem Kind bedeutet
mir für die Zeit des Beisammenseins die «Welt» – und diese
Intensität teilt sich auch dem Kind mit. Es stellt sich ein Klima
der nonverbalen Kommunikation zwischen Kind und Therapeut ein. Kaum zu erwähnen, daß erklärende Worte, selbst Lob,
hier unpassend wären: das Spüren zwischen Therapeut und
Kind bringt das entscheidende Einverständnis und die nötige
Bereitschaft.

Erst danach erscheint das Wort, aber nicht als Mittler realer
Inhalte, sondern als poetische Realität. Das zu therapierende
Kind bewegt sich noch nicht in der äußeren, uns allen gemeinsamen Realität, sondern in einer dem Kindsein allein eigenen, in
der es vom Therapeuten ernst genommen und begleitet wird.
Ein Beispiel aus der konkreten Therapiesituation: der Versuch,
zwei neunjährige, verhaltensauffällige Buben in poetischer Realität anzusprechen. Der Therapeut wagte, jedoch weder unsi-
cher vorgebracht noch besonders betont oder irgendwie kommentiert, die Äußerung:

«Es geht der Schlaf beim Fenster herum, und der Schlummer beim
Zaun. Da fragt der Schlaf den Schlummer: Wo werden wir schlafen?» (Volksgut)

Beide Kinder nahmen die ungewöhnliche Kombination von
Realem und Irrealem auf und waren in ihrer Aufmerksamkeit
gefesselt. Der eine Bub zeigte sein Erstaunen beim Gemisch dieser Worte, schließlich kamen bekannte Begriffe: gehen, schlafen,
Fenster, Zaun, fragen, wir etc. Dann die so spontane wie schla-
gende Antwort des Kindes: «Nirgendwo.» Nun schon bereits im
vorausschauenden Spiel, das diese Worte evoziert hatte, wandte
er sich an den anderen: «Wenn du den Schlaf machst, dann bin
ich der Schlummer.» Er brauchte nicht ausdrücklich die Zustim-
mung des anderen Buben, denn das Spiel begann bereits, im
Einverständnis beider. Der Wenn-Appell wurde im folgenden
improvisierten Bewegungsspiel erfüllt.

Damit ließen sich die Kinder auf ein gemeinsames soziales
Spiel im «Irrealen» ein – nur die Vorstellung galt in dieser Fortsetzung der poetischen Realität, es endete optimal. Dem Therapeuten war es gelungen, durch das multisensorische Ansprechen
der Sinne dieses Einverständnis herzustellen, das den Austausch
möglich machte. Selbstverständlich ist das genannte Beispiel
kein Rezept, wie verfahren werden kann, sondern nur eine Illustration einer sich immer neu ergebenden Situation zwischen
Kind und Therapeut, in der immer wieder neu der sich individuell ergebende Weg verfolgt wird.

Ein zweites Beispiel soll dies verdeutlichen. Eine Gruppe von
zehn- bis zwölfjährigen Kindern wurde mit einem Rätsel ohne
weitere Erklärung konfrontiert: «Ein Tal voll und ein Land voll,
und am End ist's keine Hand voll.» Das Lösungswort: «Nebel».
Der Spruch wurde von einer multisensorischen Geste, einem
spontanen Greifen der Hände, begleitet. Ausgerechnet ein
sprachlich behindertes Kind ergänzte die Lösung, ausgelöst
durch diese nonverbale Kommunikation.

In ungeahnter Vollkommenheit äußerte dieses Kind: «Und
wenn d' es greifen willst, is's nix, is's nix, is's nix.» Interessant

ist dabei, daß das Rätsel, das es auch im Englischen gibt, dort endet: «You can't catch it, you can't catch it», wobei das aktive «catch» im Gegensatz zum vokalreichen «houseful» bzw. «yardful» steht.

Viele dieser vielfältigen Situationen in der Therapie, gestaltet aus der mentalen Situation des Kindes, der Beschaffenheit des Raums, der jeweiligen Verfassung des Therapeuten, dem «Kairos» (die gute Stunde, der gute Augenblick), der entsprechenden Situation allgemein, bewirken letztlich das Staunen über solche ungewöhnliche Reaktionen, die den bewußten Therapeuten die Arbeit als eine «vollkommene Welt», die im Hier und Jetzt liegt, begreifen läßt.

Wir haben den Ablauf unserer Therapiestunden mit den Namen der ersten drei Musen benannt (Abb. 1): Cantus (Gesang, Ton), Memoria (Gedächtnis, Erinnerung), Meditatio (Nachden-

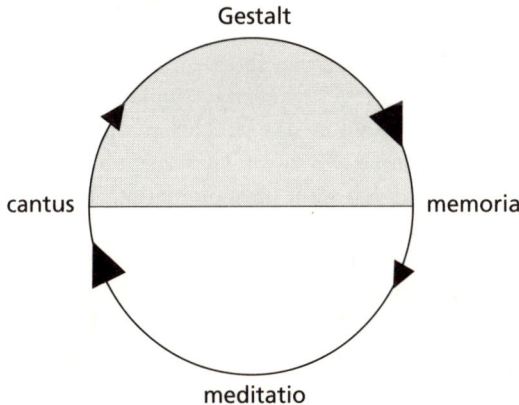

Abb. 1: Das Kind lernt die Handhabung dieser drei Zustände: Tun, Vordenken, Nachdenken; es lernt die Technik darin. Es lernt über den Augenblick hinaus zu bedenken, nach rückwärts, nach vorwärts. Es lernt Verantwortung, Konsequenzen, es bekommt einen Besitz von Stoff und Erfahrung.

ken, Vorbereitung). Der Cantus ist ein komplexes Geschehen: eine Aussage im Tun, im sich Darstellenden, in der Beobachtung unseres eigenen Tuns, in der Beobachtung des Therapeuten. Wir haben Bilder für dieses Geschehen gesehen, wodurch es für uns wirklicher wurde. Wir haben erlebt, was Faszination heißt, und gespürt, wie uns etwas erfaßt, und auch bemerkt, wie schnell wir eine Assoziation durch Klang erreichen, eine Verbindung zwischen Wortlaut und Gedanken. Das Klangnetz erzeugt ein Assoziationsgewebe. Deshalb ist die Unterbrechung einer Stunde, in der ein solches Ereignis geboren wird, oft wie ein Sturz aus dieser sich entfaltenden Situation, der sogenannten Elevation. «Die Spielstimmung ist ihrer Art nach eine labile. Jeden Augenblick kann das ‹gewöhnliche Leben› seine Rechte zurückfordern, sei es durch einen Stoß von außen … oder von innen heraus durch einen Ausfall des Spielbewußtseins, durch Enttäuschung und Ernüchterung.»[1]

Danach sind wir wieder entlassen, wir gehen aus dem Raum, der uns vertraut war, und nehmen das Ambiente zum Teil mit, es begleitet uns. Deshalb wäre die Aufforderung «Noch aufräumen» meist verfehlt. Nein, dies würde ja aufheben, denn es bleibt als ein Geschaffenes in unserem Bewußtsein. Das Kind will sich auch jetzt nicht mitteilen, es will allein sein, es ist ein Stück gewachsen, wenn es das Geschehene im Gedächtnis behält, das heißt, wenn es Memoria-Gedanken haben kann. Es ist reicher geworden. «Ich hab' heut die Sascha nicht mitgenommen», sagt die vierjährige M. über ihre Puppe, «ich kann ohne die Sascha besser aufpassen.» Diese Entscheidung traf sie noch zu Hause. Dort schon, in Vormeditation, sah sie die kommende Situation – das Weglegen der Puppe in der Stunde selbst wäre weniger bedeutend gewesen. Sehr oft wird ein *security toy* (Talisman) beim Verlassen des Therapieraums vergessen. Ihre Selbständigkeit ist größer in diesem Bewußtsein. Mit ihren Worten ist eine freie Entscheidung in ihrem Bewußtsein gewachsen.

Die Erinnerungsfähigkeit wird allmählich ergänzt durch die Fähigkeit, in die Zukunft zu schauen: Wie wird es morgen? Das morgen, das man erwartet, kann nach Monaten noch gegenwär-

tig sein. Beide Fähigkeiten überraschen den Therapeuten wieder
und wieder, vor allem die Erinnerungskraft, die dem Kind eigen
ist, wenn es wirklich ergriffen ist. Es nimmt wahr, ohne daß wir es
bemerken, und überrascht uns mit dieser Fähigkeit. Wir hören oft:
«Aber du hast doch gesagt ...!» Der Satz ist im Ohr und da wie ein
hingestelltes Objekt und gilt noch eine ganze Zeit, bis ein weiterer
ihn ergänzt. So nimmt ein Kind auf, so lernt es, und so entläßt es
diesen Erinnerungssatz, wenn die Zeit verbraucht ist.

Es bleibt zu fragen: Wie findet man den Stoff, das Material
für eine weitere Stunde oder für den nächsten Moment bei einem Stillstand? Man soll nicht suchen. Ein Augenblick der Leere
wird uns helfen! Strukturen müssen verlassen werden. Es gilt für
den Therapeuten, flexibel zu sein. Man soll nicht suchen, man
muß finden, neu finden! Oft ist es eine Assoziation – das Kind
hat eine andere, ein neuer Weg taucht auf. Schon im Angenom-
menwerden des Neuen geschieht Verwandlung. Im Suchen
auch, das zu Findende ist notwendige Wandlung des Gesuchten.
Ist Therapie Verwandlung, ein Gebot der Verwandlung?

Das zu Findende ist notwendig – Hilfe bringt das Nächste,
das nicht ganz Neue, Neuentdeckte. «Kairos» ist nahe, in einer
griechischen Darstellung ist es ein junger Bursche, der am
Schopf gepackt wird. Ergreife die Gelegenheit beim Schopf! Vertrauen ist notwendig in der Therapie, nicht das Gelernte und
nicht die Routine. Das unvertraute Neue muß eigen werden, um
zu leben, fruchtbar werden im Weitergeben. Das Beiläufige oder
Periphere ist mehr wert als das Direkte. Ein Blickkontakt als
unbedingte Forderung wird nicht gewährt, er wird geschenkt,
ist echt und tief. Das Direkte geht nur geradeaus, verfehlt, wenn
das Gegenüber abgewandt ist. Das Periphere ist um dich, trifft
dich wie von ungefähr. Wenn dich der Blick eines Autisten trifft,
beantworte ihn nicht gleich, als sei er nichts Neues. Gib ihm die
Bedeutung, die er verdient!

Neurologische Erkenntnisse[2] bestätigen diese Erfahrungen:
Jedes Signal von außen muß eine Schwelle überschreiten, und es
kommt auf die Qualität der Impulserregung an, ob diese
Schwelle überschritten wird, das Signal registriert und aufge-

nommen werden kann. Übersetzt in unseren Zusammenhang, heißt das, daß der direkte Weg oft nicht zum Ziel führt, doch der multisensorische Einsatz – eindringlich, faszinierend, stimulierend – ist gerade auf dem Umweg über andere Bewußtseinsebenen am Ende doch erfolgreich.

Was macht die Stunden in der Orff-Musiktherapie so bedeutsam? Ich glaube, es ist der Spannungsfaktor, der dem Spiel innewohnt. Er muß erhalten bleiben, er ist empfindlich.[3] Wir erreichen in einer gut durchgeführten Stunde den Zustand der Elevation. Er ist einer guten Spielstimmung eigen. Dieser Zustand ist in sich ein Heilfaktor. Er entzieht sich einer vordergründigen Erklärung, er ist nicht durchschaubar, aber erfahrbar. Diese hohe Stunde ist ein Optimum und bleibt in bester Erinnerung. Die Spannungskurve ist nach meiner Erfahrung auch nicht konstant, sie ist eher wellenmäßig geschwungen. In einer Gruppenstunde war es zum Beispiel gerade der Zusammenfall der Spannung, der eine neue Spannung hervorrief. Ich darf diese Situation kurz beschreiben.

In einer Gruppe von etwa zwölf bis vierzehn Jahre alten verhaltensgestörten Kindern war ein hyperaktiver, dadurch schwerstgestörter Junge, dem ich die Rolle des Wolfes gemäß folgendem Vers übergab. Er verkörperte die kommende zusätzliche Spannung.

«Wolf, Wolf, friß mi net,
Hundert Taler geb i dir net.
Zehn will ich dir geben,
doch laß mich am Leben.»

Die Spielsituation: Der Wolf hielt eine Handtrommel vor sich, blieb vor jeweils einem Kind stehen und forderte die zehn auf die Trommel. Es war eine rhythmische Aufgabe. Die Lösung der verschiedenen zehn war unterschiedlich regelmäßig, bis Lothar an die Reihe kam. Es war nicht vorgeplant, es geschah in dem Moment spontan, als er den fürchterlichen Wolf vor sich hatte. Lothar sprach nicht, nur spielgebundene, spannende Worte erklärten, daß er hier überhaupt kommunizierte. Er kam der Forderung nach, und zwar fast tonlos gesprochen: «Eins, zwei, drei, vier, fünf, sechs, sieben, acht, neun.» Dann zögerte er, suchte in allen Taschen, die Spannung wuchs, denn der fordernde böse Wolf wartete. Noch immer suchte er nach dem zehnten, doch dann kam gehaucht, mit einem verschmitzten Lächeln sein tonloses «zehn». Sofortige Reaktion der Gruppe: «Lothar, du hast gesprochen!» Das Spiel ging auch für die anderen Kinder nicht weiter. Resümee: Die Gruppe fühlte sich als Gruppe mehr denn je. Es war therapeutisch eine Elevation geschehen, die für die nächsten Stunden trug.

Eine ganz anders geführte Stunde ergibt wieder ein ganz anderes Gruppenerlebnis. In eine bestehende Mädchengruppe wurde eines Tages ein siebzehnjähriges Mädchen hereingeschoben, das durch einen Sturz vom Pferd sein Gedächtnis verloren hatte. Aphasische Sprachstörung durch organischen Hirnschaden, so lautete die Diagnose. Die Gruppe ließ sich in ihrem Spiel nicht stören, zusammen spielten die vierzehnjährigen auf ihren Instrumenten «Kein schöner Land». Plötzlich wurde eines der Kinder aufmerksam: die Neue, Corinna, spielte das Lied mit. Bevor dies geschah, hatte ich ihr Hilfe gegeben. In einem Frage-Antwort-Spiel auf Instrumenten hatte sie mit dem ihr eigenen stereotypen «Ich weiß nicht, ich kann nicht» geantwortet. Ich sagte: «Du weißt ja gar nicht, was sie fragen wird.» Eine zweite Frage an sie: «Bist du jetzt wirklich da?» beantwortete sie mit: «Ja, freilich.» Ich warf ein: «Du könntest fragen: Gehen wir aufs Oktoberfest?» Ich nahm sie in die Gegenwart herein. Sie nahm die Frage nicht als Spielsituation, sondern als Realität und antwortete: «Wir gehen ja gar nicht, und wenn, dann gehe ich mit meinem Vater.» Die Frage hatte ihre stereotypen Redewendungen unterbrochen. Ich antwortete: «Du hast recht.» Und nun stellte ich ihr eine andere Frage, in der Erwartung, daß sie sie wieder als real auffassen werde. Ich fragte: «Kommst du gern hierher, hast du dich gefreut?» Sie antwortete: «Ja natürlich, ich habe mich gefreut.» In den nächsten Stunden verfiel sie wieder in ihr stereotypes Muster. Immerhin spielte sie auf meinem Instrument einige Töne. Ich spielte sie genau nach. Sie sagte: «Ja, das stimmt.» Nach dieser Stunde sagte sie: «Aber wo soll ich jetzt hin? Ich weiß nicht.» Ich brachte sie in ihr Zimmer.

Danach traf ich Corinna nicht mehr, da ich einen mehrjährigen Aufenthalt in den USA antrat. Doch bekam ich von anderer Seite mitgeteilt, daß sie einmal sagte, sie wolle so lange bleiben, «bis Frau Orff zurückkommt». Trotz ihrer schweren Behinderung hatte dieses Mädchen Erstaunliches vollzogen: Die Erinnerung (Memoria) an die Stunden (Cantus) hatte die Erwartung von Kommendem (Meditatio) ermöglicht. Zum Abschluß möchte ich noch ein besonders aussagekräftiges Beispiel für die dritte Muse (Meditatio) anführen, eine Übertragung in den Raum. Das vollblinde Mädchen Anna-Maria hatte im Alter von sieben Jahren zu Hause ein Lied erfunden, die «Schaumgummistufen», das in abfallenden Terzen eine Treppe imitierte und von den Tonhöhen her erneut ihr absolutes Gehör bewies. Am Ende der Stunde sagte sie, ohne vorher darauf hingeführt worden zu sein, überraschend: «Jetzt spiele ich das Lied nochmal, in der Halle und im kleinen Gang.» Sie meinte damit laut und leise, übertrug die zu erwartende hallende oder gedämpfte Resonanz jedoch auf ihr bekannte Räume. Für sie als Blinde war dies ein erstaunlicher Akt der Übertragung akustischer Phänomene in ein ihr primär nicht zugängliches Medium, den Raum.

Der Fall dieses Mädchens zeigt auch, welchen Erfolg die Therapie langfristig bringen kann. Es ergab sich eine Wiederbegegnung am gleichen Ort kurz vor ihrem zwanzigsten Geburtstag. Es hatte sich musikalisch viel ergeben, sie spielte Klavier und Orgel, sang in ergreifender Art mit ihrer Stimme, komponierte auch auf dem Klavier, spielte alle Stücke auswendig und in ungebremster Vitalität, so zum Beispiel «Für Elise» von Beethoven. Dabei lebte in der Erinnerung noch immer die Begegnung von damals, als sich ihre Spezialbegabung in Musik herausstellte. Mittlerweile hat Anna-Maria auf meine Intervention hin ein Stipendium fürs Musikstudium bekommen.

Die Abbildungen (2–5) illustrieren den Verlauf einer zehnminütigen Therapie (erste Sitzung) mit der ebenfalls blinden Petrina sehr eindrücklich.

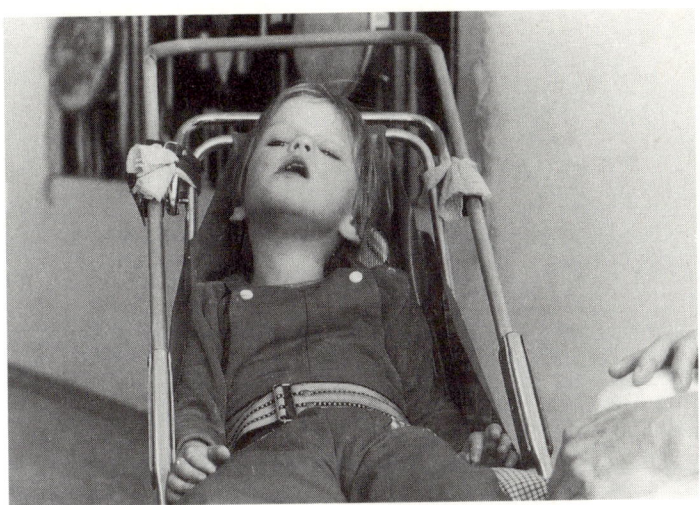

Abb. 2: Die vollblinde Petrina liegt teilnahmslos in ihrem Wagen.

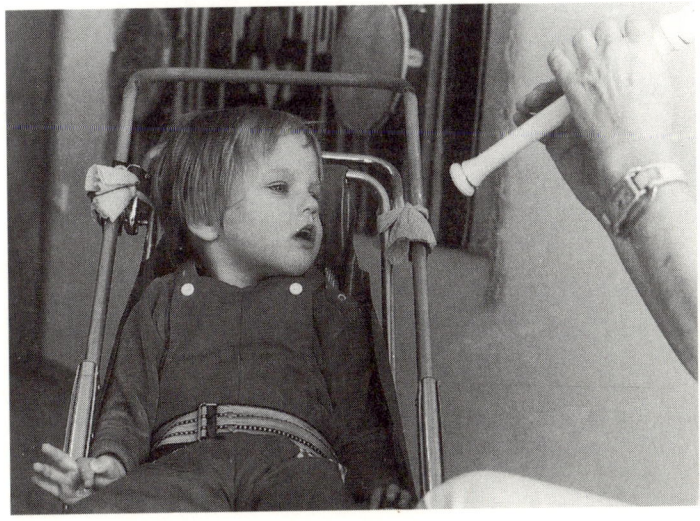

Abb. 3: Sie wendet ihren Kopf zur Klangquelle und ist interessiert, die Finger der rechten Hand bewegen sich.

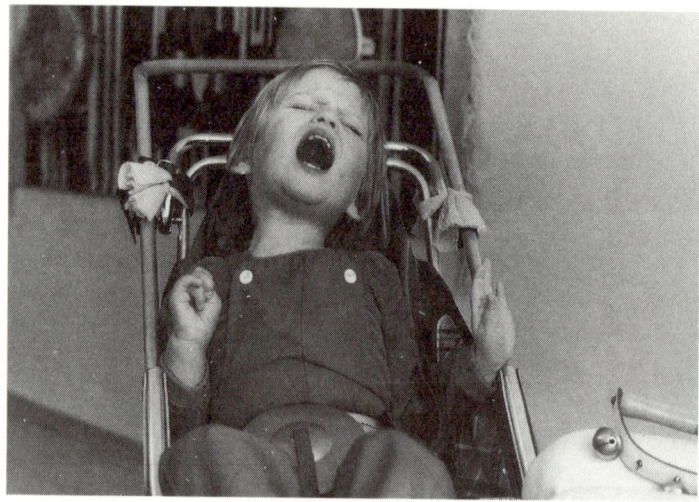

Abb. 4: Petrina schreit eine halbe Minute lang, während der Therapeut die Flöte bläst, die sie vorher angefaßt hat.

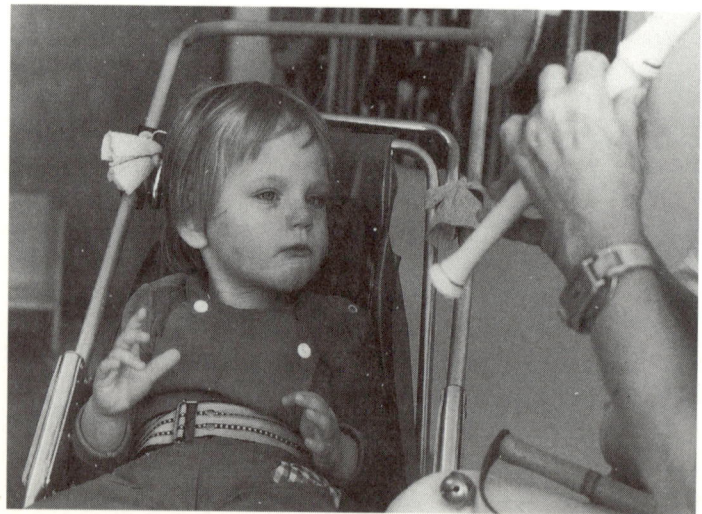

Abb. 5: Ihre Miene lichtet sich, sie ist wieder voll da.

Anmerkungen

1 Huizinga, J.: Homo ludens, Amsterdam 1939.
2 Creutzfeld, O. D.: Hirnforschung und Psychiatrie, Berlin 1971.
3 Orff, G.: Die Orff-Musiktherapie, München 1974. Übersetzungen sind erschienen in italienischer, englischer, japanischer und französischer Sprache.

Literatur

Orff, G.: Schlüsselbegriffe der Orff-Musiktherapie, Weinheim 1984. Übersetzungen in französischer und englischer Sprache.

GOTTFRIED WASER

Das Kommunikative Unbewußte und die Kunsttherapie

Wegmarken zum Thema

Was der äußeren oder inneren Wahrnehmung nicht, nicht mehr oder noch nicht zugänglich ist, bezeichnen wir als *unbewußt*. Im deutschen Sprachraum ist der Begriff des Unbewußten seit Leibniz[1] gebräuchlich und von späteren Philosophen – denken wir an Carus[2], Hartmann[3], Nietzsche[4] – weiterbearbeitet worden. Die Tiefenpsychologie des Unbewußten verdanken wir Freud und Jung. Während sich Freud der Hypothese eines kollektiven, die Menschen verbindenden Unbewußten gegenüber verschloß, war Jung offen dafür.

Unsere Hypothese geht davon aus, daß dieses seelisch verbindende «Feld» – Sheldrake, auf dessen Theorie wir später eingehen, spricht vom «morphischen Feld» oder «Lebensfeld» – auch außersinnliche Kommunikation ermöglichen kann. Wir beginnen mit alltäglichen Erfahrungen, die viele haben: Etwa denken wir an einen bestimmten Menschen, wenn das Telefon läutet, und dieser ruft tatsächlich an. Oder gerade an jenem Morgen, bevor ein Brief eintrifft, erinnern wir uns an Freunde, die im Ausland leben und von denen wir lange nichts mehr gehört haben. Ähnliche Erfahrungen kennen wir auch aus therapeutischen Beziehungen, besonders aus der gestaltungs- und kunsttherapeutischen Arbeit.[5] Wenn beispielsweise Patient und Therapeut[6] voneinander abgewandt malen, können sich erstaunliche ästhetische Parallelen und symbolische Annäherungen einstellen, worauf der Psychoanalytiker Furrer schon 1969 hingewiesen hat. Er spricht vom «gemeinsamen strukturellen

Ordnungsgefüge» im Prozeß der Übertragung und Gegenübertragung. Das könne sich auch ästhetisch auswirken.

Das nachfolgende Zitat aus einem Brief, den mir mein Analytiker Benedetti einige Zeit nach Analysenende geschrieben
hat, soll diesen zwischenmenschlichen Erfahrungsbereich be-
leuchten:

> «Ich denke, daß es ein kollektives Unbewußtes gibt, welches aber
> im Gegensatz zum Jungschen kollektiven Unbewußten, oder in ei-
> niger Abgrenzung davon, die Menschen verbindet, die sich nahe
> gekommen sind und aneinander denken. So ist es mit Ihnen. Mehr-
> mals habe ich in Ihrer Analyse erlebt, daß Sie in Symbolen Dinge
> über mich und meine Familie wußten, die Sie nicht wissen konnten.
> Ich bin der Meinung, daß vieles von mir in den Beziehungen exi-
> stiert, ein größeres Ich, das mir weniger als den an meinem Leben
> teilnehmenden Mitmenschen gehört und das mich trägt. Dies alles
> während der Analyse zu schreiben, wäre nicht analytisch – jetzt
> darf es aber auch anders sein.»

Das Selbst

In einer späteren persönlichen Mitteilung sprach Benedetti vom
«Kommunikativen Unbewußten». Das von ihm beschriebene
«größere Ich», das ihm weniger als den an seinem Leben Teilnehmenden gehöre und ihn trage, scheint mit dem Jungschen
Begriff des Selbst nahe verwandt zu sein, und zwar aus folgenden Überlegungen: Benedetti beschreibt eine tiefgründige, das
bewußte Ich überschreitende, auch vom kollektiven Unbewußten mitgetragene Kommunikationsform zwischen Menschen,
die sich nahekommen. Sie ist umfassend und existentiell. In dem
Sinne beschreibt Jung das Selbst als «eine dem bewußten Ich
übergeordnete Größe. Es umfaßt nicht nur den bewußten, sondern auch den unbewußten Teil der Psyche und ist daher sozusagen eine Persönlichkeit, die wir auch sind.»[7] Und an anderer
Stelle: Das Selbst «ist das Zentrum der psychischen Totalität,
wie das Ich das Bewußtseinszentrum ist»[8]. Das Selbst könne

letztlich nur *erlebt* werden und sei «eine Art Kompensation für den Konflikt zwischen Innen und Außen»[9]. Das impliziert aus unserer Sicht, daß diesem Selbst auch kommunikative Möglichkeiten auf unbewußter, kollektiver Ebene zur Verfügung stehen dürften.

Experimenteller Workshop

Seit einigen Jahren arbeite ich, vor allem mit Studierenden der Kunsttherapie, in besonderer Weise, um unbewußtes Kommunizieren mit bildnerischen Mitteln ästhetisch erfahrbar zu machen.[10] Weder Setting noch theoretische Überlegungen waren den Teilnehmenden, die sich oft nicht kannten, im voraus mitgeteilt worden.

Zu Beginn habe ich jeweils vorgeschlagen, die Vorstellungsrunde noch aufschiebend, daß die etwa zwölf bis vierzehn Teilnehmenden sich einen Ort im Raume auswählen und dann schweigend ein Initialbild malen möchten. Zur Verfügung standen große und kleine Papierbogen, Malkreiden, Naßfarben (die Primärfarben Rot, Blau, Gelb und Schwarz und Weiß) und breite und schmale Pinsel. Die Initialbilder deckten wir ab und ließen sie vorerst im Außenkreise liegen. Wir stellten uns dann vor, der Raum verwandle sich in einen imaginären Garten. Ich habe angeregt, darin zu spazieren, mit Blicken, Gesten und Gebärden Kontakt aufzunehmen, aber nicht zu sprechen, um schließlich eine Malpartnerin oder einen -partner zu wählen. Die weitere Vorgabe war, daß sich die beiden dann Rücken an Rücken auf den Boden setzen und aus dem Erlebnis der Begegnung heraus individuell je ein *Dualbild* gestalten. Schließlich malten alle, jetzt wieder für sich, ein *Abschlußbild*.

Diese Bildprozesse oder -wege legten wir am Boden zu einer Ausstellung zusammen, und zwar so, daß die Malpartner ihre Bilder spiegelbildlich zueinander anordneten: außen die Initialbilder, dann die Dualbilder und daneben die beiden Abschlußbilder (Abb. 1–3). Auf diese Weise konnten wir die Bilder einzeln

betrachten und miteinander vergleichen in Hinblick auf Spiege-
lungen, auf parallele, polarisierte und komplementäre ästhetische und symbolische Phänomene. Nachher erst stellten wir uns
näher vor und sprachen über die Bilder, über Malprozesse und
Partnerwahl.

Ein Beispiel

Während die Künstlerin und Therapeutin Carla[11] initial mit spi-
ralig kreisenden, schwungvollen, Pinselstrichen in Blau und
Gelb gearbeitet hat und die Ärztin Ursina zuerst mit Pastellkreiden einen belaubten Baum zeichnete, nähern sich ihre dualen
Bilder, beide mit Pastellkreiden und vorwiegend in Blau, formal
und symbolisch an (Abb. 1).

Beim dualen Malen sind beide Malerinnen, wie sie erzählt
haben, von Empfindungen des am Boden ruhenden und Halt
gebenden Beckens ausgegangen. In beiden Bildern liegt der
Schwerpunkt in Nähe des unteren Bildrandes. Beide betonen die
Waagrechte, was bei Ursina noch verstärkt wird durch das
Querformat. Darauf beziehen die Malerinnen senkrechte Strukturen: bei Carla sind es nervige Striche, die wirbelsäulenartig in
die Höhe streben, wieder zurückfallen in die Waagrechte, um
sich erneut aufzurichten, immer höher und zahlreicher, energie-
geladene Strichbündel, die wie eine Fontäne nach oben zielen.
Die vertikale Bildkomposition wird unterstützt durch das Hoch-
format. Ursina gestaltete eine doppelflügelige, transparente, zu
atmen scheinende Struktur, die ebenso an menschliche Lungen-
flügel erinnert wie an einen Schmetterling.

Ohne daß die Malerinnen die Möglichkeit hatten, sich zu
diesem Zeitpunkte die dualen Bilder zu zeigen, haben sie in den
Abschlußbildern ihre ästhetische und symbolische Annäherung
spontan intensiviert (Abb. 2). Beide hochformatigen Bilder mit
blauer, roter und gelber Pastellkreide sind symmetrisch und mit
runden Formen aufgebaut. Ursina übernahm das Motiv der
blauen, fontäneartig gebündelten Striche der Partnerin und
transformierte sie zu roten Flammen, die zwischen zwei Kugeln
aufsteigen. Etwas nach außen Gerichtetes, etwas Männliches

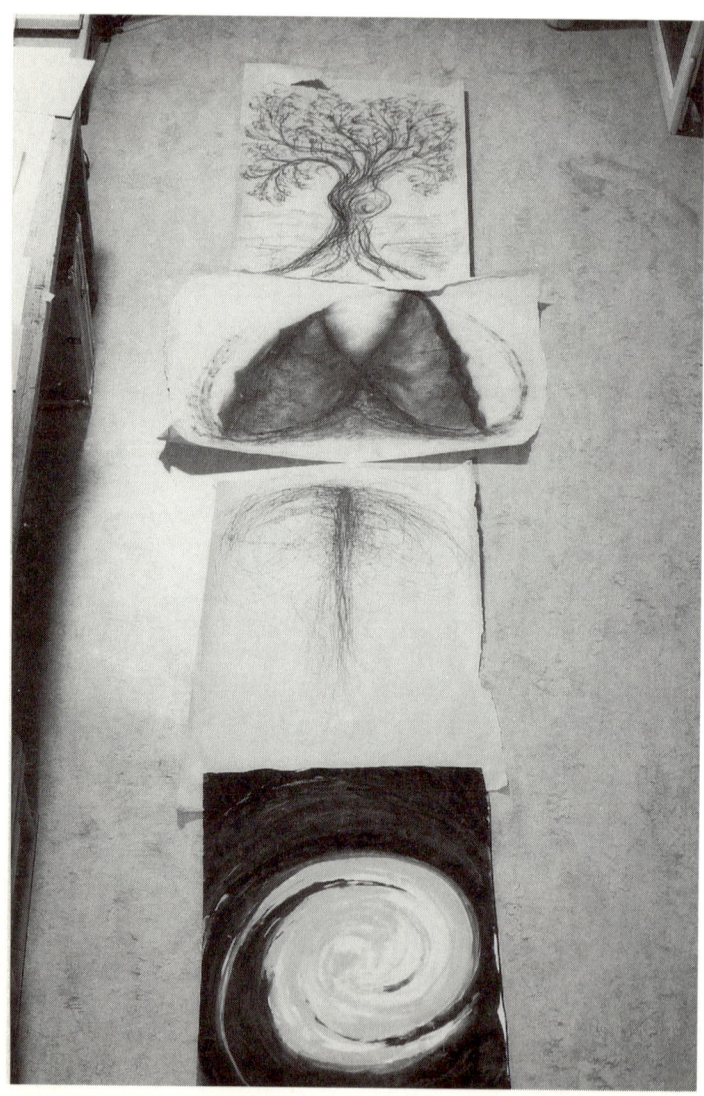

Abb. 1: Der Bilderweg: Oben das Initialbild von Ursina, dann ihr Dualbild; spiegelbildlich dazu zuerst das Dualbild von Carla und zuunterst ihr Initialbild.

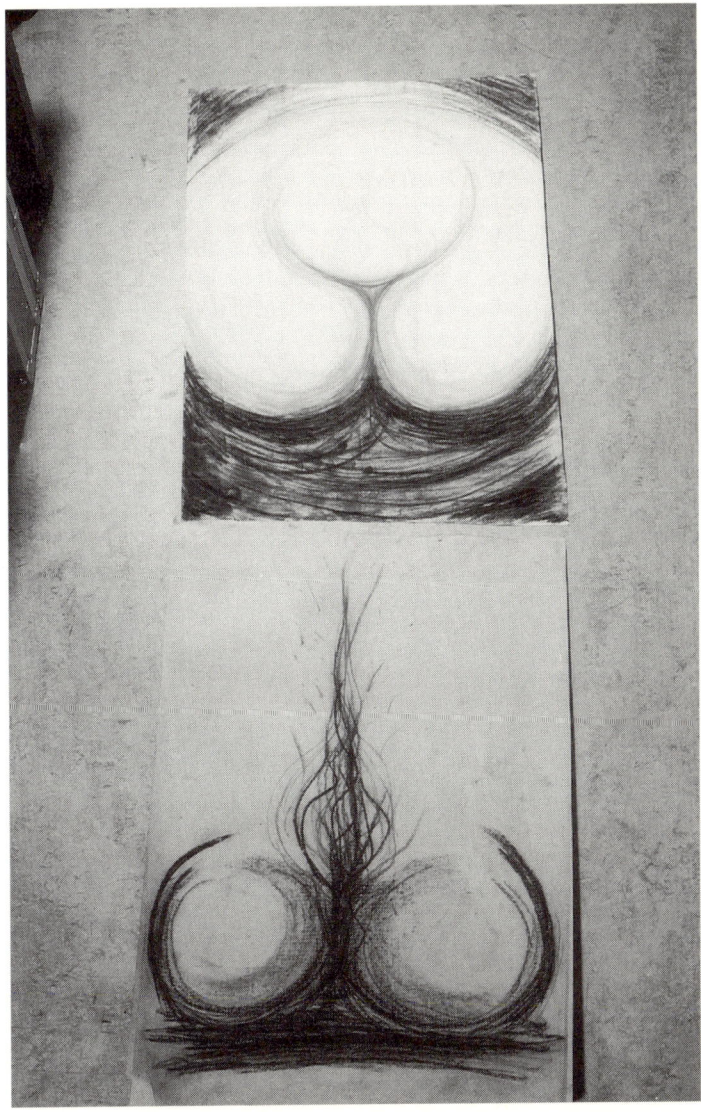

Abb. 2: Die beiden Abschlußbilder: oben von Carla, unten von Ursina.

zeigt sich symbolisch an, während Carlas Gestaltung den inneren, den weiblichen Raum hervorhebt, der rote Farbe in sich
aufnimmt. Die Abschlußbilder spiegeln sich nicht nur in farb-
lichen und formalen Parallelen, sie runden sich – im wörtlichen
und übertragenen Sinne – zu einem Ganzen und verweisen auf
Außen und Innen, auf Mann- und Frausein, auf Werden und
Vergehen.

Als die beiden Frauen, die sich vorher nicht kannten, berichtet hatten, was sie vor dem Workshop bewegte, erschien es uns
sinnvoll zu sein, daß gerade die beiden sich für die Paararbeit
gewählt hatten. Carla durchlebte eine künstlerische Wandlungs-
krise. Ursina, die junge Ärztin, hatte in der Nacht vorher einen
Menschen in den Tod begleitet. Beide, bewegt vom eigenen Erleben mit Werden und Vergehen, suchten beim initialen Malen
nach Begegnung mit der Erde, nach Zentrierung und Gleichgewicht. Daher begann Carla mit der Spirale, die aus dem Blau
herauskommt. Am Anfang sei ihr nicht klar gewesen, ob die
Spirale auf- oder zudrehe. Ursina mußte sich zuerst Lebenskraft
durch das Symbol des Baumes holen. Der obere Teil des Stam-
mes, dessen Basis sie breit ausladend formte, erscheint wie auf-
getrieben zu sein und den Fluß der Kraftlinien zu unterbrechen
(Abb. 3). Beim dualen Malen bezogen sich beide zuerst auf die
Basis, auf Standfestigkeit. Dann folgte der weitere Bildaufbau:
Ursinas duales Bild ist mehr von primärem Erleben der Atem-
empfindung geprägt, was der symbolische Hinweis auf Lungen-
flügel sinnvoll ergänzt. Auch der Einfall, es könnte einen
Schmetterling darstellen, macht Sinn, ist der Sommervogel doch
Symbol der Seele und der Wandlung und dürfte hier auch an den
verstorbenen Patienten von Ursina erinnern. Carla ging im dualen Bild mehr von der Bewegungs- und Raumempfindung, vom
sensomotorischen Erleben aus und erkundete mit zarter Strich-
führung und in kühlem Blau das Vor- und Zurückgehen, was
Ursina im Abschlußbild zu feurigen Energie-Linien gebündelt
hat in den Farben Blau, Rot und Gelb.

Abb. 3: Das Initialbild von Ursina, Pastellkreiden, auf Papier, ca. 50 auf 60 cm.

Theoretische Überlegungen

Das Kommunikative Unbewußte, das sich im bildnerischen Prozeß bemerkbar machen kann, steht im Dienste der individuellen und gemeinschaftlichen Entwicklung.

Wir können diese interaktiven Phänomene aus der Sicht der Psychoanalyse betrachten im Sinne von Freuds These «Wo Es war, muß Ich werden» und im Lichte der Erkenntnistheorie von Piaget und seiner Grundannahme: «Keine Entwicklung ohne Strukturen». Auf das Selbst-Konzept von Jung ist bereits hingewiesen worden.

Offenbar kommt das Kommunikative Unbewußte im Laufe intensiver Beziehungen, auch in der Psychotherapie und besonders in gestalterischen Prozessen und Therapieformen, zur Wirkung und hat einen engen Bezug zu der Beziehungsform, die Freud als Übertragung und Gegenübertragung[12] beschrieben hat. Die Phänomene des Kommunikativen Unbewußten sind erklärungsmäßig weder ganz in der Innen-, noch in der Außenwelt anzusiedeln, sondern im Sinne von Winnicott als *Übergangphänomene* des Erkenntnis- und Kommunikationsprozesses zu betrachten, die einem *intermediären,* illusionären Bereich angehören und weder ganz der objektiven Realität noch der Subjektivität zugeordnet werden können. Mit anderen Worten: Die Phänomene des Kommunikativen Unbewußten, die in Zusammenhang mit außersinnlicher Informationsübertragung stehen, können kausallogisch (noch) nicht erklärt werden. Jung hat daher das Prinzip der «Synchronizität», ein die Kausalität ergänzendes Erklärungsprinzip, vorgeschlagen, das er als «zeitliche Koinzidenz zweier oder mehrerer nicht kausal aufeinander beziehbarer Ereignisse gleichen oder ähnlichen Sinngehaltes»[13] definiert. Daß Jung dabei den zum Selbst gehörenden Archetypen eine wesentliche Wirkung zuschreibt, sei hier nur am Rande erwähnt. Ihnen komme, führt Jacobi aus, «die Rolle der anordnenden Operatoren» zu, um «die Entsprechungsordnung des Mikro- mit dem Makrokosmos» herzustellen. Dies sei die Voraussetzung dafür, daß synchronistische Phänomene, die Jung als ein «im Unbewußten vorhandenes

und wirkendes, apriorisches Wissen»[14] erklärt, auftreten könnten. Diese Vorgänge aber seien, was auch Meinung der parapsy-
chologischen Forschung ist, der Willkür entzogen.

Ähnliche Phänomene unbewußter Kommunikation hat Sheldrake experimentell untersucht, unter anderem im Zusammenhang mit unseren Beziehungen zu Haustieren, besonders zu
Katzen. Er konnte nachweisen, daß Katzen dann zu ungewohnter
Stunde zur Wohnungstüre gehen, um die Heimkehr der Bezugs-
person abzuwarten, wenn diese, noch viele Kilometer entfernt,
die Heimreise antritt. Diese sensorisch nicht übermittelbare Information (der genaue Zeitpunkt der Heimreise), die ein darauf
bezogenes, synchronistisches Verhalten auslösen kann (das Warten der Katze vor der Wohnungstüre), hat Sheldrake mit einer
hypothetischen Feldart, dem «morphischen»[15] oder «morphoge-
netischen Feld», auch «Lebensfeld» genannt, zu erklären versucht, das nicht nur die Teile eines Organismus oder einer Gruppe
kommunikativ verbinden soll, sondern auch die Entwicklung der
Form, der inneren und äußeren Gestalt vermitteln könne. Die
Wirkungen des Kommunikativen Unbewußten können wir daher auch als Feld-Wirkungen im Sinne Sheldrakes verstehen, beobachten wir im dualen Malen doch ästhetische und symbolische
Annäherungen und Entsprechungen.

Abschließend sei darauf hingewiesen, daß auch psychosomatische Phänomene, also leibseelische Entwicklungs- respektive
Krankheitsprozesse, unter dem Gesichtspunkt des Kommunikativen Unbewußten und seinen gestaltvermittelnden Wirkungen
meditiert werden müssen, natürlich nicht auf der Ebene willkür-
licher Einflußnahme, sondern in Hinblick beispielsweise auf unbewußte Einverleibung von (Vor-)Bildern, seelischen Energien
und Beziehungsinhalten.

Unsere Hypothese, daß das Kommunikative Unbewußte
außersinnlich *ästhetische und symbolische Informationen* überträgt, die sich bildnerisch auswirken und im dualen Malen zu
beobachten sind, kann im Sinne von Jung als synchronistische
Entsprechungsordnung von Innen- und Außenwelt verstanden
werden. Diese ästhetischen Angleichungsphänome im Dienste

des Informationsaustausches, die wir unter dem Aspekt der Parallelität, der Polarisation und der Komplementarität beschreiben können, sind Teil unserer averbalen Kommunikation, besonders auch in gestaltenden und therapeutischen Beziehungen, und unterstehen nicht der bewußten Kontrolle des Ichs, sondern dürften zum Selbst und seinen Wirkungen gehören.

Anmerkungen

1 Leibniz, G. W. (1646–1716), Philosoph, politischer Schriftsteller und Universalgelehrter.
2 Carus, C. G. (1789–1869), Naturphilosoph, Arzt, Psychologe und romantischer Landschaftsmaler.
3 Von Hartmann, E. (1842–1906), Philosoph, Herausgeber des Buches «Philosophie des Unbewußten», 1869.
4 Nietzsche, F. (1844–1900), Philosoph.
5 Kunsttherapie (auch «KunstTherapie» geschrieben) ist eine Form von Therapie und Psychotherapie mit bildnerischen und plastizierenden Mitteln. Dafür ist eine besondere Fachausbildung nötig. Vergleiche dazu Dreifuß-Kattan, Praxis der Klinischen KunstTherapie, Bern 1986.
6 Diese Begriffe werden geschlechtsneutral verwendet und schließen beide Geschlechter mit ein.
7 Jung, C. G.: Beziehungen, Ges. Werke VII, S. 195.
8 Ders.: Psychologie und Alchemie, Ges. Werke XII, S. 59.
9 Ders.: Beziehungen, Ges. Werke VII, S. 263.
10 Zur ästhetischen Objektivierung der Hypothese des kommunikativen Unbewußten mittels qualitativ-quantifizierender Untersuchung verweise ich auf meinen unveröffentlichten Aufsatz: Das Kommunikative Unbewußte in der Gestaltenden Psychotherapie, 1997.
11 Namen und nähere Umstände sind verfremdet.
12 Nach Dorsch, F. (Hrsg.): Psychologisches Wörterbuch, Bern 1987/1992, handelt es sich um «eine von der Psychoanalyse beachtete zwischenmenschliche Bindung», die aber allgemeinmenschlich ist und auf dem «gegenseitigem Austausch von Erscheinungsweisen» beider Beziehungspartner beruht und sich auf dem primären psychischen Funktionsniveau von Projektion und Identifikation abspielt. Mit anderen Worten werden einerseits vor- und unbewußte Wünsche, Rollen übertragen, die der Partner andererseits übernehmen, zurückweisen oder, wie in der Psychotherapie auch, allmählich deutend auflösen kann.

13 Jung, C. G.: Synchronizität als Prinzip akausaler Zusammenhänge, in: ders., Pauli, W.: Naturerklärung und Psyche, Studien aus dem C. G. Jung-Institut Zürich, Bd. IV, 1952, S. 26 [Ges. Werke VIII, S. 500 f.].

14 Jacobi, J.: Die Psychologie von C. G. Jung, Olten 1971, S. 73. Frau Jacobi (1890–1973) war Mitarbeiterin von Jung. Aus ihrer Feder stammt auch das faszinierende Buch «Vom Bilderreich der Seele», Olten 1969. Darin illustriert und beschreibt sie den bildnerisch gestaltenden, künstlerischen Anteil der Jungschen Form von Analyse und Psychotherapie.

15 «Morphos» bedeutet «Form», «Gestalt».

Literatur

Benedetti, G.: Psychiatrische Aspekte des Schöpferischen, Göttingen 1975.

Dorsch, F. (Hrsg.): Psychologisches Wörterbuch, Bern 1992.

Dreifuß-Kattan, E.: KunstTherapie, Bern 1986.

Freud, S.: Psychologie des Unbewußten, Studienausgabe Ex Libris, Bd. III, 1975.

Furrer, W.: Objektivierung des Unbewußten, Bern 1969.

Jacobi, J.: Die Psychologie von C. G. Jung, Olten 1971.

Jung, C. G.: Typologie, Olten 1972.

Moser, U., von Zeppelin, I.: Der geträumte Traum, Stuttgart 1996.

Piaget, J.: Meine Theorie der geistigen Entwicklung, Frankfurt a. M. 1985.

Sheldrake, R.: Sieben Experimente, die die Welt verändern könnten, Bern 1996.

Winnicott, D. W.: Vom Spiel zur Kreativität, Stuttgart 1979.

Kapitel 4

Bewußtheit, Leiblichkeit und Kranksein

Einführung

von Gerhard Langer und Yasmine Wessely

> «*Mensch, werde wesentlich.*»
> Angelus Silesius

Die *Bewußtheit*, das Bewußtsein des Individuums, steht auch beim Geschöpf Mensch in engem Zusammenhang mit der Leiblichkeit. So gilt dem Menschen die Befindlichkeit (des Leibes) als wichtige Orientierung für seine Werte.

Ein in den meisten Therapien angestrebter harmonischer Ausgleich zwischen widersprüchlichen Tendenzen von Leib und Ich führt zur *Gesundung* der Person. Hingegen wird *Krankheit* als disharmonisches Verhältnis zum Universum verstanden, als mangelhafte Integrierung von Bewußtseinsstufen durch das Ich.

Die Welt des *Geistigen* wird, als Quelle des Daseins, bewußt in das Wachstum der Person einbezogen – meist nicht als Wert im eigenen Recht, sondern als Mittel, nämlich zum Zweck der Harmonisierung. Die Welt des Geistigen, *Gott*, versteht man meist nicht als höchstes Du, sondern als (nichtindividuelle) kosmische Kraft, die überall und in allem gegenwärtig ist.

In der «Therapeut-Patient-Beziehung» ist die Bewußtheit als Selbstverantwortung und individuelle Freiheit realisierbar. In der Weise der Begegnung («Haltung») mit der Welt reift die Person («Wesen») des Menschen zum Wesentlichen. Soweit der einzelne, das Individuum, sich als Mikrokosmos unter seinesgleichen erlebt, kommt es in der Bewußtheit des Hier und Jetzt, dessen Koordinaten durch die leibliche Gegenwart festgelegt sind, zu einem harmonischen Zusammenhang mit dem Universum und dessen Wandlungen.

MARTHA BIERTZ-CONTE

Bewußtsein und Krankheit

> «*Gott ruht im Stein, schläft
> in der Pflanze, träumt im Tier und
> erwacht im Menschen.*»
> TAGORE

Die Bewußtseinsstufen

Tagore, der bengalische Dichter, Philosoph, Maler und Nobel-
preisträger, unterscheidet in dem Zitat, das ich als Motto gewählt habe, mehrere Bewußtseinsstufen:

1. Das *Bewußtsein der unbelebten Materie*, wie wir es in
der ganzen materiellen Welt, auch im menschlichen Körper
nach dem Tod sehen können. Esoterisch gesehen ist jedes Sein
«Bewußtsein», was archaische Kulturen noch wissen, die Un-
belebtem sehr wohl Bewußtsein zusprechen. «Gott ruht im
Stein», sagt Tagore. Alles ist aus dem Geistigen entstanden, so
daß alles vom *kosmischen Bewußtsein* durchdrungen ist. Deshalb ist der allgemein gebrauchte Begriff der Bewußtlosigkeit
eigentlich falsch. Auch ein sogenannter bewußtloser Mensch
hat noch ein gewisses Bewußtsein. Ich komme noch genauer
darauf zu sprechen. Primitive Völker, zum Beispiel die Papuas,
halten die Materie für beseelt, sprechen ihr ein Bewußtsein zu;
hinter allen Naturerscheinungen vermuten sie eine besondere
Kraft, was die neuen Erkenntnisse der modernen Physik ja bestätigen.

2. Ein Zustand mit *schlafendem* oder *vegetativem Bewußt-*

sein, den Tagore der Pflanzenwelt zuerkennt. Beim Menschen erleben wir diesen Bewußtseinszustand im *traumlosen Tiefschlaf*. Dann sind wir durchaus den Pflanzen vergleichbar. Pflanzen haben bereits ein begrenztes Erinnerungsvermögen. Das wissen wir aus Versuchen mit der Kirlianfotografie, mit der man nachweisen kann, daß die Infrarotausstrahlung einer Pflanze sich augenblicklich ändert, wenn ein Mensch, der sie früher mal verletzte, in ihre Nähe kommt. Auch wir speichern im traumlosen Tiefschlaf belastende Situationen, die man in Hypnoanalysen wieder hochholen kann.

3. Der dritte von Tagore erwähnte Bewußtseinszustand ist das *Traumbewußtsein*, das wir bei Tieren beobachten können. Tiere sind von Instinkten und Trieben gesteuert. Sie haben lediglich ein Bewußtsein für das Hier und Jetzt. Sie verfügen über ein passives Erinnerungsvermögen. Wenn ein Hund an einen ihm bekannten Ort zurückkehrt, erinnert er sich. Er kann aber nicht aktiv, aus eigenem Willen heraus, eine Erinnerung abrufen. Diesen Bewußtseinszustand haben wir beim Träumen. Wenn wir uns an die Träume, die wir vergessen haben, erinnern wollen, so versagt unsere Erinnerungsfähigkeit. Es kann aber sein, daß im Laufe des nächsten Tages durch einen zufälligen Anstoß von außen uns der Trauminhalt wieder einfällt. Das Traumbewußtsein kann man nicht beeinflussen, nur wahrnehmen. Schlafwandeln geschieht in dieser Bewußtseinsschicht, ebenso Trance, Hypnose und manche Meditationsarten.

Die drei genannten Bewußtseinszustände bilden zusammen einen Teil des *Unbewußten*. Das Unbewußte vergißt nichts. Gott ist im Unbewußten gegenwärtig, ruhend, schlafend, träumend. Im Wachbewußtsein des Menschen ist Gott in der Regel gelöscht.

4. Die vierte von Tagore genannte Bewußtseinsstufe ist das Wachbewußtsein, das den Menschen auszeichnet. Durch sein Denken und seine Sinneswahrnehmungen gelangt er zu einem Bewußtsein seiner selbst, zu Selbst-Bewußtsein. Damit kann er die unteren Bewußtseinsebenen beeinflussen, zum Beispiel seine

Triebe durch einen Entschluß beherrschen oder mit seinem Denken seine Emotionen steuern.

Im Wachbewußtsein kann man mehrere Ebenen unterscheiden:

- Denken wir an die alten Ägypter oder heutzutage zum Beispiel an die Papuas, so spüren wir sofort, daß sich unser Bewußtsein von diesen unterscheidet. Sie leben in einem traumnäheren Bewußtsein und sind wie träumend verbunden in einer Art Gruppenseele mit ihrem Volk und mit dem Geistigen, im alten Bilderbewußtsein, noch ohne Zukunftsbewußtsein. Das möchte ich *mythisches* (oder *archaisches* oder *magisches*) *Bewußtsein* nennen. Eine Türkin, die in der Sprechstunde erzählt, daß ihr Bauchnabel durch einen bösen Blick verrutscht sei, ist wahrscheinlich nicht schizophren, sondern lebt noch in diesem alten Bilderbewußtsein.

- Denken wir an die alten Griechen und Römer, so fällt uns deren sachliche Verstandesklarheit auf, wie es heute einem modernen Wissenschaftler unter Vermeidung jeder Subjektivität als Ideal vorschwebt. Diesen Bewußtseinszustand möchte ich *intellektuelles Bewußtsein* nennen. Es ist das Bewußtsein der Vernunft und des logischen, linearen Denkens.

- Seit der Renaissance werden die Menschen immer ichbewußter, sie erringen Bewußtheit bis zur Selbstherrlichkeit, ein *individuelles Selbstbewußtsein*, das so weit geht, daß heutzutage viele nur sich ihrer selbst bewußt sind und die Existenz des Geistigen nicht erkennen. (Es ist ein, heute mehr denn je, materialistisches Bewußtsein, dem Egoismus, Gewinnmaximierung usw. entspringen.)

Weiß man von den verschiedenen Bewußtseinszuständen, so kann man persönliche und kulturelle Bewußtseinsunterschiede besser verstehen und bei Patientenbehandlungen berücksichtigen. Alle Bewußtseinsstufen sind immer gleichzeitig zusammen vorhanden. Sie beeinflussen sich gegenseitig. Die jeweils höheren Bewußtseinsstufen können die unter ihnen liegenden lenken. Die unteren melden sich über Gedankeneinfälle, Träume, Bilder und Gefühle.

Jeder Mensch macht in seiner individuellen Entwicklung die eben beschriebenen Phasen der Menschheitsentwicklung durch. Kleine Kinder leben noch im magischen Märchen-Bewußtsein. Während der Schulzeit werden die Verstandeskräfte des intellektuellen Bewußtseins gefördert. Erst viel später wird das eigentliche Ich-Bewußtsein entwickelt.

5. Damit ist die mögliche Bewußtseinsentwicklung nicht zu Ende. Der Mensch ist, nach der christlichen Mystik, in der Lage, höhere Bewußtseinsebenen zu erreichen, als nächstes das imaginative Bewußtsein, wo die geistige Welt in Bildern zum Menschen spricht, aber im Unterschied zum Traumbewußtsein und zum magischen Bewußtsein unter Beibehaltung des Wachbewußtseins. Man bleibt dabei stets Herr der Situation. Heutzutage versuchen viele Menschen, die Schwelle zum imaginativen Bewußtsein zu überschreiten. Das imaginative Denken muß geschult werden, um den Sinn der Bilder, die Idee hinter den Bildern zu erfassen.

Außer an Psychosen kann der Mensch natürlich an all den Leiden erkranken, die sich von den unteren Ebenen her einschleichen. Wie kann das geschehen, wenn doch das Ich das Zusammenspiel der unteren Bereiche in Harmonie hält und für Gesundheit sorgt? Das kann, von einigen Ausnahmen abgesehen, nur passieren, wenn das Ich nicht ganz Herr im Haus ist. Ist die Katze nicht da, tanzen die Mäuse auf Tischen und Bänken. Prozesse der unteren Bereiche, wie Triebe, Stoffwechselvorgänge usw. verselbständigen sich. Das Ich hat die unteren Ebenen nicht mehr richtig unter Kontrolle. Und wie kommt es zur Ich-Schwäche? Da gibt es vielfältige Ursachen:

• Bei schweren seelischen Krisen, bei Kummer, Sorgen, dauerndem Ärger, seelischer Autoaggression in Gestalt von Selbstvorwürfen, negativen Denkgewohnheiten, Schuldgefühlen usw. wird das Ich geschwächt.

• Auch eine Ich-Schwäche liegt vor, wenn der menschliche

Körper, insbesondere das Gehirn, als Instrument des «Ich», seinen Aufgaben nicht genügen kann infolge eines Unfalls, einer Vergiftung, Alkohol, eines Schlaganfalls, einer Krankheit oder durch den Einfluß von nebenwirkungsreichen Medikamenten.

- Bewußtseinsprozesse bewirken Abbauvorgänge im menschlichen Körper. Jeder Sinneseindruck beispielsweise ist ein Abbauprozeß. Energie wird verbraucht. Die Tatsache, daß wir ermüden, beruht auf diesen Abbauvorgängen. Bei starker Übermüdung können wir die höheren Bewußtseinsebenen nicht aufrechterhalten, wir sinken zurück ins archaische Bewußtsein oder sogar ins Traumbewußtsein. Bei einer zu lang währenden Reizüberflutung ist der Mensch krankheitsanfällig, da das Instrument des Ich-Bewußtseins, unser Körper, durch zu starke Abbauprozesse geschwächt wird. Je bewußter ein Mensch lebt, desto mehr Abbauprozessen unterliegt er und desto krankheitsanfälliger wird er, wenn er nicht für ausreichende Regenerationsphasen sorgt.

- Es ist eine Illusion, zu glauben, daß der Mensch immer Herr seines Wachbewußtseins sein könne. Solange wir Menschen sind, werden wir Schwächezustände des Ich erleben und krankheitsanfällig sein. Durch Medienbeeinflussung, durch das Bewußtsein unserer Umgebung oder durch Magie werden wir unbewußt beeinflußt und damit krankheitsanfällig. Das Bewußtsein der Umgebung kann einen Menschen schwächen, besonders in der Kindheit, aber auch später im Leben, zum Beispiel durch Mobbing. Man denke auch an den Einfluß der Gemütsverfassung einer ungewollt Schwangeren auf den Fetus oder an die fehlende Zuwendung der Umgebung beim Hospitalismus. Einsamkeit, also Fehlen eines umgebenden Bewußtseins, kann zu Krankheit führen. Krankheiten des sozialen Organismus wie Egoismus oder bestimmte Denkgewohnheiten können den einzelnen Menschen krank machen.
Kleine Kinder in ihrem magischen Bewußtsein haben eine physiologische Ich-Schwäche und sind deshalb besonders

anfällig für krankmachende Einflüsse aus der Umgebung. Etwas Heimtückisches ist das Fernsehen. Menschheitsgeschichtlich ist es heute an der Zeit, erste Gehversuche ins imaginative Bewußtsein hinein zu machen bei vollem Wachbewußtsein. Fernsehen dämpft wie eine Droge das Wachbewußtsein und bewirkt dadurch eine Ich-Schwächung. Eine Flut von Bildern dringt ohne Kontrolle ein. Fernsehen ist ein Ersatz. Die menschliche Entwicklung wird dadurch gehemmt. Kennen Sie das «Fernsehgedicht» von Goethe?

«Dummes Zeug kann man viel reden,
Kann es auch beschreiben,
Wird weder Leib noch Seele töten,
's wird alles beim alten bleiben.
Dummes aber vors Auge gestellt,
Hat ein magisches Recht.
Weil es die Sinne gefesselt hält,
Bleibt der Geist ein Knecht.»

Die Zusammenhänge zwischen Bewußtsein und Krankheit

Bewußtsein der unbelebten Materie:
Hier wirken physikalische und chemische Prozesse, wie zum Beispiel bei der Verwitterung eines Felsens. Krankheit wird definiert als Störung physiologischer oder psychischer Lebensvorgänge, die Wohlbefinden und Leistungsfähigkeit beeinträchtigen. So kann man selbstverständlich auf dieser Bewußtseinsebene noch nicht von Krankheit reden. Dennoch erwähne ich es, weil der Mensch infolge physikalischer und chemischer Einflüsse erkranken kann. Als Beispiel nenne ich Unfälle und Verätzungen.

Vegetatives Bewußtsein:
Hier können darüber hinaus Tumore, Mißbildungen, Erbkrankheiten, Mangel- und Überflußerkrankungen und Vergiftungen auftreten. Infektionen durch Bakterien, Viren, Pilze, Parasiten werden beobachtet. Es bilden sich Alterungserscheinungen, Ver-

stopfung der saftführenden Leitungsbahnen, Rückbildungspro-
zesse, Absterbevorgänge bis zum Tod. Ein großer Teil der
menschlichen Erkrankungen dringen also bereits auf dieser Bewußtseinsebene in den Körper ein.

Traumbewußtsein:
Hier finden wir fast alle anderen uns bekannten Krankheiten bis
hin zu Psychosomatosen und neurotischem Fehlverhalten. Erstmals entstehen Fieber und Schmerz. Bei hohem Fieber fällt der
Mensch ins Traumbewußtsein zurück.

Wachbewußtsein:
Was bleibt denn nun noch als typische Erkrankungen des Menschen mit seinem Wachbewußtsein? Es sind die Psychosen: Sie
können entstehen bei mißglückter Einweihung in höhere Bewußtseinszustände, bei zu rasch vorgehenden Hypnoanalysen,
bei Drogenmißbrauch usw.
     Möglicherweise gibt es auch karmisch bedingte Ich-Schwä-
chen.
     Im Roman «Die Bestie im Menschen» beschreibt Emile Zola
den Lokomotivführer Jacques. Beim Anblick des unbekleideten
Körpers einer geliebten Frau erfaßt ihn zugleich mit der sexuellen Lust eine rasende Wildheit, und es drängt ihn, ein Messer
oder eine Schere in diesen nackten Busen zu stoßen. In solchen
Momenten heißt es von ihm: «Er war nicht mehr Herr über sich,
er gehorchte seinen Muskeln, dem tollwütigen Tier.» Zola erklärt diese Form der Ich-Schwäche, seine zum Bösen neigende
Wesensart, so: Er büßt für die Sünden der Generationen vor
ihm, für die Generationen von Trinkern, deren verdorbenes Blut
in ihm war, die ihn auf die Stufe des Waldes voller lauernder,
Weiber fressender Wölfe zurückwarf.

Wie ich schon ausführte, entwickelt der Mensch in seinem Leben die einzelnen Zustände des Bewußtseins nacheinander.
Wenn er in einem hängenbleibt und sich dadurch neurotisch
fehlentwickelt, kann er infolge dieser Ich-Schwäche erkranken.

Er bekommt mit der krankheitsbedingten Arbeitsunfähigkeit und eventuellen Bettruhe die Chance, sein Leben zu überdenken, durch Selbsterkenntnis, Erkennen seiner Verdrängungen, Projektionen, Bagatellisierungen usw. die noch nicht vollzogenen Entwicklungsschritte nachzuholen und sein Leben wieder in die richtige Bahn zu lenken.

Die Therapiemöglichkeiten

Vieles ergibt sich schon aus dem vorher Ausgeführten.

Ebene der unbelebten Materie:
Hier bewegt sich ganz überwiegend die Schulmedizin, zum Teil auch die naturheilkundliche Medizin mit Phytotherapie und physikalischen Anwendungen.

Vegetative Ebene:
Hier hilft besonders gut künstlerische Therapie, die auch die höheren Bewußtseinsebenen erreicht. Bachblüten und homöopathische Medikamente können eingesetzt werden, welche die darüber- und darunterliegenden Bewußtseinszustände ebenfalls heilend beeinflussen.

Traumbewußtsein:
Hier wirken Trance, Suggestionen, manche Meditationen, Verhaltenstherapie, Neurolinguistisches Programmieren, psychotherapeutische Körperarbeit usw. Dabei ist nicht nur das Bewußtsein des Patienten wichtig, sondern auch das Bewußtsein des Therapeuten und das Bewußtsein der Umgebung.

Wachbewußtsein:
Hier wirken:

- Autogenes Training. Dabei geschieht eine Bewußtseinseinengung unter Beibehaltung des Ich-Bewußtseins. In Kombination mit katathymem Bilderleben kann es in Richtung imaginatives Bewußtsein führen.

- Meditationen, die das Wachbewußtsein beibehalten und zum imaginativen Bewußtsein verhelfen können.
- Verschiedene Psychotherapieformen wie Gesprächstherapie, Psychoanalyse, auch Hypnoanalyse, in der das Wachbewußtsein erweitert wird um die vorher unbewußten Anteile zur Selbsterkenntnis. Hierzu geben Träume gute Hinweise, auch darüber, was ein Patient zur Zeit an inneren Schritten verkraften kann, ohne vom Unterbewußten überflutet zu werden. Selbsterkenntnis macht meist schon 50 Prozent der Heilung aus! Biographie-Arbeit ist hier hilfreich.
- Ich-Stärkung. Dadurch werden alle unteren Bewußtseinsstufen harmonisierend und heilend beeinflußt. Ich-Stärkung kann geschehen durch aktives Pflegen von positiven Werten, Freude, Liebe, Vertrauen, Hoffnung, durch positive soziale Kontakte, durch Hobbys usw.
- Erkenntnis und Durchschauen der Umgebung, damit keine unreflektierten Denkgewohnheiten oder Fremdbeeinflussungen uns krank machen können.
- Gott, der seit dem Zeitalter der Aufklärung aus unserm Leben ausgegrenzt wurde, wieder ins Bewußtsein zu nehmen, ist heute unsere Aufgabe, nicht zuletzt, damit die höheren Bewußtseinsebenen die unteren heilend beeinflussen. Dem Geistigen wieder seinen Platz in unserer Welt anzuerkennen, als Quelle des irdischen Daseins, wirkt harmonisierend. Schamanen in archaischen Kulturen wissen das noch. Sie versetzen sich selbst, wenn sie heilen wollen, in einen besonderen Bewußtseinszustand, in Trance, öffnen sich damit für den heilenden Einfluß der geistigen Welt.

Beziehungen zwischen Bewußtseinsebenen, Krankheiten und Therapie

	Bewußtsein	*Krankheiten*	*Therapie*
Stein	kosmisches	physikalisch-chemisch bedingt	physikalisch-chemisch (sog. Schulmedizin)
Pflanze	vegetatives, schlafendes	vererbte K.	zusätzlich:
		Infektionen	Homöopathie
		Mangel, Überfluß	Bachblüten
		Mißbildungen	künstlerische Therapie
		Tumore	
		Altern, Tod	
Tier	träumendes	fast alle beim Menschen bekannte	zusätzlich: Verhaltenstherapie
Mensch	Wach-B.	außer Psychosen, Borderline	u. a. Psychotherapie-formen
	a) archaisches, magisches, mythisches B.		zusätzlich: Ich-Stärkung, Selbsterkenntnis,
	b) intellektuelles B.		Integration des
	c) Bewußtheit, individuelles Selbstbewußtsein		Geistigen, Meditation,
	d) imaginatives B.		Wachheit gegenüber
	e) inspiratives B.		Fremdbeeinflussung
	f) intuitives B.		

Zum Schluß wünsche ich den Lesern ein starkes Ich, das zu ehrlicher Selbsterkenntnis bereit ist, sowie die Fähigkeit, die Umgebung und den Zeitgeist wach zu beobachten und zu durchschauen, damit sich heilende Kräfte aus dem Geistigen erschließen.

Literatur

Bavastro, P.: Medizin auf der Intensivstation, Stuttgart 1997.
Bühler, W.: Der Leib als Instrument der Seele, Stuttgart 1989.
Dethlefsen, T. und Dahlke, R.: Krankheit als Weg, München 1983.
Glöckler, M. (Hrsg.): Medizin an der Schwelle, Dornach 1993.
Goethe, J. W. v.: Gesammelte Werke, Hamburg 1969.
Jung, C. G.: Erinnerungen, Träume, Gedanken, Zürich 1929.
Ders.: Die Beziehung zwischen dem Ich und dem Unbewußten, Zürich 1929.
Steiner, R.: Geisteswissenschaft und Medizin, Dornach 1920.
Tagore, R.: The Home and the World, Kalkutta/Allahabad 1910.
Zajonc, A.: Die gemeinsame Geschichte von Licht und Bewußtsein, Hamburg
    1996.
Zola, E.: La Bête humaine, Paris 1890.

Albert Cramer

Sich seines Selbst bewußt sein in Haltung und Verhalten

Ein Blick auf die Wirbelsäule

Im Gelenk vereinen sich Schädelbasis, Atlas (erster Halswirbel), Axis (zweiter Halswirbel) und dritter Halswirbel zu einem Gelenkgefüge von unvergleichlich komplexer Mechanik und hoher Tragfähigkeit (Abb. 1 und Abb. 2).

Was die alten Anatomen bewogen haben mag, dem ersten Halswirbel den Namen des mythologischen Weltenträgers zu verleihen, bleibt dunkel. Daß freilich für den Menschen der Kopf die Welt trägt, erträgt und vermittelt, liegt auf der Hand. Überdies hängen an der Kopfbasis der Schultergürtel und der Brustkorb mittels starker Muskelpakete («Schulterheber»). Der Atlas hat also mitunter erhebliche Lasten zu tragen.

Die tragende Rolle des ersten Halswirbels, des Atlas, wurde der Wissenschaft erst langsam bewußt. Auch Goethe beteiligte sich an der Erforschung des «Proatlas», einer entwicklungsgeschichtlichen Vorstufe im Hinterhauptsbereich. Entwicklungsgeschichtlich gesehen nämlich ist die Atlasregion – wie auch die Kreuz-Lendenwirbel-Übergangsregion – ein «unruhiges» Gebiet mit einer Häufung von Abarten, Übergangsknochen, Fehlbildungen, Ausfall oder Überzahl von Wirbeln. Das legt den Verdacht nahe, daß der Mensch mit seiner Entwicklung noch nicht am Ende sei – auch somatisch gesehen.

Ein Durchbruch in der Beurteilung der Atlasgelenke kam aus Utrecht. Der Physiologe Magnus veröffentlichte zusammen mit De Klijn 1924 im Buch «Körperstellungen» seine Erkenntnisse über die Atlasgelenke (das Genick) als Raumkoordinator für Haltung und Bewegung. Das hängt mit den im Kopf befindlichen Sinnesorganen für Lage, Schwerkraft (Labyrinth), Horizontale,

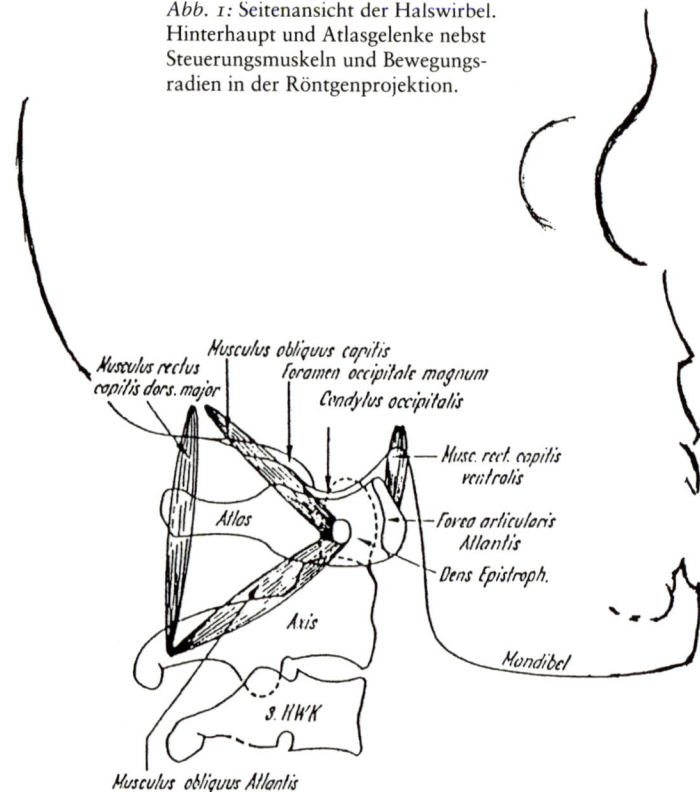

Abb. 1: Seitenansicht der Halswirbel. Hinterhaupt und Atlasgelenke nebst Steuerungsmuskeln und Bewegungsradien in der Röntgenprojektion.

Entfernung (Blickfixierung), Richtung, Anstellwinkel, Distanz (Gehör) und Fremdeinfluß (Nackenhautempfindlichkeit für Luftzug und Wärmestrahlung) zusammen. Der Geruchssinn liefert weitere Modifikanten dieses Koordinationssystems.

Jedes Elternpaar kann verfolgen, wie sein Kind wenige Wochen nach der Geburt erst den Kopf aufrichtet, dann den Rumpf, die Beine unter den Körper zieht, sich unter Kopfanheben zum Stehen hochstemmt und schließlich – den Kopf in suchender Bewegung – die ersten Schritte macht, bei denen der Blick Halt in der Umgebung sucht.

Abb. 2: Frontalansicht der Halswirbel. I: Ungefährer Drehpunkt für obere Atlasgelenke. II: Ungefährer Drehpunkt für Dens-Gelenk des zweiten Halswirbels gegen den Hinterkopf. III: Ungefährer Drehpunkt für untere Atlasgelenke.

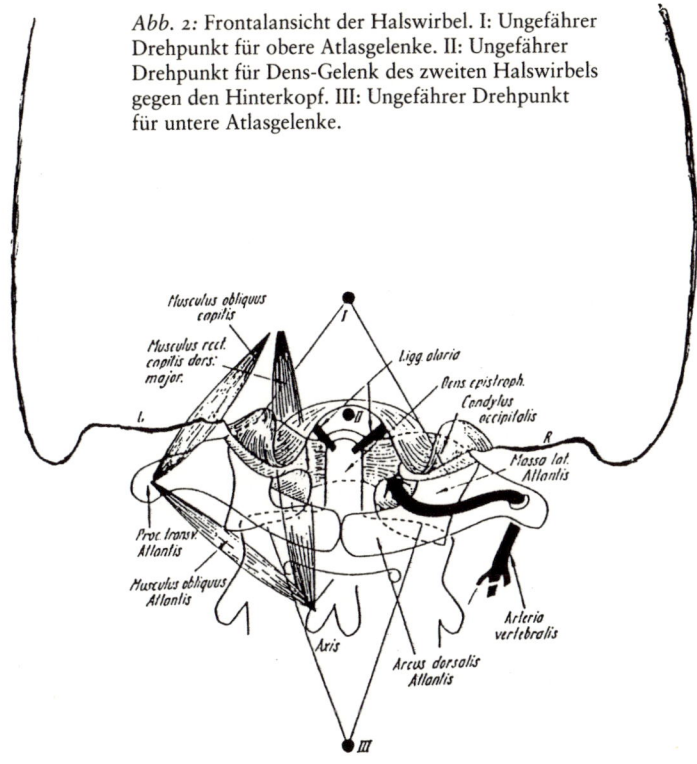

Magnus und De Klijn wiesen jenen «Nackenreflex» nach, der die Vertebraten in Haltung und Bewegung ausrichtet und den räumlichen und gravimetrischen Umweltbezug gewährleistet. Beim Menschen ist die vertebrale Reflexsteuerung «gebremst». Das ermöglicht ihm zum Beispiel, mit Kopfsprung ins Wasser zu tauchen. Die meisten Wirbeltiere (auch Affen) können das nicht, wenngleich sie gute Schwimmer sind. Der «Nackenreflex» läßt sie auf den Beinen landen.

Die bilaterale Symmetrie des Menschen setzt ihn in Stand und Gang dem Problem ständiger Körperbalance weit intensiver aus als jedes andere terrestrische Lebewesen (auch bei Vögeln ist das Genick anders gebaut).

Menschen wachsen allerdings nicht bilateral-symmetrisch, sondern alternierend – wechselseitig etwas voreilend. Bei Wachstumsende überdauert jene Asymmetrie, die der zuletzt vorgeeilten Körperseite anhaftet. Deshalb lassen Orthopäden Beinlängendifferenzen bis zu etwa zwei Zentimetern «durchgehen».

Erst in der Pubertät wird das menschliche Skelett «fertig»: Die Atlas- und Axisgelenke erhalten ihre knöcherne Strukturfestigkeit und Form, die Kreuz-Darmbein-Gelenke entwickeln sich aus Knorpelfugen. Die ganze Wirbelsäule wandelt sich von der kindlichen «C»-Krümmung zur «S»-Krümmung des Erwachsenen: Mit Beginn der Pubertät tritt die gefürchtete Fehlentwicklung der bilateralen Körpersymmetrie ein, die Orthopäden als «Maligne Skoliose» bezeichnen. Es ist, als werde die Ausprägung der «S»-Krümmung der Erwachsenen-Wirbelsäule um 90 Grad verdreht (Abb. 3).

Abb. 3

«C»-Krümmung   «S»-Krümmung   «Gerade» Wirbelsäule   Skoliose

Wir wissen nicht, welche «Inbild-Information» (Scheidt) die wachsende Wirbelsäule erhält, welchen Krümmungsverlauf sie wann, wie und wo anschlägt. Seit den grundlegenden Forschungen von Vollhard (Nobelpreis 1994) kennen wir jedoch die Sequenzen in der DNS, die Körpersymmetrie bestimmen.

Eigene Erfahrungen in der manuellen Behandlung Jugendlicher, die von entstehender Skoliose betroffen waren – sowie gleichlautende Erfahrungsberichte in der neueren Literatur – lehren, daß die einwandfreie Funktion der Atlasgelenke eine entscheidende Rolle in der Entwicklung «normaler» Körpersymmetrie spielt. Die Entwicklung einer Skoliose läßt sich mit manueller Atlasgelenk-Therapie unterbrechen.

Mit der enormen Entwicklung der Präparations- und Diagnosetechnik stellt sich uns der Atlasgelenk-Bereich als überaus reich mit neuronalen Strukturen und Rezeptoren versorgt heraus. Sie erklären die weit- und tiefreichenden Einflüsse vom Genick auf die Vagus-Kerngebiete im Halsmark und auf die dort angesiedelten Koordinationszentren für Haltung, Bewegung, Atmung, Stimmung und Durchblutung.

Ein Teil der Muskulatur läßt sich willkürlich bewegen. Dafür stehen uns zeitlebens Aktionspotentiale auf Abruf zur Verfügung, die in hierarchischen Rückenmarksstrukturen differenziert gebremst sind. Gewisse Erkrankungen führen zur Durchlässigkeit einzelner «Bremszentren». Das äußert sich in Zwangsbewegungen zum Beispiel bei der Parkinsonschen Erkrankung, aber auch im hohen Alter, wo infantile Ticks (Schmatz-, Leck-, Saugtick) wieder durchschlagen können. Diese ursprünglichen Instinktverhaltensweisen sind keinesfalls die einzigen, die bei absinkender Reizschwelle beziehungsweise bei zunehmender Undichte der Bremszentren zum Vorschein kommen. Zahlreiche Signale der Körpersprache nutzen diesen Durchschlupf unterhalb unseres Bewußtseins zur Manifestation.

Jedermann geläufig ist die «Zuneigung» unter Liebenden, die man durchaus wörtlich nehmen kann; die «Abneigung» bis zur «Abscheu» oder auch die «Versagergebärde» mit den angehobenen Schultern, zwischen die der Kopf zurückgenommen wird (Schulterzucken). Den Informationsgehalt solcher Gebärden registrieren wir als Anmutung, die bis zur Zumutung gehen kann. Andere Signale der Körpersprache entstammen weniger dem Instinkt als gesellschaftlicher Angepaßtheit (Be-

nimm), dem Zeitgeist (Mode), der Selbstdarstellung (Imponier-
gehabe) usw.

Insofern ist das Wachverhalten des einzelnen eine wechseln-
de Folge von instinktiven Verhaltensweisen, szenischem Rollenspiel, sozialen Interaktionen und dazwischen reflektiertem
Zweckverhalten. Was am Verhalten unserer Mitmenschen «bewußt» ist, bedarf also nicht nur kritischer Interpretation, sondern auch jener Skepsis, die nachträglicher Motivation gegenüber angebracht ist.

Die Durchlässigkeit der Bremszentren unterliegt nicht nur
tageszeitlichen Schwankungen (sogenannten zirkadianen Bio-
rhythmen), sondern hängt auch von körperlicher und seelischer
Befindlichkeit ab. Unter Streß, Ärger, Angst, Lampenfieber,
Mißempfindungen wird der Mensch «kribbelig», reizbar: die
Reizschwelle sinkt ab, generalisierte Muskelspannungen können sich in Form von «Rheuma», Hexenschuß, akutem Schief-
hals (Typ der instinktiven Ausweichbewegung) Zugang zur
Muskulatur verschaffen. Jeder Versuch des Befallenen mit will-
kürlichem Bewegungszugriff wird schmerzhaft zurückgewor-
fen. Obschon der Leidende versichert, daß «es krampft», so liegt
doch auf der Hand, daß kein Fremder loslassen kann, was «er»
anspannt. Leidenszustände dieser Art sind also ein persönliches
Bewältigungsproblem.

Zur Entwicklung eines gesunden Selbstbewußtseins gehört
nun einmal, daß man sich dessen inne wird, was in einem selbst
vor sich geht. Jenes Selbst – nach Lorenz das «Parlament der
Instinkte» – agiert und reagiert durchaus nicht nach den – meist
schmeichelhaften – Vorstellungen des Ich von «sich selbst», die
mit zunehmendem Alter oft um Jahre der Realität hinterherhin-
ken. Die Kosmetikindustrie lebt von der Erhaltung der Vorstellungen des Ich über das Selbst. Das Selbst ist sowohl Bewahrer
eines «Artgedächtnisses» als auch Opfer eines Kollektivge-
dächtnisses mannigfacher Art.

In einer Zeit, in der «Spannung» gegen geringe Gebühr rund
um die Uhr von den Medien bis zum Exzeß (Sex, Mord, Verrat,
Untreue) geboten wird, verwischt sich leicht das Urteil, wo

«Entspannung durch Spannung» beginnt oder wo sie sich ins Gegenteil verkehrt, wenn nämlich der Zuschauer vor der Mattscheibe mit Herzklopfen und Schweißausbruch reagiert.

Wo mehr als drei zusammenstehen und gaffen, eilt jeder Näherkommende hinzu und «gafft» mit.

> «Es ist, als hätte Niemand Nichts zu tun und Nichts zu schaffen,
> als auf des Nachbarn Schritt und Tritt zu gaffen.»
> GOETHE, Faust, Osterspaziergang

Gähnen und Gaffen sind etymologisch gleichen Ursprunges. Im engagierten Gaffen – vor der Glotze, in der Fußballarena, vor dem Monitor, hinter dem Steuer, im dichten Straßenverkehr, im Kino, in der Show – folgen wir der jeweiligen Handlung mit vorgestrecktem Kopf neugierig. Diese Kopfvorlage ist die Gewohnheitshaltung des modernen Zivilisationsmenschen. Sie fordert, damit der Kopf nicht vornüberfällt, Muskelkraft zum Halten vor allem der Schulterhebermuskeln.

«Normale» Kopfhaltung ist selten. Bei Blinden sieht man sie ausgeprägt, weil deren Blicke nicht in der Umgebung verhaftet sind. Aber auch alle Schauspielschulen beginnen bei ihren Schülern mit dem Balancieren zum Beispiel von Folianten auf dem Kopf.

Man mag einwenden, Menschen haben schon immer ihre Nase in die Angelegenheiten anderer gesteckt, also wird die Kopfvorlage kein Merkmal unserer Zeit sein. Das Museum für Ritterrüstungen in La Valetta (Malta) gibt Gelegenheit für Überlegungen, mit welcher Kopfhaltung die Recken jener Zeit in ihr eisernes Gehäuse gepaßt hätten: mit Kopfvorlage gewiß nicht!

Wir verbinden mit dem Anmutungscharakter von Gebärden Eigenschaften, die wir dem anderen unterstellen. Es ist die – auch im Instinkt verankerte – Fähigkeit zur «Gestaltwahrnehmung» in Haltung und Bewegung unserer Mitmenschen. Der Regent wird gewöhnlich hocherhobenen Hauptes dargestellt. Die emphatische Beziehung von Gebärde und Anmutung kommt sehr deutlich in der bereits erwähnten «Versagergebärde» zur Geltung. Sie zieht die Zurechtweisung auf sich. Zur Zeit der Rohrstöcke in den Schulen bekam jener gewöhnlich «eins übergezogen», der sein Nichtwissen mit dieser Gebärde unterstrich. Wer sich mit einem verbalen «Ich weiß nicht» begnügte, ging ungestraft aus.

Die Kopfvorlage verändert im Genick die Muskelzugrichtung, die Gelenkflächenbelastung, die Krafteinleitungspunkte und die Ausgangslage für Willkürbewegungen. Nur unsere periphere Muskulatur und diejenige der obersten Schicht über dem Rumpf sind willkürlich und einzeln zu beeinflussen. Jene der mittleren und tiefen Schichten ist willkürlich im einzelnen nicht innervierbar, unterliegt vielmehr «unwillkürlicher» Koordination, in die außer der willkürlichen Zielintention räumliche, gravimetrische, situative usw. Korrekturen übergeordneter Zentren einfließen, die ihre Informationen auch aus den dicht und reichhaltig angeordneten sensorischen Fühlern im Genick nehmen. Die Kopfvorlage» führt in den *circulus vitiosus* fehlerhafter sensorischer Rückmeldungen aus fehlerhaft belasteten Gelenken und fehlerhaften Bewegungsabläufen.

Da die Entwicklung von Skelett und Nervensystem in der Erbsubstanz vorgegebenen Informationen folgt, ist es vernünftig, anzunehmen, daß die nervale Bewegungskoordination dem jeweils arttypischen Skelett angepaßt ist. Die Plastizität angeborener Verhaltensweisen (Bewegungskoordination), auf die schon Lorenz hinwies, macht sie nicht nur lernfähig, sondern auch störbar. Gewohnheitsmäßig verschleppte «Kopfvorlage» erzwingt eine Umstellung der Bewegungskoordination zu Lasten des freien Spiels vorwiegend in den oberen Atlasgelenken.

Derartige «Umgewöhnungen» brauchen ihre Zeit und sind nicht auf Abruf reversibel. Hier ist der Eingriff von außen, der das freie Gelenkspiel wieder herstellt, hilfreich (siehe Literatur). Die Wiederherstellung «normaler» Koordination folgt wie ein «Einrasten» spätestens innerhalb einer Woche. Währenddessen sollte auf weitere Versuche manueller Therapie verzichtet werden.

Der «hilfreiche Griff von außen» muß nicht von Außenstehenden erfolgen. Geübte Manualtherapeuten können sich selbst justieren. Manualtherapeutisch Ungeübten bieten sich mannigfache Möglichkeiten in spielerischer Übung des Gleichgewichtes – im Tanz, beim Kopfstand, beim Segeln, Reiten, Schwimmen, Kraxeln usw.; aber auch in Übungen, die Körperhaltung bewußtmachen (Eutonie, Alexandertechnik, Feldenkrais), unter Beachtung jener Kopfhaltung, die das Haupt über dem Hals und Rumpf im Gleichgewicht hält.

Hilfreich sind ebenfalls die seit langem bekannten Methoden der Tiefenentspannung. Neuerdings bieten auch einige Klöster «Meditationsaufenthalt» gegen Entgelt. Man erwarte aber keine Patentrezepte für Selbsterkenntnis und Problembewältigung. Klosterbrüder sind nicht immun gegen Probleme. Aber sie haben gelernt, sich helfen zu lassen.

Es dreht sich vorwiegend darum, «Frieden mit sich selbst» zu schließen. Nicht nur ist jeder «sich selbst der Nächste», sondern wir stehen uns selbst am nächsten – und möglichst nicht im Wege. So heißt es denn Abschied nehmen von idealisierenden Vorstellungen von sich selbst. Unser Selbst führt nun einmal Regie im Alltag, ungeachtet aller Anfälle von «Verzweiflung über sich selbst». Wer fähig ist zur Gestaltwahrnehmung ist sich einerseits durchaus der Einzigartigkeit seines Selbst bewußt, sieht sich andererseits dem Vergleich mit anderen Individuen im Gruppenkontext als soziales Wesen ausgesetzt. Vorstellungen von sich selbst hinsichtlich Aussehen (Gestalt) und Verhalten (Bewegungsablauf), die dem Wunschdenken entspringen, sind zur «Selbstfindung» wenig dienlich. Sich selbst so zu nehmen, wie man ist, darf als eines der zentralen Bewältigungsprobleme des Lebens gelten. Soviel aber ist sicher: Jeder muß *sein* Leben *selber* leben.

Literatur

Cramer, A.: Strukturen des vorsprachlichen Eindrucks- und Ausdrucksverhaltens in der Leidensgebärde, in: Nervenarzt (42), Berlin/Heidelberg/New York 1971, S. 607–609.

Ders.: Menschliche Verhaltensstrukturen im Leidensgebaren, in: Zeitschr. Psychother. Med. Psychol. (23), Stuttgart 1973, S. 99–108.

Ders.: Geschichte der manuellen Medizin, Berlin/Heidelberg/New York 1990.

Magnus, De Klijn: Körperstellungen, Berlin 1924.

Von Holst, E.: Zur Verhaltensphysiologie bei Tieren und Menschen, München 1970.

WILLIBALD GAWLIK

Ganzheitliches Bewußtsein und exakte Wahrnehmung als Grundlagen der Homöopathie

Kontroversen um die rationale Beurteilung der Homöopathie und der homöopathischen Arzneimittel sind keine Besonderheit unserer heutigen Zeit. Seit Hahnemann vor 200 Jahren erste Schriften über die Homöopathie veröffentlicht hat, wurde er ständig angegriffen und nach seinem Tod die Lehre zerrissen und gerade durch naturwissenschaftliche Methoden der Erforschung der Arzneiwirkung immer wieder scharfer Kritik unterzogen. Aus dieser Kritik entstehen immer wieder Konflikte zwischen der naturwissenschaftlichen Schulmedizin und der Homöopathie.

Seit über 45 Jahren bin ich mit der therapeutischen Arbeit der Homöopathie vertraut und verwende sie in der Praxis. Ich möchte in kurzen Ausführungen klarlegen, daß es sich, gerade bei der Homöopathie, wirklich weder um eine mystische noch um eine okkulte Medizin handelt, sondern, daß wir hier ganz deutlich eine naturwissenschaftlich gesehen nicht beweisbare, medikamentöse Wirksamkeit haben; nur müssen wir sagen, es ist nicht die Naturwissenschaft allein, die verantwortlich ist für den kranken Menschen, für seine Gesundheit und für sein Kranksein. Hahnemann hat ja genaugenommen durch seine Idee etwas deutlich gemacht: «Er fordert den Ausbruch aus der Enge einer Naturwissenschaft, die, um sie ins Visier ihrer objektiven Betrachtungsweise zu bringen, den Phänomenen das Leben erst austreiben muß.» Gleiches lehrt Viktor von Weizsäcker.

Die Grundlage der Homöopathie ist einmal der Satz «Similia similibus curantur» («Ähnliches kann durch Ähnliches geheilt werden»). Zum zweiten die Arzneimittelprüfung am Gesunden und deren Ergebnisse als Grundlage der Arzneimittelbilder. Die Arzneimittelbilder der Arzneimittelprüfung am gesunden Menschen werden in Analogie gestellt zu dem Symptomenbild des Patienten, der in die Praxis kommt.

Hier liegt die große Schwierigkeit des Verständnisses zwischen Schulmedizin und Homöopathie; daß wir Homöopathen mit *Phänomenen* arbeiten, was nicht bedeutet, daß nicht auch bei der Behandlung der chronischen Krankheiten, genau wie bei den akuten Krankheiten, in der Homöopathie eine Diagnose gestellt werden *muß*. Ein homöopathischer Arzt, der keine Diagnose stellt, arbeitet wie ein Maulwurf: «Er arbeitet im Dunkeln und hinterläßt frische Erdhügel.» Bei aller Hochachtung vor der naturwissenschaftlichen Lehrmedizin – ich war selbst Assistent einer Universitätsklinik für Innere Medizin – und vor deren Grundsätzen der Meßbarkeit und Beweisbarkeit, wird doch das Wichtigste, nämlich die *Phänomenologie* des Menschen, wie auch die Phänomenologie der Pflanze, der Mineralien, der Tiergifte, aller unserer Medikamente, weggelassen, weil sie nicht beweisbar ist und auch nicht berechenbar. Daß gerade die Phänomenologie sehr stark ins Gewicht fällt, um einen Menschen, besonders einen kranken Menschen zu beurteilen, darf ich hier anhand einer kleinen Abbildung (Abb. 1, S. 183) zeigen.

Der Mensch als Geschöpf ist hier dargestellt durch eine Abbildung, die in der Mitte durch einen Strich zwei Seiten des Menschen zeigt: einmal «Sub-stare», das ist die Substanz, der Stoff des Menschen, der selbstverständlich meßbar und wägbar ist, reproduzierbar, analysierbar, synthetisierbar, sogar teilweise in seinen Einzelteilen. Hier, in diesem Bereich, fallen alle Ergebnisse der biochemischen Untersuchung, also unserer Laborparameter an. Dazu kommen die kalibrierbaren Meßverfahren physikalischer Art, angefangen vom EKG bis zu modernen technisch hochentwickelten Apparaten, die physikalisch messen. Die Schulmedizin wird aus den Ergebnissen dieser Substanzmessungen die Diagnose stellen und diese Diagnose als festes Krankheitsbild behandeln.

Was über dem Strich ist, nenne ich Ekstase. Das ist das Aus-

DER MENSCH

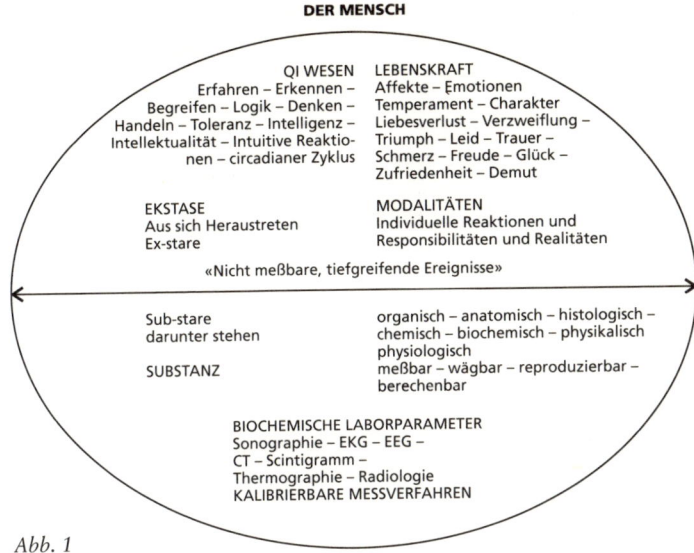

QI WESEN
Erfahren – Erkennen –
Begreifen – Logik – Denken –
Handeln – Toleranz – Intelligenz –
Intellektualität – Intuitive Reaktio-
nen – circadianer Zyklus

LEBENSKRAFT
Affekte – Emotionen
Temperament – Charakter
Liebesverlust – Verzweiflung –
Triumph – Leid – Trauer –
Schmerz – Freude – Glück –
Zufriedenheit – Demut

EKSTASE
Aus sich Heraustreten
Ex-stare

MODALITÄTEN
Individuelle Reaktionen und
Responsibilitäten und Realitäten

«Nicht meßbare, tiefgreifende Ereignisse»

Sub-stare
darunter stehen

SUBSTANZ

organisch – anatomisch – histologisch –
chemisch – biochemisch – physikalisch
physiologisch
meßbar – wägbar – reproduzierbar –
berechenbar

BIOCHEMISCHE LABORPARAMETER
Sonographie – EKG – EEG –
CT – Scintigramm –
Thermographie – Radiologie
KALIBRIERBARE MESSVERFAHREN

Abb. 1

sich-Heraustreten, das heißt das Aus-dem-Stoff-Heraustreten: das im naturwissenschaftlichen Sinn nicht mehr Meßbare, nicht mehr Wägbare, nicht mehr Analysierbare. Hier finden wir das *Wesen* des Menschen. Die edelsten Begriffe der Menschlichkeit, angefangen von der Treue, Kreativität, Demut bis zur Bescheidenheit (Abb. 1). Diese Seite macht den Menschen zum Menschen.

Wenn wir die Affekte, Eigenschaften, das Temperament, alle Begriffe wie Hoffnung, Glaube, Liebe, ja auch Juckreiz, Schmerz, Müdigkeit hinzunehmen, dann haben wir nur noch nicht meßbare Begriffe, nicht wägbare, nicht naturwissenschaftlich beweisbare, aber doch wesentliche Bestandteile des Menschen. Hier ist das Wesen zu Hause.

Wenn ich mit einem Menschen, den ich bisher nicht kannte, in Kontakt komme, dann interessiert mich, was das für ein Mensch ist. Ist er frei von Lüge, einer der die Wahrheit liebt, der offen und ehrlich ist, der sensibel ist für alle Eindrücke, der aber

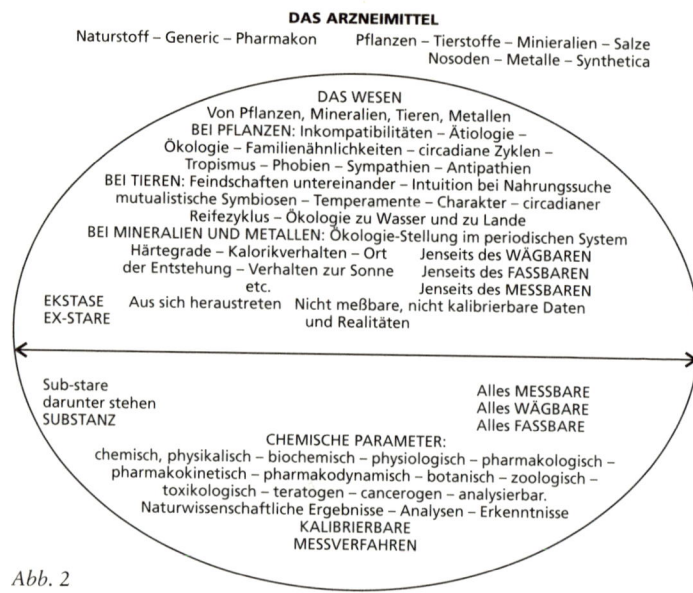

DAS ARZNEIMITTEL
Naturstoff – Generic – Pharmakon   Pflanzen – Tierstoffe – Minieralien – Salze
Nosoden – Metalle – Synthetica

DAS WESEN
Von Pflanzen, Mineralien, Tieren, Metallen
BEI PFLANZEN: Inkompatibilitäten – Ätiologie –
Ökologie – Familienähnlichkeiten – circadiane Zyklen –
Tropismus – Phobien – Sympathien – Antipathien
BEI TIEREN: Feindschaften untereinander – Intuition bei Nahrungssuche
mutualistische Symbiosen – Temperamente – Charakter – circadianer
Reifezyklus – Ökologie zu Wasser und zu Lande
BEI MINERALIEN UND METALLEN: Ökologie-Stellung im periodischen System
Härtegrade – Kalorikverhalten – Ort   Jenseits des WÄGBAREN
der Entstehung – Verhalten zur Sonne   Jenseits des FASSBAREN
etc.   Jenseits des MESSBAREN
EKSTASE   Aus sich heraustreten   Nicht meßbare, nicht kalibrierbare Daten
EX-STARE   und Realitäten

Sub-stare   Alles MESSBARE
darunter stehen   Alles WÄGBARE
SUBSTANZ   Alles FASSBARE
CHEMISCHE PARAMETER:
chemisch, physikalisch – biochemisch – physiologisch – pharmakologisch –
pharmakokinetisch – pharmakodynamisch – botanisch – zoologisch –
toxikologisch – teratogen – cancerogen – analysierbar.
Naturwissenschaftliche Ergebnisse – Analysen – Erkenntnisse
KALIBRIERBARE
MESSVERFAHREN

Abb. 2

auch eine Ausstrahlung hat? Hier können wir nirgends ein Maß anlegen, um das naturwissenschaftlich festzulegen.

So kann eine schwere klinische Diagnose, beispielsweise Karzinom (Krebsgeschwulst), die vielleicht noch keine Schmerzen macht, den Patienten bei weitem nicht so beeinträchtigen in seinem Wesen wie beispielsweise eine Parodontitis (Zahnfleischentzündung) oder ein entzündetes Hühnerauge. Die ganze körperliche und geistige Kraft, die Bewußtseinsfähigkeit, wird ungeheuer eingeschränkt.

In der Abbildung 2 finden wir die gleiche Situation wie bei den Menschen bezogen auf unsere *Arzneimittel*. Auch diese, ob Pflanzen, Minerale, Salze, Metalle, Tiergifte, haben eine ganz klare Analytik vorzuweisen.

Denken wir an Kochsalz (Natriumchlorid). Die Analyse zeigt uns, daß zwei naturwissenschaftlich gesehen sehr destruktive Elemente, wie Natrium, das Wasser zerstört, und Chlor, das selbst Lebewesen zerstört, vorhanden sind. Es entsteht ein lebenserhaltender, wichtiger Stoff, wenn die beiden sich chemisch verbinden, ja nicht nur ein Stoff, denn es hat auch ein Wesen. Denken wir nur an die Kulturgeschichte der Menschheit. Über Jahrhunderte, ja sogar über Jahrtausende, wurde sie durch das Salz geprägt.

So haben auch alle *Pflanzen* eine exakte, klare, pharmakologische, toxikologische, chemische Analyse vorzuweisen, was aber noch nichts über ihr Wesen aussagt.

Denken wir an den *Bergkristall*. Ein wunderschöner Stein, der kalt ist, wenn man ihn anfaßt. So kalt, daß ihn die alten Römer sogar in ihren Wohnungen aufstellten, um bei großer Hitze sich daran abzukühlen. Warum? Er verhält sich ganz entgegen dem naturwissenschaftlich-physikalischen Gesetz der Anpassung an die Außentemperatur. Der Kristall bleibt eiskalt.

Hier noch eine dritte Abbildung (S. 186), um die größte Streitfrage der Homöopathie, zumindest theoretisch, zu klären. Wir benutzen dasselbe grafische Modell wie bisher. In der horizontalen Motilität (Umwandlung des Stoffes) ist eine Verdünnung nur bis 10^{-23} möglich, danach ist keine Substanz mehr da.

Während die Substanz oder der Stoff *verdünnt* werden, wird die Arznei *potenziert* und die nicht meßbare Materie *dynamisiert*. Die Potenzierung – ob Verreibung, ob Verschüttelung – geht über das *Wesen* der Substanz. Im Wesen von Pflanze, Mineral oder Tier(gift) liegt auch die Arzneiwirkung.

Arzneiwirkung ist nicht nur erklärbar durch die Bestandteile, es ist nicht die meßbare Quantität eines qualitativ toxischen Arzneimittels, sondern auch die Responsibilität dessen, der es zu sich nimmt. Sie kennen ja auch die Verträglichkeit von Äthylalkohol, sei es im Wein, Schnaps oder Bier, die bei vielen Menschen sehr groß ist, bei anderen ungeheuer gering. Also nicht das toxische Mittel allein oder die Toxizität eines Mittels ist seine Giftigkeit, sondern auch die Responsibilität dessen, der es zu sich nimmt.

Sie können zum Beispiel Gold (Aurum metallicum) triturieren und es eßlöffelweise einnehmen. Es wird nichts passieren. Ho-

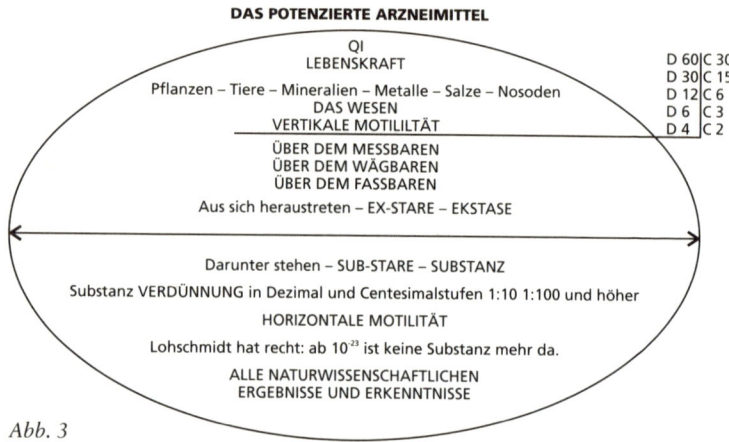

Abb. 3

möopathisch aufgearbeitet, bietet es eine unglaublich starke, wirksame Arznei bei bestimmten Krankheitszuständen oder Symptomenbildern. Wenn wir davon sprechen, daß ein Arzneimittel aufgearbeitet werden muß, dann heißt «aufarbeiten» nichts anderes, als es durch eine besondere, pharmakologische Handlungsweise in einen Zustand zu versetzen, daß es beim Menschen, bei bestimmten Krankheitsbildern wirksam ist, nämlich bei den Krankheitsbildern, die die gleichen Phänomene haben wie die künstlichen Erkrankungen bei der Arzneimittelprüfung.

Die Zulassungs- und Aufbereitungskommission für Homöopathie im Bundesgesundheitsamt, der ich über zehn Jahre als Vorsitzender angehörte, war beauftragt, die genaue Herstellungsregel, die Aufarbeitung und die Zulassung homöopathischer Arzneimittel durchzuführen. Durch meine Arbeiten in dieser Kommission erkannte ich, daß ein Mineral wie beispielsweise Uran auch erst aufgearbeitet werden muß – wenn auch in anderer Form –, um Energien freisetzen zu können von ungeheurer Kraft. Hier haben wir einen solchen Vergleich, wie das Wesen eines Steines (des Urans) verändert werden kann durch die entsprechende Aufarbeitung.

Auf der einen Seite beobachtet die Homöopathie den Menschen mit seinen Symptomen, seien sie uns objektiv oder subjektiv entgegengebracht, auf der anderen Seite sind die Arzneimittel mit ihren Symptomen, die wir durch die Arzneimittelprüfung kennenlernen. Zwischen diesen beiden Symptomkomplexen müssen wir eine Analogie finden. Dazu gehört zunächst einmal der Arzt, der Zeit und Ruhe haben muß, um sich aufmerksam dem Patienten zuzuwenden, damit er, wie Hahnemann es deutlich sagt, unbefangen und gründlich Wissen über ihn sammeln und auswerten kann. Wir müssen unser ganzes Bewußtsein dem Patienten entgegenbringen, ihm zuhören, ihn auch anschauen, alles was wir sehen, was wir hören, aber auch was wir tasten, was wir riechen, müssen wir auswerten in unserem Bewußtsein.

Hier ist nicht nur gefordert, das Aussehen, die Leiblichkeit des Patienten, nicht nur seine Laborparameter und seine kalibrierbaren Meßverfahren zu berücksichtigen, hier ist auch das Wesen des Patienten zu erkennen. Das wollen wir in Analogie setzen zum Wesen eines Arzneimittels. Also brauchen wir Ruhe, absolute Aufmerksamkeit, keine Störung.

Um die Gesamtheit der Symptome, insbesondere auch die individuellen, zu erkennen, müssen wir mit allen unseren Sinnen zur sorgfältigen Aufnahme bereit sein. Zu den wichtigsten Symptomen der Individualität gehören die Modalitäten. Modalitäten sind Leitsymptome, die uns sagen, wie der Patient auf Reize von außen reagiert: Auf Kälte oder Wärme, auf das Wetter, die Sonne, auf Ärger oder Hetze, Lärm oder grelles Licht. Dazu kommen das Schlafverhalten, die Essensgewohnheiten und Reaktionen, die Ablehnung von Speisen, aber auch das Verlangen nach bestimmten Speisen. Schließlich auch die zirkadianen Zyklen eines jeden Patienten. Hier sind wir bei einem Thema, das heute in der Schulmedizin diskutiert wird, von Hahnemann aber bereits vor 170 Jahren schriftlich behandelt worden ist. Dort ist nachzulesen, daß gerade die zirkadianen Zyklen nicht nur beim Menschen, sondern auch bei den Arzneimitteln, wie heute langsam in der Schule auch bekannt wird, genau auf die Stunde zu fixieren sind.

Der Patient braucht bei der Anamnese auch eine gewisse Zuwendung, um auch *sein* Bewußtsein so weit zu verändern, daß er Vertrauen gewinnt, Vertrauen in die Persönlichkeit des Arztes. Diese Begegnung kann so zu einem faszinierenden Erlebnis werden, nicht nur für den Arzt, sondern auch für den Patienten.

Die Symptomvielfalt ist groß. Diese ganze Symptomatik wird nun sorgfältig aufgeschrieben. Im modernen Bereich ist nicht nur das Repertorium üblich, sondern auch ein Computer, der uns alle diese Symptome in Sekundenschnelle auflistet und analogisiert und uns viel Arbeit abnehmen kann. Nur etwas kann der Computer nicht, und er wird es auch nie lernen und nie beherrschen können: Selbst dann, wenn er Denken lernt, würde er sich nie etwas selber denken können. So müssen wir mit unserem Wissen und unserer Erfahrung entscheiden, wenn wir einen Wust von Symptomen von dem Patienten bekommen, teils objektiv, teils subjektiv, welche von diesen Symptomen wertvoll sind und welche nicht wertvoll sind.

Wir nennen es das Hierarchisieren der Symptome, und hier ist das Hirn gefragt. Hier ist das gesamte wache Bewußtsein des Arztes gefragt, der entscheiden muß, welche Symptome bei diesem Patienten wirklich interessant sind. Da ist der § 153 im «Organon», dem großen Lehrbuch der Homöopathie von Hahnemann, der uns sagt, daß die besonderen, eigenartigen, sonderbaren, charakteristischen, individuellen Symptome im Vordergrund stehen. Wenn heute ein blasser, schlanker, ja fast dürrer Patient daherkommt, der über verschiedene Beschwerden klagt – man hat fast den Eindruck, er friert im warmen Zimmer – und er sagt einem, ihm sei es am wohlsten, wenn er sich halbnackt auf den Balkon stellt bei kaltem Wind, dann ist das ein *individuelles* Symptom, das gegen die Erfahrung spricht. So müssen wir bei dem Patienten die gesamte Phänomenologie heranholen, die besonders schwierig ist bei langwierigen Erkrankungen.

Wir brauchen die Erforschung eines wahren, vollständigen Bildes und dazu besondere Umsicht, Menschenkenntnis, Behutsamkeit im Erkundigen und Geduld im hohen Grade. (§ 98 im «Organon»)

Haben wir dann hierarchisiert, finden wir zwei, drei oder vier Mittel. Aus diesen vier das richtige auszusuchen, ist das Wichtigste an der ganzen Arbeit. Wir brauchen dazu eine absolut klare noetische Vigilanz, um vom Typ her, von der Konstitution her, von der Lebensart und der Biographie her, aber auch von den Symptomen her zu erfahren, was an diesem Menschen krank ist. Wir müssen das Wesen herauskehren, auch beim kranken Menschen. Ich denke an den Ausspruch von Angelus Silesius: «Mensch werde wesentlich!» Wenn wir alles wahrgenommen haben, alle Laborparameter haben, werden wir etwas Neues erfahren.

Es ist sehr interessant, daß ein Mensch, der in der Medizin kaum eine Rolle spielt, nämlich Karl Marx, zu den Denkern gehört, die das sehr schön erklären. In seinen «Pariser Manuskripten» veröffentlichte er Erkenntnisansätze, die an Bedeutsamkeit immer wieder übersehen werden. Er geht aus von der Diagnoseentfremdung. Seine Antwort, wie man dieser Situation abhelfen kann, ist folgende: «[...] durch eine allsinnige Aneignung der Welt durch die Menschenseele.» Er erklärt das Wort «allsinnig», indem er die Sinnestätigkeiten aufzählt wie «sehen – hören – riechen – schmecken usw.» Er ergänzt weitere Begriffe: «denken – anschauen – empfinden – tätig sein – lieben und wollen».

Das bedeutet eine Suche nach anderen Weisen der Welterfahrung. Mit diesen Tätigkeiten, die nicht naturwissenschaftlich faßbar sind, kommen wir auch bei der homöopathischen Anamnese in Berührung, die ja die Grundlage darstellt, den Patienten zu heilen. Wir werden also mit klarem Bewußtsein den Patienten wahrnehmen müssen in seinem ganzen Wesen und in seiner Leiblichkeit. Danach suchen wir das Arzneimittel heraus, aus den Phänomenen dieses Wesens Mensch. Sie werden in Analogie gesetzt zu den Phänomenen der Arzneimittelprüfung.

Wir können mit Recht in Anspruch nehmen, mit der Homöopathie eine holistische Medizin oder Therapierichtung zu haben, indem wir den ganzen Menschen, nicht nur den Kranken, sondern auch den gesunden, betrachten; nicht nur die

Krankheitssymptome (pathognomonische Symptome), sondern auch die individuellen Symptome, die ein Individuum unverwechselbar und einmalig machen wie einen Fingerabdruck. So den Menschen wahrzunehmen, daß nicht jeder nur ein Individuum ist, sondern auch eine Persönlichkeit, führt uns auch dazu, eine personotrope Therapie durchzuführen, das heißt, den Menschen auch in seiner Ausstrahlung, in den nicht meßbaren, nicht wägbaren, nicht analysierbaren Funktionen und Wesenheiten zu erleben. So bleibt die Arbeit als homöopathischer Arzt etwas ungeheuer Aufregendes, immer wieder Faszinierendes, und wie ich es schon darlegte, man eignet sich «allsinnig» die ganze Welt an, durch die Erkenntnis der Menschenseele und deren Leiblichkeit.

Literatur

Appell, R. G.: Homöopathie, Psychotherapie und Psychiatrie, Heidelberg 1993.

Ders.: Der verwundete Heiler, Heidelberg 1995.

Dorcsi, M.: Symptomenverzeichnis in personotroper Ordnung, Ulm 1965.

Gadamer, H.-G.: Über die Verborgenheit der Gesundheit, Frankfurt a. M. 1993.

Gawlik, W.: Die homöopathische Anamnese, Stuttgart 1996.

Ders.: Arzneimittelbild und Persönlichkeitsporträt, Stuttgart 1996.

Hahnemann, S.: Organon der Heilkunst, 1810.

Ders.: Reine Arzneimittellehre.

Ders.: Chronische Krankheiten.

Kent, J. T.: Zur Theorie der Homöopathie, Leer 1973.

Köhler, G.: Lehrbuch der Homöopathie, Stuttgart 1982.

Schlegel, E.: Religion der Arznei, Ulm 1960.

Vonessen, F.: Was krank macht, ist auch heilsam, Heidelberg 1980.

Weizsäcker v., C.-F.: Zeit und Wissen, München 1992.

Weizsäcker v., V.: Pathosophie, Göttingen 1956.

Kapitel 5

Bewußtsein in der neuen Kosmologie und Philosophie

Einführung

von Gerhard Langer und Yasmine Wessely

«Mir bleibt nichts als die Liebe.»
Theresia von Lisieux

Vornehmlich drei Themen beschäftigen den Menschen in existentieller Weise:

- Wer bin ich, Mensch, und wer ist Gott? Bin ich ich, Bewußtsein oder Sein? Bin ich Gott?
- Was heißt Wirklichkeit («Gibt es das»-Fragen)? Und, als beide verbindendes Thema:
- Was heißt Sinn («Es geht darum»-Feststellungen) und Freiheit (Relation Geschöpf-Schöpfer)?

Bewußtsein setzt ein Etwas in einen Zusammenhang. Die Beschaffenheit dieses Etwas im Vergleich zum Zusammenhang ist die Frage, um die es geht. In der sogenannten Esoterik ist dieses Etwas die Energie, deren Ausformung Bewußtsein heißt. Im Konstruktivismus ist dieses Etwas die Wirklichkeit, die im Bewußtsein des «Subjekts» («erkennender Organismus») ausgeformt wird. In der Diätetik ist Bewußtsein der Zusammenhang zwischen einem Subjekt (Individuum) und einem Etwas, dessen sich das Subjekt in der individuellen Bewußtheit bedient.

Ob man die *Wirklichkeit* versteht als das, was man konstruiert, oder als das, woraus man bloß schöpft (ohne die Schöpfung zu erschaffen), macht einen wesentlichen Unterschied für die Definition des Menschen aus. Je nachdem wird er als Schöpfer oder als Geschöpf begriffen.

Die *Individualität*, die ein Mensch zum Beispiel im gesprochenen «Ich» erfahren kann, gibt dem Medium (Form) Bewußtsein (als Medium oder Form) sein Subjekt. Dieses Ich kann entweder zur inhumanen Waffe in der Rationalisierung werden oder zur harmonischen Mitte der Welt, oder das Ich kann in der Liebe an ein Du hingegeben werden.

Wenn sich der Mensch als Geschöpf erkennt statt als Schöpfer, so kann er im *Bewußtwerden* auf ein Göttliches Du hin sich entwickeln. Überhaupt erhalten erst in dieser Du-Bezogenheit des Menschen die *Beziehungen* ihren Wert.

Franz Moser

Bewußtsein – Die einzige Realität des Seins

Wissenschaftliche und philosophische Grundlagen einer
holistischen Medizin

Wissen und Weisheit

Der Mensch wird seit Menschengedenken konfrontiert mit
Krieg, Krankheit, Neid, Haß, Zorn und unvorstellbarem Leiden. Ist diese Qual des Menschen «normal»? Ist die Welt wirklich ein «Kampf ums Dasein», ein «Fressen oder Gefressenwer-
den», worin nur der Tüchtigste überlebt? Ist unsere Zeit
schlechter als frühere Zeiten? Gehört das Unheil zum Leben?
Oder entsteht es, weil wir die Welt, das Sein nicht verstehen?
Verfolgen wir vielleicht falsche Ziele, weil wir falschen Landkar-
ten vertrauen, das heißt ein falsches Weltbild haben?

Die Quellen des Wissens
Welches sind die Quellen unseres Wissens vom Sein? Es gibt
deren zwei: das Wissen «von unten» und das Wissen «von
oben».

Das Wissen «von unten» (Popper 1976) oder das wissenschaftliche Wissen ist immer ein vorläufiges, das heißt ein nicht
notwendig wahres Wissen. Trotzdem ist es wesentlich für unsere
Einbindung in die Welt der Dinge, in die Natur und für die
Einsicht in die Stellung des Menschen im Verlauf der Evolution.

Das Wissen «von oben» ist das Wissen der Weisheitslehren,
das intuitive Wissen der Naturvölker, der Schamanismus und
die Lehren der großen Religionsstifter. Den größten Teil der
Menschheitsgeschichte gingen das Wissen «von oben» und das
Wissen «von unten» getrennte Wege. Die Erkenntnisse aus den
beiden Quellen waren unvereinbar. Der alte philosophische

Streit, ob die Materie oder der Geist ursprünglicher sei, schien lange Zeit entschieden zu sein zugunsten der Materie.

Methoden der Wissenschaft
Wie gewinnt der Mensch das Wissen «von unten»? Jede Wissenschaft ging zunächst von der Sinneserkenntnis aus. Man experimentierte und erfand Instrumente zur Beobachtung der Gestirne, der Natur und des Menschen. Die Sinneserkenntnis, gepaart und erweitert mit Hypothesen und Theorien, führte dann zu einer entsprechenden Weltsicht.

Im 20. Jahrhundert wurde die unmittelbare Beobachtung immer mehr ersetzt durch die instrumentale Beobachtung. Zur Quelle des Wissens wurden meßbare Strahlungen verschiedenster Art eingesetzt (Röntgenstrahlung, radioaktive Strahlung, Laserstrahlen und andere). Und es begann sich eine weitreichende Übereinstimmung abzuzeichnen zwischen Wissen und Weisheit.

Im Gegensatz zu Kant müssen wir die metaphysischen Ideen (Gott, Freiheit und Unsterblichkeit der Seele) nicht mehr nur dem Glauben überlassen. Kant glaubte, jene Ideen können weder bewiesen noch widerlegt und deshalb nur geglaubt werden (Kant 1977). Dies sehen wir heute anders.

Synthese von Wissen und Weisheit
Wir können davon ausgehen, daß die Zukunft für den Menschen ein Weltbild bereithält, in dem wissenschaftliches Wissen und Weisheit Hand in Hand gehen. Dies könnte die Basis sein für die Bekämpfung des eingangs erwähnten Unheils, vorausgesetzt, daß ein Teil der Menschheit das neue Weltbild annimmt und danach lebt. Das wird nicht einfach sein und viele Menschen überfordern. Das Problem ist ja: Ist die Welt so, wie wir sie mit unseren Sinnen erfassen, oder nicht? Heute wissen wir, daß unsere Sinneserfahrung täuscht, daß wir in einer Welt des Scheins, der Illusionen, leben.

Der Begriff «Bewußtsein» ist zentral für das neue Weltbild, für die Erkenntnis des Seins an sich. Deshalb werden wir uns eingehend mit ihm beschäftigen.

Was ist Bewußtsein?

Leib und Seele, Materie und Geist werden vom Materialisten als getrennte Bereiche aufgefaßt. So gibt es eine Theorie (Epiphänomenalismus), die behauptet, daß die Gedanken und Gefühle Folgeerscheinungen (Epiphänomene) der Materie sind, nämlich des Gehirns. Wahr aber ist: alle körperlichen und seelischen Erscheinungen lassen sich auf Energie zurückführen. Wir kennen zum einen die Energieformen der körperlichen Welt: Licht, Elektrizität, Wärme, Bewegungsenergie, Magnetismus und andere. Einstein zeigte mit der Formel $E = mc^2$, daß auch die Materie eine Form der Energie ist. Wir könnten sagen: Materie ist kristallisierte Energie. Wir kennen zum andern die Energieformen der seelischen Welt, so wie sie sich in Hirnstrommessungen zeigen oder in Wutausbrüchen, im Zorn usw., so daß wir postulieren können: Alles Sein ist Energie.

Was aber gibt dem Sein die Struktur? Wie kommt es zur Ausformung von Mustern, von Gebilden und von Gestalten? Oder anders gefragt: Was gibt der Energie Form? Antwort: die *In-Forma-tion*. Bis heute gibt es für den Begriff der Information keine einheitliche wissenschaftliche Definition. Für uns soll deshalb die unwissenschaftliche Definition von Weizsäcker gelten: «Information ist das Maß einer Menge von Form. Information ist ein Maß der Gestaltenfülle. Materie hat Form, Bewußtsein kennt Form.» (von Weizsäcker 1985)

Definition Bewußtsein

Wir gehen also von den Grundsätzen aus: Alles Sein ist Energie. Und: Information bringt Energie in die Form. Bewußtsein nennen wir dieses Zusammenspiel von Energie und Information. Aus dieser neuartigen Definition von Bewußtsein folgt, daß alles Sein Bewußtsein ist oder in eine Formel gebracht: B = E + I (Bewußtsein = Energie + Information).

Der Quantenphysiker Bohm schreibt zur Frage, ob ein Stein Bewußtsein hat: «Es gibt keinen Unterschied zwischen uns und einem Stein.» (Bohm 1984) Das heißt: auch ein Stein hat oder ist Bewußtsein. Dies ist ein beachtlicher Durchbruch im Denken der Wissenschaftler unserer Zeit.

Auf dieser Basis können wir uns dem «Aufbau der Welt» zuwenden. Wir leben offensichtlich nicht in einer Welt aus Materie, sondern in einer Bewußtseinswelt oder Geistwelt. Pflanzen zeigen Angst und reagieren auf Liebe, wie die Versuche von Tomkin zeigen (Tomkin 1980) und die Ergebnisse im schottischen Findhorn, wo in unwirtlicher Gegend optimale Gemüseerträge erzielt werden konnten. Auch Tiere haben Bewußtsein, jedoch noch kein Selbstbewußtsein im Sinne Hegels. Dieses entsteht erst beim Menschen, womit auch die Entwicklung des freien Willens beginnt, der bei Tieren kaum vorhanden ist. Hegel schreibt:

> «Die Materie hat ihre Substanz außer ihr; der Geist ist das *Bei-sich-selbst-Sein*. Dies eben ist die Freiheit, denn wenn ich abhängig bin, so beziehe ich mich auf ein Anderes, das ich nicht bin; ich kann nicht sein ohne ein Äußeres; frei bin ich, wenn ich bei mir selbst bin. Dieses Bei-sich-selbst-Sein des Geistes ist Selbstbewußtsein, das Bewußtsein von sich selbst. Zweierlei ist zu unterscheiden im Bewußtsein, erstens, *daß* ich weiß, und zweitens, *was* ich weiß. Beim Selbstbewußtsein fällt beides zusammen, denn der Geist weiß sich selbst, er ist das Beurteilen seiner eigenen Natur, und er ist zugleich die Tätigkeit, zu sich zu kommen und so sich hervorzubringen, sich zu dem zu machen, was er an sich ist.» (Hegel 1970)

Man kennt viele Begriffe für Bewußtsein, und eine eindeutige Abgrenzung der Begriffe wird nicht möglich sein. So kennt man den Begriff «Prana», der in der indischen Philosophie «universelle Energie» bedeutet, oder den Begriff «Od» von Reichenbach oder den Begriff «Orgon» von Reich (Boadella 1995). Man kennt die Begriffe des «Heiligen Geistes» und des «Göttlichen Geistes» und der «freien universellen Energie». Wir können hierzu folgende Differenzierungen vornehmen:

- Die Begriffe Bewußtsein und Geist verwenden wir hier gleichbedeutend. Daher sind die Sätze: «Alles Sein ist Bewußtsein» und «Alles Sein ist Geist» identisch.

• Der Begriff Geist wird normalerweise eher für die höchsten Formen des Bewußtseins verwendet. Man spricht eher vom «menschlichen Geist» als vom «Geist der Materie», auch wenn die Materie von einem Teil des Geistbewußtseins durchdrungen ist.

Wenn alles Sein Bewußtsein oder alles Sein Geist ist, dann kann nicht das ganze Sein oder das ganze Universum Bewußtsein oder Geist von gleicher Qualität sein. Das Bewußtsein des Menschen ist vom Bewußtsein des Tieres qualitativ verschieden. Darauf gehen wir im folgenden Abschnitt ein.

Die Ebenen des Bewußtseins
Die folgende Einteilung orientiert sich vor allem an der theosophischen Literatur, die weitgehend geprägt ist von östlicher Weisheit, und an den Arbeiten von Wilber (1982; 1985). Man unterscheidet sieben Ebenen des Bewußtseins:

Ebene 7   *Absolutes Bewußtsein*
              Kosmisches Bewußtsein
              Bewußtsein an sich
              Quelle aller Ebenen
              Nichts, Nirwana, Paramatman, Brahman
Ebene 6   *Kausales Bewußtsein*
              All-Einheits-Bewußtsein, Atman
              Keine Subjekt-Objekt-Trennung
              Keine Trennung von Leben und Tod
              Kausalkörper
              Menschlicher Geist als Teil des absoluten Geistes
Ebene 5   *Höheres mentales Bewußtsein*
              Subtilmentalkörper
              Abstrakte Gedanken
              Intuition, Vernunft, Intelligenz
              Menschlicher Geist
Ebene 4   *Niederes mentales Bewußtsein*
              Logisches, konkretes Denken

	Intellekt, menschlicher Geist
	Mentalkörper
Ebene 3	*Astrales Bewußtsein*
	Gefühle, Begierden, Triebe
	Astralkörper
Ebene 2	*Ätherisches Bewußtsein*
	Lebensfunktionen
	Herz, Kreislauf, Nieren usw.
	Ätherkörper
Ebene 1	*Materielles Bewußtsein*
	Materieller Körper, Leib, Materie

Ebene 7 ist die Quelle aller Ebenen, allen Seins überhaupt. Sie durchdringt und trägt alle Ebenen, und sie ist die Quelle der verschiedenen Qualitäten des Bewußtseins. In der Bhagawadgita belehrt Krishna, der Gott, den Menschensohn Arjuna mit folgenden Worten:

«Am Ende der Nacht der Zeit kehren alle Dinge zu Mir zurück. Und sobald der neue Tag beginnt, bringe Ich sie wieder ans Licht.» (9/8)

«So aus Meiner Natur heraus schaffe Ich alles Leben und dieses geht herum im Kreislauf der Zeit.» (9/8)

«Ich bin der Vater des Universums und Ich bin sogar die Quelle des Vaters. Ich bin die Mutter dieses Universums und der Schöpfer von Allem. Ich bin das Höchste, das man erkennen kann.» (9/17)

Das absolute Bewußtsein ist die Grundenergie, aus der heraus und mit deren Kraft die Evolution der Ebenen möglich wird. Die Ebene 7 ist in allen Ebenen vorhanden und doch nicht «da», das heißt bewußt vorhanden. Das unbewußt Vorhandene muß also im Laufe der Evolution bewußtgemacht, das heißt zu einem Selbstbewußtsein gebracht werden.

Ein bis zur Ebene 6 bewußtes Wesen kann als Gottmensch bezeichnet werden (Zoroaster, Buddha, Jesus, Mohammed). Als Avatare bezeichnet man Wesen, die aus der Ebene 7 stammen und sich in einem Menschen verkörpern. Sie verbleiben jedoch auch in dieser körperlichen Existenz voll auf der absoluten Ebene.

Grundprinzipien der Bewußtseinsordnung
Aufgrund der bislang gewonnenen Einsichten können wir folgende Prinzipien aufstellen:

1. Prinzip:	Alles Sein ist Bewußtsein (B = E + I).
2. Prinzip:	Das Bewußtsein hat verschiedene Qualitäten oder Ebenen.
3. Prinzip:	Jede höhere Ebene ist auch in den niederen, aber nicht umgekehrt.
	Zusatz: Die aus der Ebene 7 stammende kosmische Energie kommt in allen tieferen Ebenen vor, aber nicht in derselben Qualität wie in der Ebene 7.
4. Prinzip:	Die Evolution durch die Ebenen hindurch geschieht durch ein Bewußtmachen der in allen Ebenen unbewußt vorhandenen kosmischen Energie.
	Beispiel: Minerale umfassen die Ebenen 1 und 2; Pflanzen umfassen die Ebenen 1, 2 und teilweise auch 3; Tiere umfassen die Ebenen von 1 bis 3 und teilweise auch 4; Menschen umfassen die Ebenen von 1 bis 4, teilweise auch 5 und selten auch 6.
5. Prinzip:	Die Qualitäten der Ebenen sind mit Blick auf die Vergänglichkeit verschieden.
	Zusatz: Die Ebenen 6 und 7 sind zeitlos und beständig, die Ebenen von 1 bis 5 sind zeitlich und unbeständig. Ursachen für die Unbeständigkeit der tieferen Ebenen sind der Tod des materiellen Körpers (Ebene 1) und die Auflösung des Körpers im postmortalen Zustand (Ebenen von 2 bis 5).

Der Evolutionsprozeß des Bewußtseins besteht im wesentlichen darin, die aus der Ebene 7 fließende Energie bewußtzumachen. Dies geschieht bei allen Wesen mit Hilfe höherer Kräfte. Beim Menschen muß dieser Prozeß aus freiem Willen vollzogen werden.

Das Universalgesetz

Wir kennen die Naturgesetze. Sie gelten für die materielle Ebene. Wie steht es aber mit der Energie der anderen Ebenen? Gibt es für die Bewußtseinsebenen auch Gesetze?

Die folgenden Gesetzmäßigkeiten fassen wir zu einem Ganzen zusammen und nennen es: das Universalgesetz. Es besteht aus den Sätzen:

- Alles Sein ist Bewußtsein (Geist).
- Keine Energie, kein Bewußtsein kann je verlorengehen (Energieerhaltungsgesetz).
- Es gibt einen Drang zur Evolution des Bewußtseins.
- Der Evolution des Bewußtseins liegt die Fähigkeit zur Selbstorganisation zugrunde.
- Es gibt ein dauerndes Werden und Vergehen.
- Es gibt die Polaritäten harmonisch/disharmonisch, männlich/weiblich (Yin und Yang).
- Es gibt die Entsprechung «wie oben, so unten».
- Es gibt Ursache und Wirkung (Kausalität) sowohl in der biologischen Realität als auch in der Energie-Bewußtseins-Realität als Karma.

Alle Weisheitslehren bejahen die Tatsache, daß es eine Art Urenergie gibt, ein Bewußtseinszentrum für das Universum, das alles Geschehen bestimmt in Form des Universalgesetzes. Das Universalgesetz kann mit den Begriffen Zahl, Ordnung und Harmonie charakterisiert werden.

Wie entsteht Bewußtsein?

Man kann davon ausgehen, daß alles Leben Bewußtsein hat, genauer: Leben ist Bewußtsein, und Bewußtsein ist Leben. Wer nach der Entstehung von Bewußtsein fragt, fragt auch nach der Entstehung von Leben. Hierzu gibt es zwei Theorien:

a) Das mechanistische Paradigma

Die Theorie von «Zufall und Notwendigkeit» geht von der Annahme aus, die biologische Evolution sei auf Veränderungen von Organismen durch Höhenstrahlung zurückzuführen. In der sogenannten «Ursuppe» oder in heißen Quellen hätten sich einfache Moleküle gebildet, Aminosäuren, die durch Strahlung zu immer höheren Organismen führten und schließlich zum Menschen. Neben dem Zufall prägt die *Auslese* die Evolution: Nur diejenige Spezies überlebt, die sich der Umwelt am besten anpaßt. Dies wird als «Notwendigkeit» bezeichnet.

Dieses Paradigma stammt von Darwin. Monod hat es bestärkt und ein Standardwerk verfaßt. Er schreibt:

> «Der alte Bund [zwischen Gott und Mensch, Anm. von F. M.] ist zerbrochen, der Mensch weiß endlich, daß er in der teilnahmslosen Unermeßlichkeit des Universums allein ist, aus dem er zufällig hervortrat. Nicht nur sein Los, auch seine Pflicht steht nirgendwo geschrieben. Es ist an ihm, zwischen dem Reich [des Guten, Anm. von F. M.] und der Finsternis zu wählen.» (Monod 1970)

Die Sichtweise, daß alles Sein sich dem Zufall verdankt, besticht viele, sie ist jedoch trostlos und furchtbar. Denn was folgt daraus für den Sinn unsres Daseins? Die absolute Sinnlosigkeit. Ob wir Heilige sind oder Massenmörder spielt keine Rolle mehr. Die Philosophen des Wiener Kreises sehen darin, daß wir den Zweck unseres Lebens selbst bestimmen, «die optimale Befriedigung der Begierden und Triebe» (Reutterer 1977). Der Mensch ist das Maß aller Dinge. Er ist der willkürliche Gesetzgeber seines Tuns und Lassens.

b) Das holistische Paradigma

Die zweite wissenschaftliche Theorie über die Entstehung von Leben ist erst wenige Jahrzehnte alt und keineswegs allgemein akzeptiert. Sie geht auf Teilhard de Chardin zurück und fußt auf Erkenntnissen von Chemikern und Biologen (Eigen 1971, Prigogine 1980, Maturana und Varela 1985). Ihre Erkenntnisse untermauerten ab 1977 die von Teilhard de Chardin bereits um

1960 intuitiv formulierten Einsichten wissenschaftlich. Chardin sprach von «Komplexifikation» und hat mit diesem Begriff die wesentlichen Grundsätze der Selbstorganisation erkannt:

«Auf ihre Weise gehorcht die Materie von Anfang an dem großen biologischen Gesetz der zunehmenden Verflechtung (Komplexifikation). [...] Warum sollte da [...] sich nicht ergeben, daß uns die Materie bis zu einer (bestimmten) Komplexität [...] als ‹tot› erscheint (in Wirklichkeit müßte man prävital sagen), während sie darüber hinaus Äußerungen des Lebens zu zeigen beginnt?» (de Chardin 1959)

Chardin illustriert diesen Gedanken in Abbildung 1 (S. 205).

Wir fassen die Theorie der Selbstorganisation beziehungsweise die Theorie der Selbstschaffung des Bewußtseins zusammen. Zunächst gilt: Leben ist kein Produkt des Zufalls, sondern «Leben ist eine inhärente Eigenschaft der Materie» (Eigen 1971). Wir ergänzen: Leben ist eine inhärente Eigenschaft des Bewußtseins, denn auch die Materie ist eine Bewußtseinsform. Wie aber wirkt diese Selbstorganisation? Ausgehend von der Formel $B = E + I$, können wir sagen: Bewußtsein auf jeder Ebene entsteht durch Informationsaufnahme beziehungsweise Informationszunahme auf der jeweiligen Ebene. Jedes Mineral, jede Pflanze, jedes Tier, jeder Mensch nimmt laufend Informationen auf durch Kontakt mit der Umwelt.

Freilich gibt es hier eine wichtige Frage. Was nimmt die Information auf: die Form (den Körper) oder das der Form innewohnende Bewußtsein? Wir haben zu unterscheiden zwischen der Evolution der Form und der Evolution des der Form innewohnenden Bewußtseins.

Die Theorie der Selbstorganisation erklärt die Evolution der Formen (Spezies, Arten). Diese könnte sehr wohl mutativ oder durch das Einwirken kosmischer Kräfte erfolgen, aber das ist eine Vermutung. Wir gehen davon aus, daß das Bewußtsein auf verschiedenen Ebenen wirkt und das «kosmische Bewußtsein» alles Sein durchwirkt, somit auch die materielle Formebene. Diese Annahme läuft auf die Vorstellung eines Gruppenbewußt-

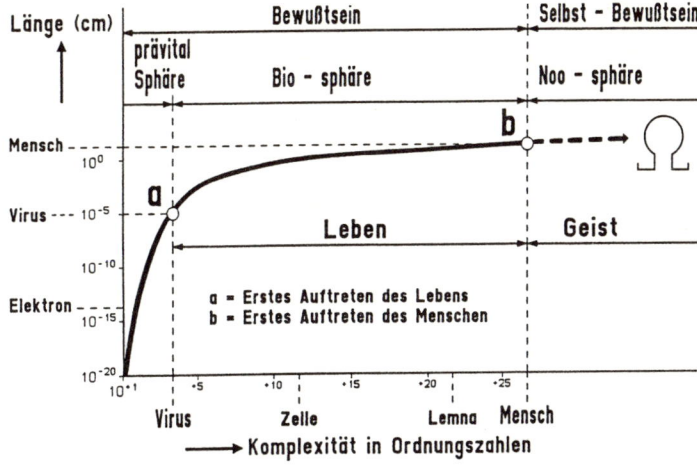

Abb. 1: Das Evolutionsdiagramm von Teilhard de Chardin. Punkt a gibt die Entstehung des Lebens an, Punkt b bezeichnet die Menschwerdung, das Auftreten des Menschen. Hier entsteht Selbstbewußtsein.

seins bei Tieren hinaus und auf die Reinkarnationshypothese beim Menschen, wo sich ein individuelles Bewußtseins im Laufe der Evolution wiederholt in verschiedene Körper einbringt. Wir haben es mit zwei parallel verlaufenden Evolutionsbewegungen zu tun: mit der Evolution des geformten materiellen Körperbewußtseins und derjenigen des umgeformten Seelen- oder Geist- oder Energiebewußtseins (Abb. 2).

Die Theorie der Selbstorganisation bestätigt wissenschaftlich, was seit langem in den Weisheitslehren bekannt ist. So heißt es beispielsweise im Johannes-Evangelium: «Im Anfang war der Logos.» Setzen wir für «Logos» das Universalgesetz ein oder das kosmische beziehungsweise das göttliche Bewußtsein, so stimmen wissenschaftliche Theorie und Weisheitslehre überein. Ein anderes Beispiel entlehnen wir vom japanisch-buddhistischen Philosophen Takakusu, der schreibt: «Nach buddhistischem Denken sind sowohl die Menschen wie auch alle Lebewesen selbst-geschaffen und selbst-schaffend.» (Takakusu 1944) Die gut fundierte wissenschaftliche Theorie der Entstehung von Bewußtsein durch Selbstorganisation beziehungsweise durch Selbstschaffung stimmt weitgehend mit dem Wissen aus den Weisheitslehren überein (Moser 1989; Moser/Narodoslawsky 1996).

Auf der Ebene des mentalen Bewußtseins gilt im Lichte der Theorie der Selbstorganisation, daß wir durch unser Denken unsere Existenz schaffen: «Wir schaffen die Welt, in der wir leben, buchstäblich, indem wir sie leben.» (Maturana 1985) Die Nähe zum Ausspruch Buddhas ist augenfällig: «Woran man hängt, das nimmt man zum Maßstab, was man zum Maßstab nimmt, dadurch wird man bestimmt.» (Grimm 1979)

Eine überraschende Erkenntnis formuliert die Parapsychologie im Satz: Du bist, was du denkst. (Jahn/Dunne 1987) Gedanken sind oder haben Kraft. Man kann mit Gedanken sogar die Materie bewegen (Telekinese). Warum sollte man nicht auch das mentale Bewußtsein formen können?

Alle diese Einsichten münden in die Erkenntnis: Es gibt kei-

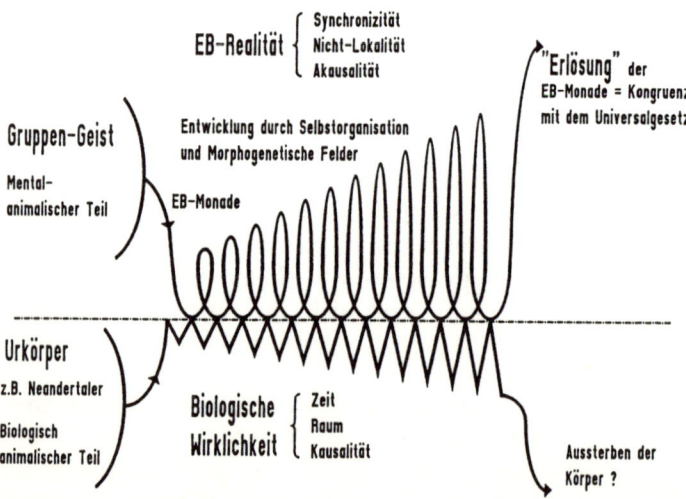

Abb. 2: Das Reinkarnationsmodell.

nen Zufall. Jedes Schicksal ist selbstgeschaffen und daher auch selbstgewählt und selbstgewollt. Diese Sichtweise widerspricht der verbreiteten Annahme, daß alles Zufall sei. Zufällig werde ich in eine Familie geboren, in eine Umwelt. Zufällig treffe ich meinen Lebenspartner, und zufällig sind Krankheit und Glück, Leid und Freude. Schuld an meiner Situation sind immer die anderen: die Umwelt, die Umstände und nur im geringen Maße die eigene Anstrengung und die geistige Ausrichtung. Dies führt zur Projektion der eigenen Probleme nach außen, was neue Konflikte, Streit und Aggression schürt.

Der Sinn des Lebens ist demnach die Entwicklung des Bewußtseins in Selbstorganisation durch Informationsaufnahme in der Form von Wissen, durch Gefühle, durch Schulung der Intuition zu immer höheren Bewußtseinsebenen (Seinsebenen) in Übereinstimmung mit dem Universalgesetz.

Welche Eigenschaften hat Bewußtsein?

Moderne Physiker sind der Auffassung, daß es eine Dimension unseres Seins gibt, in der Nichtlokalität feststellbar ist (Jammer 1974). Man kann «Nichtlokalität» auch als «Nichträumlichkeit» bezeichnen. Da Einstein (1879–1955) bewiesen hat, daß Raum und Zeit miteinander verbunden sind, indem beide von der Geschwindigkeit abhängig sind, mit der sich ein System bewegt, folgt aus der Nichträumlichkeit auch Nichtzeitlichkeit. Es gibt eine Dimension unseres Seins, in der es weder Raum noch Zeit noch Kausalität gibt (Penrose 1989; Bohm 1980; Tipler 1994; Davies 1992). Für unsere Betrachtung des Bewußtseins folgt daraus:

- Bewußtsein gibt es auf verschiedenen Ebenen in verschiedenen Qualitäten (Eigenschaften).
- Das Materiebewußtsein auf Ebene 1 kennt in allen seinen Ausformungen (Mineral, Pflanze, Tier, Mensch) Raum und Zeit. Das Materiebewußtsein ist aber getragen und durch-

drungen von Bewußtseinsqualitäten höherer Ebenen. Diese existieren in Raumzeitlosigkeit und Formlosigkeit, auch wenn sie zugleich die Ebene 1 durchdringen.

- Im Gegensatz zur Ebene 1 sind die höheren Ebenen zeitlos (ewig), und es gibt in ihnen keine Trennung von Leben und Tod. Sie sind raumlos, existieren überall und nirgends und kennen keine Trennung von Subjekt und Objekt wie die Ebene 1.

- Der Mensch hat teil an den Ebenen 1 bis 6. Es gilt für ihn, sofern er bewußt an der Ebene 6 teilhat, daß die Trennung von Leben und Tod und von Subjekt und Objekt aufgehoben ist. Das höhere Bewußtsein des Menschen ist demnach raumzeitlos und formlos.

- Die höheren Bewußtseinsebenen kennen weder Ursache noch Wirkung. Es herrscht dort das «reine Sein», das «Nichts», das Nirwana. Die Mystiker sagen: «Das Nichts ist die Fülle des Seins.» (Sterbatsky 1927) Plato schreibt: «Das Ein-Seiende hat weder Bestehen noch Wechsel und ist weder einerlei noch verschieden, weder ähnlich noch unähnlich, weder gleich noch ungleich, sei es mit sich selbst oder einem anderen.»

Wir können feststellen, daß die Welt nicht so ist, wie wir aufgrund unserer Sinneserkenntnis meinen. Jedes Wesen, das mit seinen Sinnen nur wenige Dimensionen des Seins erfaßt, lebt in einer Scheinwelt, die es nur unzureichend versteht. Der Mensch kann mit seinen Sinnen vier Dimensionen erfassen: drei Raumdimensionen und die Zeitdimension. Aber er ist überfordert, wenn er das multidimensionale Sein mit den Sinnen zu verstehen sucht. Er kann es nur durch Intuition wagen.

Die Illusionswelt des Bewußtseins

Die Quantenmechanik machte eine revolutionäre Entdeckung: «Heute kann man die Ansichten von Niels Bohr und die zentrale Aussage der Quantenmechanik in einem einzigen, einfachen Satz zusammenfassen: Kein Phänomen auf der Ebene der Elementarteilchen ist ein Phänomen, bevor es nicht ein beobachtetes Phänomen ist.» (Wheeler 1983, S. 184)

Erst die Beobachtung, erst ein Informationsaustausch von Materiebewußtsein und Humanbewußtsein schafft einen beobachtbaren Gegenstand. Ist kein Informationsaustausch gegeben, verharrt «die Welt» in ihrem ursprünglichen Wahrscheinlichkeitszustand (ψ-Zustand), der mit unseren Sinnen nicht erfaßt werden kann. Er stellt die zeitraumlose Energiebewußtseinsrealität dar (Moser 1989; Moser/Narodoslawsky 1996). Die Welt besteht scheinbar aus zwei Welten:

- einer *wirklichen* Wirklichkeit, charakterisiert durch die Schrödingersche ψ-Funktion (Wahrscheinlichkeitsfunktion). Wir nennen sie Energiebewußtseinsrealität. Diese Realität (theologisch gesprochen das «Jenseits») ist zeit- und raumlos, formlos und ohne Kausalität;
- einer *biologischen* Wirklichkeit, die jeden Augenblick neu, von jedem beobachtenden Subjekt verschieden durch Sinneskontakt mitgeschaffen wird. Diese Realität ist subjektiv und vergänglich und daher eine Illusion.

Wir leben in einer Illusionswelt, die wir für die Wirklichkeit nehmen, weil wir sie sehen können, und wir wissen nicht, daß die wirkliche Wirklichkeit, die wir nicht sehen können, jene ist, auf die hin wir eigentlich leben. Dieses Nichtwissen verursacht viel Unheil.

Was ist das Wesen des Menschen?

Der Mensch entwickelt sich von einem Tierwesen zu einem Geistwesen. Diese Evolution erfolgt über Millionen von Inkarnationen. Die Essenz der Evolution ist nicht der jeweilig bewohnte Körper, sondern die zeitlose, höchste Bewußtseinsform, der Urgeist, das Atman oder das Selbst. Der Evolutionsweg wird in Abbildung 3 dargestellt:

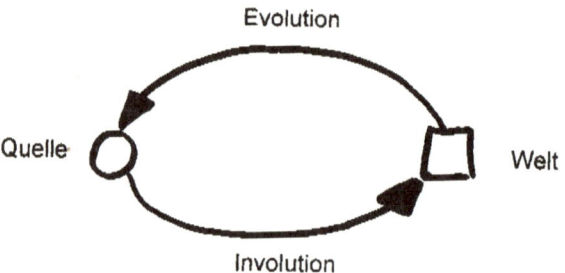

Abb. 3: Involution und Evolution.

Der Mensch muß aus dem Gruppenbewußtsein des Tieres heraus- und in den Individuationsprozeß eintreten. Diesen Abschnitt der Entwicklung nennt man «Involution» oder mit Jung «Initiation in die äußere Wirklichkeit» (Abb. 4). Hier entwickelt der Mensch Ego-Bewußtsein oder Selbstbewußtsein im Sinne des Bewußtseins von sich selbst.

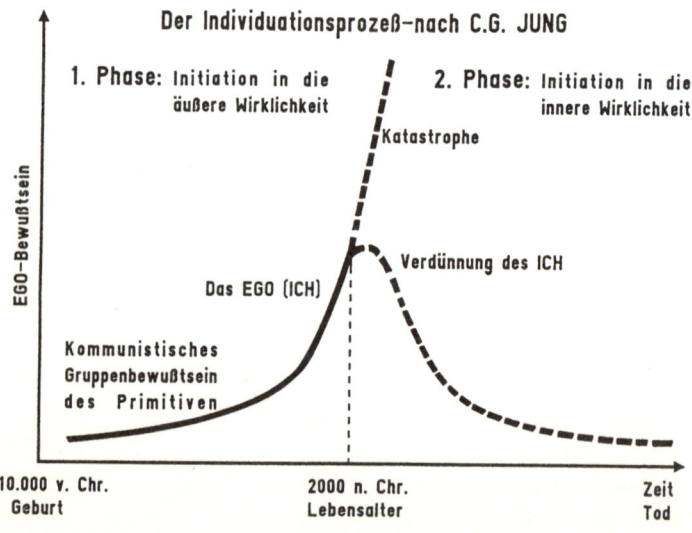

Abb. 4: Der Individuationsprozeß nach C. G. Jung.

Schließlich erreicht der Mensch den Wendepunkt, die «Halbzeit der Evolution» (Wilber). In der Parabel heißt es, der verlorene Sohn frißt aus dem Schweinetrog. Er bekommt «Einsicht» in das Leben und entschließt sich, zur Quelle seines Seins zurückzukehren. Diese Phase nennt Jung «Initiation in die innere Wirklichkeit». Der Mensch muß lernen, sein Ego zu reduzieren und schließlich vollkommen aufzugeben. Das Ego ist ebenso eine Illusion wie die biologische Wirklichkeit.

Freier Wille ohne Zufall – wie ist das möglich?
Die Evolution des Menschen besteht darin, daß er seinen freien Willen entwickelt und sich freiwillig dem Gesetz unterstellt. Aber wie kann es zugleich einen freien Willen geben und das ganze Leben vorbestimmt (prädeterminiert) sein? Eine logische Antwort ergäbe sich, wenn wir neben den Raumzeitdimensionen «Qualitätsdimensionen» annehmen, deren Verhältnis zum Universalgesetz entweder harmonisch ist (Übereinstimmung) oder disharmonisch (Nichtübereinstimmung). Die Qualitätsdimensionen existieren nicht in der Zeit, demnach in jedem Augenblick. Dort entscheide ich mich mit freiem Willen für oder gegen das Gesetz. Diese Entscheidungen in den Qualitätsdimensionen wirken sich in den Raumzeitdimensionen aus, also in der biologischen Wirklichkeit, wo ich mein selbstgeschaffenes Schicksal (Karma) erlebe. Jedes Schicksal ist daher selbstgeschaffen und selbstgewollt.

Was ist Krankheit, und was ist Heilung?
Jede Krankheit ist verursacht durch eine Entscheidung des Geistes gegen das Universalgesetz. Sie wird gefällt mit freiem Willen, wissentlich oder ohne Kenntnis des Gesetzes. Heilung ist nur möglich, wenn der Mensch die Fehlentscheidung rückgängig macht und sich dem Gesetz unterstellt. Das ist jederzeit möglich, muß jedoch bewußt und freiwillig geschehen. Niemand darf in den freien Willen des andern eingreifen, selbst ein göttliches Wesen nicht.
Die Berichtigung des Entscheids geht von den Ebenen 4 und

5 aus und ist die «echte» Heilung mit Blick auf die Erlösung als das große Ziel der Evolution. Es gibt auch «vorläufige» Heilungen mit Hilfe von Therapien, Medikamenten usw. Sie können Symptome beseitigen, lösen die krankmachende Ursache jedoch nicht auf. Wenn alles Höhere in den niedrigeren Bewußtseinsformen ist, nicht aber umgekehrt, dann folgt daraus, daß eine Heilung auf einer niederen Ebene (Ebene 1) nicht bis auf die Ebenen 4 oder 5 «hinaufwirken» kann. Hier aber entscheidet sich der Mensch in freiem Willen für oder gegen das Gesetz. Und nur hier kann der Entscheid berichtigt werden.

Schlußfolgerungen

Wer ist imstande, dieses neue Bild vom Bewußtsein als wahre Realität anzunehmen? Wer kann danach leben? Sind zweitausend Jahre oder mehr nicht Beweis genug für das vergebliche Bemühen, die Menschen von der «wirklichen Wirklichkeit» zu überzeugen? Sind wir heute nicht weiter entfernt denn je von Ordnung und Harmonie?

Zweitausend Jahre sind eine sehr kurze Zeitspanne in der Evolution des Menschen. Der Mensch lernt durch Fehler. Alle Menschen werden früher oder später das Universalgesetz beachten. Und es gibt deutliche Entwicklungsschübe (Wilber 1984).

Für die kommende Zeit werden folgende Erkenntnisse wesentlich sein:

• Auf der Ebene des geistigen Bewußtseins (Ebene 6) gibt es keine Trennung von Subjekt und Objekt, das heißt auch keine Trennung zwischen Subjekten. Es entfaltet sich nicht der Mensch als Subjekt, sondern alle voneinander nicht getrennten «Subjekte». So gilt es, den «Nachzüglern» unter die Arme zu greifen. Man hilft einem Subjekt, um allen Subjekten zu helfen.

• Der Mensch trägt alle Bewußtseinsebenen (zumindest bis zur Ebene 5) in sich. Deshalb gilt das Jesuswort: «Was du dem geringsten meiner Brüder tust, hast du mir getan» nicht nur für das humane Bewußtsein, sondern auch für das Mineral-, Pflanzen- und Tierbewußtsein.

- Im alten Denken konnte man sagen: «Tu, was du willst, aber laß dich nicht dabei erwischen.» Im neuen Denken kann man sagen: «Tu, was du willst, aber du mußt wissen, daß du für alles, was du tust, bezahlst.» Es gibt keinen Richter, keinen strafenden Gott. Niemand beurteilt, niemand verurteilt uns. Wir beurteilen und verurteilen uns immer nur selbst. Was immer wir tun, wir tun es uns selbst an. Daher gilt: «Der einzige Mensch, vor dem du Angst haben solltest, bist du selbst.» Alle anderen Ängste, die im übrigen nur im Ego walten, sind überflüssig.

So verbinden sich zu Beginn des 21. Jahrhunderts Wissenschaft und Weisheitslehren zu einer Weltsicht, von der wir erwarten können, daß sie uns in die Lage versetzen wird, die tiefgreifenden Probleme der Menschen besser zu erkennen und zu lösen.

Literatur

Boadella, D.: Wilhelm Reich. Pionier des Neuen Denkens, Bern 1995.
Bohm, D.: Wholeness and the Implicate Order, London 1980.
Ders., in: Cazenave, M.: Science and Consciousness, Oxford 1984.
de Chardin, P. T.: Der Mensch im Kosmos, München 1959.
Davies, P.: The mind of God, New York 1992.
Eigen, M.: Selforganization of Matter and the Evolution of Biological Macromolecules, in: Die Naturwissenschaften (58), Heft 10, 1971, S. 465–523.
Grimm, G.: Die Lehre des Buddha, Wiesbaden 1979.
Hegel, G. W. F.: Vorlesungen über die Geschichte der Philosophie, Frankfurt 1970.
Jahn, R. G.; Dunne, B. J.: Margins of Reality, San Diego 1987.
Jammer, M.: The Philosophy of Quantum Mechanics, New York 1974.
Kant, I.: Kritik der reinen Vernunft, Frankfurt 1977.
Maturana, H.: Erkennen. Die Organisation und Verkörperung von Wirklichkeit, Braunschweig 1985.

Monod, J.: Zufall und Notwendigkeit, München 1970.

Moser, F.: Bewußtsein in Raum und Zeit. Die Grundlagen einer holistischen Weltauffassung auf wissenschaftlicher Basis, Graz 1989.

Moser, F.; Narodoslawsky, M.: Bewußtsein in Raum und Zeit. Einblicke in die Spielregeln Gottes, Frankfurt 1996.

Penrose, R.: The Emperors New Mind, Oxford 1989.

Popper, K.: Logik der Forschung, Freiburg 1976.

Prigogine, I.; Stengers, I.: Dialog mit der Natur, München 1980.

Reutterer, A.: Philosophie, Wien 1977.

Sterbatsky, Th.: The Conception of Buddhist Nirvana, Leningrad 1927.

Takakusu, J.: Buddhism as a Philosophy of Thusness, in: Moore, Ch. A. (Hrsg.): Freeport, New York 1944.

Tipler, F.: Die Physik der Unsterblichkeit. Moderne Kosmologie, Gott und die Auferstehung der Toten, München 1994.

Tomkin, P.; Bird, C.: Das geheime Leben der Pflanzen, Frankfurt 1980.

Weizsäcker v., C. F.: Aufbau der Physik, München 1985.

Wheeler, J. A.: Law Without Law, in: Quantum Theory and Measurement, Princeton 1983, S. 182–213.

Wilber, K. (Hrsg.): Das holografische Weltbild, Bern 1982.

Ders.: Halbzeit der Evolution. Der Mensch auf dem Weg vom animalischen zum kosmischen Bewußtsein, München 1984.

Ders.: The Spectrum of Consciousness, Wheaton 1985.

Hans Rudi Fischer

Vom Sehen zum Wissen

Erkennen als Konstruieren von Wirklichkeiten

> *Wir wissen nicht, was wir sehen,*
> *wir sehen eher, was wir wissen.*
> J. W. von Goethe

Erkenntnistheorie beschäftigt sich mit dem, was Erkenntnis ist, wie sie erlangt und gerechtfertigt werden kann. Insofern als alle Wissenschaften das Ziel haben, Wissen, das heißt Erkenntnis zu schaffen, hat die Erkenntnistheorie traditionell die Aufgabe, sich mit der Gültigkeit der Wissensansprüche der Einzelwissenschaften zu beschäftigen, das heißt mit der Frage, wann eine Erkenntnis als Erkenntnis gilt. Auch die Beziehung der beiden Prädikate Sehen und Wissen gehört in den Bereich erkenntnistheoretischen Fragens: Was unterscheidet Sehen vom Wissen? Bedeutet Wissen mehr als Sehen? Ist Sehen das Paradigma der Sinneswahrnehmung schlechthin? Mit den beiden Prädikaten Sehen und Wissen sind wir also direkt im Brennpunkt erkenntnistheoretischer Probleme und Fragen.

Um die erkenntnistheoretischen Überlegungen hier nicht zu einer sinnenfeindlichen, blutleeren und haarspalterischen Tätigkeit verkommen zu lassen, bemühe ich mich, komplexere Zusammenhänge *sichtbar* werden zu lassen. Da es in diesem Buch um Bewußtsein geht, möchte ich den Leser auch zu einer bewußten Sehens-Reise einladen, mit dem Ziel, eine Perspektive aufzuzeigen, wie Sehen erkannt und Erkennen gesehen werden könnte.

Wissen wir, was wir sehen? Das Weltbild des Realismus

Der moderne, westliche Begriff des Wissens ist sehr stark von der griechischen Tradition geprägt. Im antiken griechischen Denken konturiert sich der Begriff des Wissens im Umfeld der Metaphorik des Lichtes, von daher nimmt er auch auf die visuelle Wahrnehmung Bezug. Wissen ist sowohl im Griechischen *(eidenai)* wie im Lateinischen *(noscere)* und im Deutschen ein Präterito-Präsens, ein Verb also, dessen Präsens ein früheres Präteritum, eine vergangene Gegenwart war. Wissen heißt in allen drei Sprachen «gesehen, erblickt haben». Wissen bezeichnet also einen abgeschlossenen Erkenntnisprozeß: Wir haben ein Wissen von etwas, wenn wir es *gesehen haben,* das heißt, wir müssen nicht noch einmal hinschauen und wir erwarten, daß dieses «etwas» unverändert bleibt. Die Sicherheit dieses Wissens gründet sich auf einem Gesehen-Haben. Das gesehene Etwas gilt als schon da, es hat Sein unabhängig von der Wahrnehmung durch ein menschliches Wesen. Schon bei Homer bildet das *Gedächtnis* den Ort, der die Einheit des Gewußten garantiert; als eine Art Behälter nimmt das Gedächtnis die Menge des Wahrgenommenen in sich auf, bei Bedarf läßt sich dann das Erfahrene wieder hervorholen.

Die augenscheinliche Kluft zwischen der Innenwelt des Bewußtseins und der Außenwelt wird in diesem Modell durch die Sinneswahrnehmung überbrückt. Die Sinne werden zu Glasfenstern zur Außenwelt, ihre Wahrnehmung öffnet den Blick nach draußen. Wir *sehen* die Welt um uns herum, so, wie sie tatsächlich ist, wenn wir sie erkennen. Das Bewußtsein wird zum Spiegel, der im Innern ein Bild der Außenwelt reflektiert. Bis hierher wird begrifflich zwischen Sehen und Erkennen kein Unterschied gemacht. Für das erkennende Subjekt fungiert der Geist als Sinnesorgan, das die Realität oder die Wirklichkeit passiv aufnimmt und auf der Bühne des Bewußtseins abbildet.

Von Wissen beziehungsweise Erkenntnis wird in der Erkenntnistheorie erst gesprochen, wenn es um die qualitative Bewertung der Sinneswahrnehmung geht: Ist das, was ich sehe, wirklich, ist es wahr? Damit sind wir bei dem Konzept der Wahrheit angelangt. Wissen geht über die Wahrnehmung, das bloße Sehen durch klares Glas, hinaus, wenn es ein echtes, ein wahres Wissen sein soll. Wahres, und das heißt auch objektives Wissen, haben wir erst dann, wenn zwischen meinem wahrgenommenen Bild in meinem Bewußtsein und der Wirklichkeit, dem Original da draußen, «Übereinstimmung» besteht.

Die «Übereinstimmung», die zwischen den beiden Phänomenbereichen Wirklichkeit und Bewußtsein bestehen soll, muß gemäß diesem Verständnis durch einen wie auch immer gearteten Vergleich zustande kommen. Das erkennende Subjekt vergleicht das Bild (im Bewußtsein) mit dem Abgebildeten (Wirklichkeit) da draußen und erkennt die «Übereinstimmung».

Das wäre in groben Zügen die Konzeption von Erkenntnis, die man Realismus nennt und die bis heute die natürliche Weltauffassung geblieben ist. Pointiert läßt sich diese Position in dem Satz: «Wir wissen, was wir sehen» auf den Punkt bringen.

Der belgische Maler René Magritte hat uns gelehrt, das Denken – unser Denken – zu sehen. Seine Kunst zielt nach eigenem Bekunden darauf ab, das Denken, das ja unsichtbar ist, sichtbar zu machen. Unser Denken hinsichtlich des Sehens und Erkennens macht er in folgendem Bilde sichtbar. Wenn wir davon ausgehen, daß wir erkennen, daß wir wissen, was wir sehen, dann ergibt sich folgende «Beschaffenheit des Menschen» (Abb. 1) – wie das Bild René Magrittes aus dem Jahre 1933 heißt.

Versetzen wir uns für einen Moment in das Bild Magrittes von einem Zimmer, in dem eine Staffelei vor einem Fenster steht, und schauen hinaus. Dieses Zimmer vermittelt den Blick aus dem Inneren des Bewußtseins durch die Fenster unserer Sinne ins Freie, in die Natur. Wenn Erkennen ein Abbilden ist, wenn Kunst die Natur nachahmen, das heißt mimetischen Charakter haben soll, was ist dann mit dem, was abgebildet wird, der Natur «hinter» den Bildern, dem Sichtbaren außerhalb des Fensters? Erkennen wir wirklich eine Landschaft? Was ist hinter dem Bild? Nein, die Landschaft, die wir durch das gemalte Fen-

Abb. 1: «Die Beschaffenheit des Menschen» («La condition humaine»). René Magritte, 1933. © ProLitteris 1998, Zürich.

ster da draußen sehen, erweist sich bei näherer Betrachtung als das Bild von der Landschaft. Der Blick auf die wirkliche Landschaft hinter dem Bild bleibt uns verborgen, er scheint gerade durch das Bild vor dem Fenster verstellt. Die Landschaft im Bilde von Magritte erweist sich als Bild im Bild. Was ist mit der

eigentlichen Natur, bleibt sie uns nicht durch das Bild vom Abbild gerade verborgen? Sehen wir hier nicht vielmehr die Natur
unseres realistischen Denkens? Wer kann die «Übereinstimmung» zwischen Bild und Original (dem Abgebildeten) überprüfen? Wenn Erkenntnis der Nachweis von Übereinstimmung
ist, wie kann der Erkennende Bild und Abgebildetes vergleichen,
wie kann er zwischen sein Bild von der Wirklichkeit und die
Wirklichkeit treten? Erweist sich dieses realistische Alltagsbewußtsein nicht als grandiose Illusion? Mit diesem Infragestellen
des etablierten Weltbildes bin ich beim zweiten Teil meines Bei-
trags.

«Wir wissen nicht, was wir sehen ...» (J. W. von Goethe)

Inwiefern wissen wir nicht, was wir sehen? Wenn das Wissen ein
wahres Abbild der Außenwelt ist, dann verdeckt uns das Bild in
unserem Bewußtsein notgedrungen den Blick ins Freie. Das Bild,
das wir uns von der Wirklichkeit machen, versperrt uns zwangs-
läufig den Zugang zu ihr. Wir scheinen umstellt von Bildern.
Sind wir Gefangene unserer Bilder? Gelingt uns ein Ausflug in
die Außenwelt? Wir können nur Bilder mit Bildern vergleichen,
nur Gedanken mit Gedanken, wir können als beschränkte
menschliche Wesen nicht aus uns selbst heraustreten und unser
Bild mit der Wirklichkeit vergleichen. Wissen wir, was wir sehen, oder sehen wir, was wir wissen?
    Es gibt in unserer Alltagserfahrung häufig einen Wider-
spruch zwischen unserem Sehen und unserem Wissen: Wir sehen
die Eisenbahnschienen schmäler und schmäler werden, am Horizont schließlich zusammenlaufen, dennoch *wissen* wir, daß sie
sich in Wirklichkeit nicht treffen. Wir sehen die Sonne auf- und
untergehen, und dennoch *wissen* wir, daß die Sonne stillsteht.
Wir sehen den Stab im Wasser gebrochen, und dennoch *wissen*
wir, daß er nicht gebrochen ist. Sind das nicht leise, aber dennoch deutliche Spuren von Rissen in der Vorstellung, daß uns
die Sinne einen glasklaren Blick in die Außenwelt ermöglichen?

Abb. 2: «Der Schlüssel der Felder». René Magritte, 1936. © ProLitteris 1998, Zürich.

Abb. 3: «Der falsche Spiegel». René Magritte, 1927. © ProLitteris 1998, Zürich.

Das Fensterglas ins Freie erweist sich bei genauerem Hinsehen als gesprungen, die Landschaft war «nur» auf Glas gemalt, ein Weltbild liegt in Scherben, hinter dem heruntergebrochenen Glas erscheint die wirkliche, gedoppelte Realität, aber auch sie erscheint nur als weiteres Bild (Abb. 2). Alles, was wir erkennen, scheint eine verborgene Seite zu haben, die durch den Akt der Erkenntnis verdeckt wird. Nüchtern kommentiert Magritte eines seiner Bilder so: «So sehen wir die Welt, wir sehen sie außerhalb von uns selbst und haben nur eine Darstellung in uns.» (Magritte 1996, S. 20)

Die Unschuld des Auges ist dahin, das Bewußtsein erscheint als ein falscher Spiegel (Abb. 3). Die Pupille des Auges spiegelt nichts mehr, sie bleibt schwarz. Wie kommen wir dann vom Sichtbaren zum Sagbaren, von unseren Sinnesreizen zu unseren sprachlichen Beschreibungen von Wirklichkeit?

Wir gehen im allgemeinen davon aus, daß uns unsere Sinneserfahrungen – wie das Sehen – unsere Aussagen bestätigen: So könnten Sie als Lesende dieses Buch sehen, das Sie vor sich liegen haben oder in Händen halten, dann die Beobachtungsaussage formulieren: «Hier liegt ein Buch.» Jeder kann sich durch die Beobachtung dieses Objekts die sinnliche Bestätigung dieser Aussage einholen. Bei einer solchen Beschreibung sind wir schon wieder im alltäglichen Realismus befangen und übersehen die Kluft zwischen dem Sichtbaren, den Sinneserfahrungen, und dem Sagbaren, der Sprache. Hier ist die Unterscheidung wichtig, die man in der Erkenntnistheorie zwischen «Sehen» und «Sehen, daß …!» macht. So mag eine Person, die nicht über den Begriff «Buch» verfügt, diesen Gegenstand zwar sehen, aber sie sieht nicht, *daß* es ein Buch ist, daher könnte sie auch nicht die Beobachtungsaussage machen: «Hier liegt ein Buch.»

Es ist also die Sprache, die unser *Sehen, daß* etwas der Fall ist, ermöglicht und in der eine Beobachtungsaussage formuliert werden kann, die dann erst wieder durch die Wahrnehmung bestätigt werden kann. Anders formuliert: Eine theorie- beziehungsweise sprachunabhängige objektive Beobachtung ist unmöglich, Sprache überschreitet immer schon die Erfahrung, Wissen transzendiert immer schon das Sehen. In der Beziehung zwischen dem Sichtbaren und dem Sagbaren spiegelt sich offenbar auch die Grundbeschaffenheit des Menschen: daß wir unsere sprachlichen Aussagen, unsere Beobachtungsaussagen, weder mit dem Sichtbaren, dem, was da draußen unsere Sinne reizt, noch mit unserer eigenen Sinneswahrnehmung vergleichen können. Die Wahrnehmung gehorcht anderen Gesetzen, unterliegt einer anderen Logik als die der Sprache. Das wissen wir inzwischen aus der Hirnforschung.

Wir können als erkennende Wesen nicht zwischen beide Phänomenbereiche treten und sehen, ob sie in irgendeiner Weise übereinstimmen. Das wäre eine Perspektive, die wir nur Gott einräumen können.

Wenn wir also das realistische Weltbild durchdenken, scheinen wir in einem Gefängnis zu landen (Abb. 4). Die Welt unserer Wahrnehmung erweist sich als selbstbezüglich geschlossen, wir entdecken nichts. Müssen wir die Frage: «Sieh, was kommt von

Abb. 4: «Das Fernglas». René Magritte, 1963. © ProLitteris 1998, Zürich.

draußen rein?» so beantworten, daß wir die Fenster zur Welt geschlossen sehen, kommt also gar nichts von draußen rein?

Beobachten und Erkennen wird zu einem Akt der Poesis, zu einem Schöpfungsakt: Der Beobachter wird zum Poeten, er macht, er erschafft das Objekt, indem er es malt, indem er es erkennt (Abb. 5). Der Maler selbst steht auf derselben Ebene wie sein Geschöpf, er ist auch sein eigenes Geschöpf. Es gibt kein Original mehr, es gibt nur selbst erschaffene Kopien. 1947 schreibt Magritte an einen Freund:

> «Alles passiert in unserem mentalen Universum. Als mentales Universum bezeichnen wir alles, was wir durch die Sinne, die Gefühle, den Verstand, die Vorstellung, die Intuition, die Instinkte oder alle anderen Mittel wahrnehmen können ... Es ist uns nicht möglich, *außer* dem mentalen Universum irgend etwas zu haben. Beispiel: Für diese Schrift, die Wort für Wort in Ihr, des Lesers, mentales Universum eindringt, können Sie kein anderes Gefühl als das Ihres mentalen Universums haben. Wir, die wir diesen Text schreiben, können kein anderes Gefühl dafür haben als das unseres mentalen Universums usw.» (Magritte 1985, S. 174)

In diesen Äußerungen ist die Quintessenz des radikalen Konstruktivismus formuliert, einer Theorie des Wissens, die davon ausgeht, daß die Wirklichkeit nicht abgebildet werden kann und daher vom erkennenden Organismus selbst erzeugt werden muß. Das mentale Universum, von dem Magritte hier spricht, ist nichts anderes als das, was wir gemeinhin mit «Bewußtsein» bezeichnen.

Wir sehen eher, was wir wissen. Wirklichkeit als Konstruktion. Das Gedächtnis als Sinnesorgan

Angesichts der geschilderten Ausgangsposition des Erkennens hat sich gezeigt, daß die Überprüfung des Verhältnisses zwischen «Außenwelt» und der Wahrnehmung in der Innenwelt nur empirisch, das heißt aufgrund von Wahrnehmungsprozes-

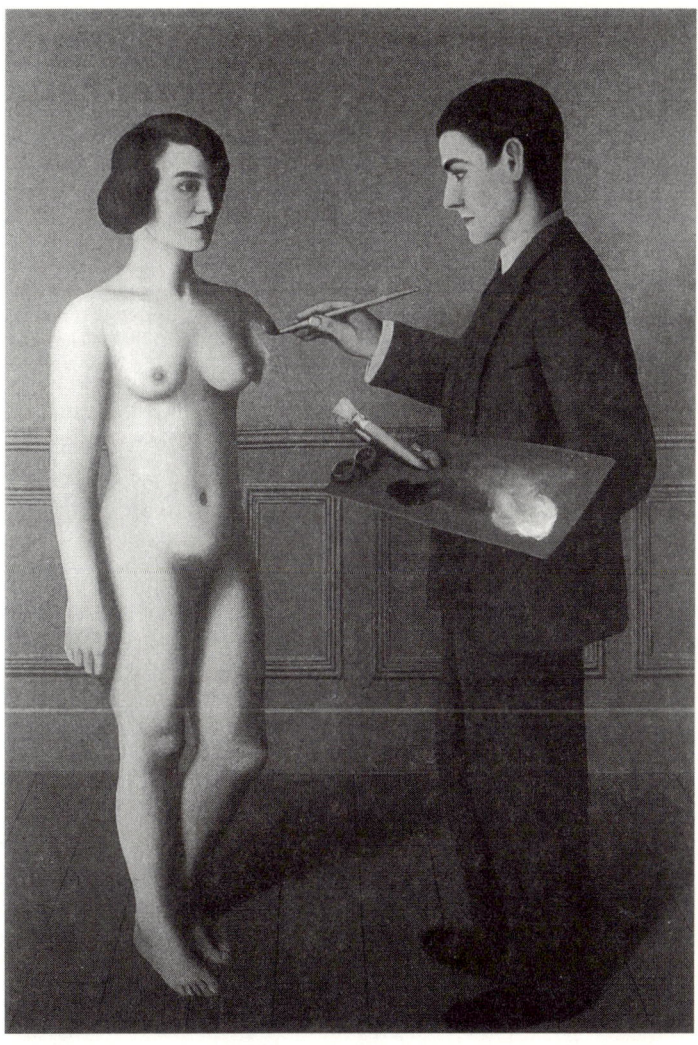

Abb. 5: «Versuch des Unmöglichen». René Magritte, 1928. © ProLitteris 1998, Zürich.

sen erfolgen kann, damit aber drehen wir uns im Kreis. Wenn die Hauptfrage der Erkenntnistheorie heißt: Wann *gilt* eine Erkenntnis als Erkenntnis?, dann sind wir in einem vitiösen Zirkel gefangen, wir stünden vor dem Problem der Erkenntnis des Erkennens, wir bräuchten ein hinreichendes Kriterium dafür, daß eine Erkenntnis eine Erkenntnis ist. Dies aber setzt bereits die Erkenntnis dieses hinreichenden Kriteriums voraus. Wir geraten also in einen Zirkel oder einen unendlichen Regreß. Wir müßten im voraus wissen, was wir erst wissen können, wenn wir gesehen haben. Der Konstruktivismus – wie er als Wissensmodell in den letzten drei Jahrzehnten von Psychologen wie Ernst von Glasersfeld, Kybernetikern wie Heinz von Foerster, Neurobiologen wie Humberto Maturana oder Gerhard Roth entwickelt wurde – behandelt den Zusammenhang zwischen Wahrnehmung, Erkennen und Wirklichkeit in neuer Weise. Provokant formuliert, behauptet der Konstruktivismus, daß die Wirklichkeit erfunden ist.

Der Konstruktivismus sucht als Theorie des Wissens die traditionellen Fragen der Erkenntnistheorie neu zu beantworten. Die philosophischen Fragen danach, was Erkenntnis ist, wie sie erlangt und wie sie gerechtfertigt werden kann, verwandeln sich dabei in die Frage, wie das Substrat aller Erkenntnis, unser *Gehirn*, Erkenntnis *erzeugt*.

Wir haben damit eine Form der Erkenntnistheorie vor uns, die die Antworten auf diese Fragen nicht aus der Philosophie erwartet, sondern von empirisch orientierten Wissenschaften, vor allem von den Neurowissenschaften und der Kognitionspsychologie.

Der Konstruktivismus bricht mit der traditionellen Vorstellung des Wissensbegriffs, der dem Wissen den oben beschriebenen *Abbildcharakter* einer vom erkennenden Bewußtsein unabhängigen Wirklichkeit zuschreibt. Demnach müssen wir uns von der Idee verabschieden, daß wir die Welt zugänglich machen, erkennen können, ohne an unsere Subjektivität gebunden zu sein. Eine «objektive Erkenntnis», im Sinne einer subjektunabhängigen, von subjektiven Unschärfen freien Erkenntnis, erweist sich damit als Illusion. Demgegenüber favorisiert der Konstruktivismus ein an der Evolutionstheorie orientiertes Verständnis von Wissen. Kognition hat eine *adaptive Funktion* (Anpassungsfunktion) und besteht *nicht* in der Abbildung einer objektiven Wirklichkeit, sondern in der Erzeugung von «passenden» Verhaltensweisen. Hier wird Wissen als Mittel zum Zweck verstanden, es besteht in der *Konstruktion begrifflicher Gebilde,* die noch nicht mit der Erfahrungswelt in Konflikt geraten sind. Diese Konstrukte stimmen nicht mit der Welt, wie sie ist, überein (im Sinne einer Vergegenwärtigung), sie müssen nur in das Gesamtkonzept von Erfahrung «passen». Wenn diese begrifflichen Gebilde, die der Konstruktivismus «Wissen» nennt, passen, so heißt dies nicht mehr und nicht weniger, als daß dieses Wissen sich der Erfahrungswelt als den *einschränkenden Bedingungen* stellt und aus diesem Rückkoppelungsprozeß ein für den erkennenden Organismus gangbarer Weg erzeugt wird, der sein Überleben beziehungsweise die Anpassung sichert (Glasersfeld 1996). Erkenntnis als Konstruktion in diesem Sinne heißt deshalb nicht, die Wirklichkeit als beliebige, willkürlich zuzurichtende phantastische Konstruktion zu begreifen, sondern als Konstruktion, die von der Widerständigkeit der Welt (noch) nicht negiert wird und insofern «paßt», als sie *funktioniert.*

Damit ist die Wirklichkeit nicht endgültig verloren, sondern nur deutlich, daß unsere gemeinsame Wirklichkeit, wenn es sie denn gibt, *Resultat* und nicht Voraussetzung von Kommunikation ist. Meine Wirklichkeit ist also nur aus meinen Erlebnissen gemacht, und meine Erlebnisse sind mir wiederum nur über meine Erlebnisse zugänglich.

Durch große Fortschritte in der Computertechnologie (bildgebende Verfahren) wurde es möglich, ein *window in the brain* zu öffnen und ungeahnte Einblicke in das arbeitende Gehirn zu bekommen. Wir können heute dem Gehirn bei der Arbeit zusehen, das heißt bei den Prozessen, die wir Erkennen beziehungsweise Kognition nennen. Das, was uns Magrittes Bilder sehen lassen, nämlich daß die Fenster zur Welt geschlossen sind, ist – so unglaublich es klingen mag – gesicherter Stand der gegenwärtigen Neurophysiologie (Roth 1995). Die Reize der Umwelt auf unsere Sinnesorgane, die sensorischen Oberflächen, wie etwa die Netzhaut, sind keine Übertragungen von Information, sie sind «Störungen» (Perturbationen), die, in Elektro-Aktions-Potential-Schwankungen verwandelt und zerebral, entsprechend autonomen Mustern des Gehirns, verarbeitet werden. Das Gehirn wird demnach nicht von außen durch Sinnesreize determiniert, sondern die Sinnesreize werden von der Struktur und den Organisationsprozessen des Gehirns mit Sinn beziehungsweise Bedeutung versehen. Das Gehirn ist demnach kognitiv geschlossen, es kommt keine Information von außen hinein, das Gehirn muß sich seine Information gemäß den eigenen autonomen Gesetzen erschaffen. Daß unser Gehirn nicht auf die Außenwelt angewiesen ist, wissen wir alle. Wenn wir träumen, erzeugt das Gehirn die bunte Vielfalt dieser Welt auf die innere Bühne des Bewußtseins, völlig unabhängig von Sinnesreizen aus der sogenannten Außenwelt.

«Was wir bewußt sehen, sind ‹Gedächtnisbilder›.» (Roth 1994, S.245) Fast alles, was wir sehen, kommt aus dem Gehirn selbst, und zwar aus dem visuellen Gedächtnis; die Erregung von der Netzhaut führt zur Konstruktion visueller Erlebnisse, «und zwar entsprechend der im Gedächtnis enthaltenen Vorerfahrung über sinnhafte Gestaltung von Wahrnehmungsdetails» (Roth 1995, S.66). Wir sehen also gar nicht mit den Augen, und das, was wir erkennen, erweist sich als ein Konstrukt des Gehirns.

Demnach wird das Gedächtnis zum wichtigsten Sinnesorgan, es ist der subjektive Horizont, der Rahmen, der aus den eingehenden Daten Sinn und Bedeutung konstruiert. Genau das machen auch die Bilder von Magritte deutlich.

Das ist meine Interpretation von Goethes «Wir sehen eher, was wir wissen …» Wir sehen nämlich das, was in unserem Gedächtnis ist, in die Dinge hinein.

Betrachten Sie bitte die folgenden Abbildungen (6 und 7).

Hier wird deutlich, daß wir nicht wissen, was wir sehen, sondern umgekehrt. Der Leser wird erst nach mehrmaligem Hinschauen erkennen, daß in beiden Texten ein «Fehler» steckt,

DIESER

TEXT IST

IST GEFÄHRLICH

Abb. 6

der bei der Wahrnahme durch unser Gehirn meist unmerklich korrigiert wird. Lebende Systeme zeigen sich als konservative Systeme, sie versuchen Stabilität, das, was funktioniert, zu bewahren und Veränderung auszuschließen.

Damit komme ich zum Schluß. Die Auffassung, daß die Wirklichkeit konstruiert ist, erschüttert unser tradiertes Weltbild. Es ist der Glaube an die Erkennbarkeit der Außenwelt als unerschütterliches Fundament, den der Konstruktivismus aufgibt, und das wird sehr verunsichernd erlebt.

Kein *fundamentum* für unsere Erkenntnis zu haben ist auf Dauer nicht zuträglich. Obzwar wir kein absolutes, also von allen Kontexten, allen Rahmen, allen Koordinatensystemen losgelöstes Fundament finden, heißt das nicht, daß wir überhaupt keinen Boden unter den Füßen haben. Die Situation entspricht eher folgendem Gleichnis, wodurch Neurath zu Beginn unseres Jahrhunderts die zirkuläre Ausgangssituation unserer Erkenntnis formuliert: «Wie Schiffer sind wir, die ihr Schiff auf offener See umbauen müssen, ohne es jemals in einem Dock zerlegen und aus besten Bestandteilen neu errichten zu können.»

Wir haben also doch Boden unter den Füßen, dennoch haben wir keinen absoluten Halt. Das Schiff als Ganzes ist gemacht, und

Abb. 7

als solches gibt es uns Halt auf unsicheren Wassern. Dieses Schiff ist verständlich als ein zusammenstimmendes Ganzes, jedes Teil ist mit einem anderen verbunden, das eine gibt dem anderen Halt, alle Teile sind miteinander vernetzt. So lassen sich auch Theorien als Meinungssysteme verstehen, *innerhalb* derer es eine Begründungspraxis gibt, in der einzelne Sätze durch andere zu rechtfertigen sind. Als Ganzes aber, extern also, ist das Schiff ebenso wie ein Meinungssystem allerdings nicht absolut begründet oder begründbar, sondern nur pragmatisch: es hält uns über Wasser.

Literatur

Fischer, H. R.: Sprache und Lebensform. Wittgenstein über Freud und die Geisteskrankheit, Frankfurt 2. Aufl. 1991.

Ders.: Die Wirklichkeit des Konstruktivismus. Zur Auseinandersetzung mit einem neuen Paradigma, Heidelberg 1995.

Glasersfeld v., E.: Wege des Wissens. Konstruktivistische Erkundungen durch unser Denken. Hrsg. von Fischer, H. R., Heidelberg 1996.

Magritte, R.: Sämtliche Schriften. Hrsg. von Blarier, A., Frankfurt/Berlin/Wien 1985.

Ders.: Die Kunst der Konversation. Katalogbuch anläßlich der gleichnamigen Kunstausstellung in der Kunstsammlung Nordrhein-Westfalen in Düsseldorf vom 23. 11. 96 bis 2. 3. 97. Hrsg. von Broodthaers, M., München/New York/Prestel 1996.

Musgrave, A.: Alltagswissen, Wissenschaft und Skeptizismus, Tübingen 1993.

Roth, G.: Das Gehirn und seine Wirklichkeit, Frankfurt a. M. 1995.

Ders.: Ein Vernichtungsangriff auf die philosophische Erkenntnistheorie? Eine Erwiderung auf Hans Jürgen Wendel: «Radikaler Konstruktivismus oder Erkenntnistheorie?» In: Information Philosophie I/1995, S. 66–69.

GERHARD LANGER/YASMINE WESSELY

Der Mensch im Zusammenhang von BewußtSein und BewußtWerden[*]

«Mir bleibt nichts als die Liebe.»
THERESIA VON LISIEUX

Das ausgehende 20. Jahrhundert wird im Westen von zwei *re-duktionistischen* Ideologien (Welt- und Menschenbildern) be-herrscht: vom *Materialismus* und von der modernen Esoterik. Im Materialismus denkt man: «Alles ist Materie/Energie», das heißt, man reduziert die Vielfalt dessen, was ist, auf Mate-rie/Energie. In der *modernen Esoterik* denkt man: «Alles ist Be-wußtsein», das heißt, man reduziert die Vielfalt dessen, was ist, auf Bewußtsein. Im Materialismus ist das «Bewußtsein» eine vernachlässigbare Größe, ein sogenanntes Epiphänomen der bioenergetischen Gehirnfunktion. In der modernen Esoterik hingegen denkt man die Energie bloß als ein Phänomen des Bewußtseins.

Und wo steht der *Mensch* in den beiden Ideologien? Im *Ma-terialismus* ist der Mensch, da man alles für Materie/Energie hält, nichts weiter als eine Redensart für eine Materiegestalt, die aus nebensächlichen (epiphänomenalen) Gründen «Ich» sagen kann; das heißt, das Ich des Menschen hält man im Materialis-mus auch nur für ein Beiprodukt der energetischen Gehirnma-schine. In der *modernen Esoterik* hingegen ist der Mensch, da man alles als Bewußtsein denkt, nichts weiter als eine Redensart

[*] Diätetische Begriffe wie zum Beispiel BewußtSein, BewußtHeit und FreiHeit schreiben wir mit Großbuchstaben, um die Verwechslung mit den landläufigen Begriffen zu vermeiden.

für eine Bewußtseinsgestalt, die aus – man könnte sagen – Bewußtseins-Bausteinen (zum Beispiel Körper, Gefühl, Gedanke etc.) aufgebaut ist; auch das «Ich» ist ein Bewußtseins-Baustein des Menschen. In beiden Ideologien löst sich der Mensch als Individuum letztlich auf: Im Materialismus in der Energie des Kosmos, in der modernen Esoterik im sogenannten absoluten Bewußtsein des Nirwana.

Diesen beiden unserer Ansicht nach *nicht* menschenfreundlichen Ideologien wollen wir ein menschenfreundliches Welt- und Menschenbild gegenüberstellen, dessen Wissenschaft wir *Diätetik* nennen. In der Diätetik reduzieren wir weder die Energie auf das Bewußtsein noch umgekehrt, und auch der Mensch ist nicht ein Kompositum aus Energie oder Bewußtsein, sondern der Mensch ist ein auf nichts reduzierbares *Geschöpf* innerhalb der Schöpfung des Schöpfers.

Zur Thematik und Problematik des Begriffs «Bewußtsein»

Da das «Bewußtsein» im *Materialismus* zum «Epiphänomen» einer Energiefunktion verkommt, wollen wir in dieser Arbeit unsere Kritik auf den Bewußtseinsbegriff der «Esoterik» konzentrieren.

Der Bewußtseinsbegriff ist insbesondere durch die *moderne Esoterik* aktuell geworden. Im Weltbild der Esoterik versteht man das «Bewußtsein» als umfassenden Sammelbegriff für alle Phänomene. In Anlehnung an östliche Traditionen reduziert man alles Sein zu Energie, die durch Bewußtsein geformt wird. In dieser Konzeption spricht man zwar – im Gegensatz zur ursprungslosen Zufallshypothese der materialistischen Ideologie – allem Sein eine «Quelle», einen formenden Grund zu, doch dieses Formende – das Bewußtsein – ist von derselben Qualität wie der zu formende Inhalt – das Sein, Grund und Oberfläche, Form und Inhalt, sind vom selben Wesen –, eben Bewußtsein.

Wo steht der *Mensch* in der Esoterik? Man beschreibt zwar, in unterschiedlichen hierarchischen Schicht-Modellen, mehrere qualitative Abstufungen des Bewußtseins, aus denen ein Mensch zusammengesetzt ist (aus den Bewußtseinsstufen Körper, Gefühl, Geist etc.), doch der Mensch, ein Individuum, kommt als *ganzheitliches*, das heißt *eigenständiges*, auf nichts reduziertes Wesen in der Esoterik nicht vor. Zwar redet man gerne vom Menschen und mit Menschen, doch man konzipiert ihn als Bewußtseinscocktail, als eine Mischung von verschiedenen Bewußtseinsschichten.

Die Existenz des Menschen hängt aber davon ab, in welchem Zusammenhang er sich sieht, ob er sich von einem unpersönlichen Bewußtsein oder aber von dem persönlichen Du-Gott getragen glaubt. Diese existentielle Entscheidung bestimmt das Weltbild eines Menschen und auch sein eigenes Menschenbild. Das esoterische Ziel der *Einheit* im Bewußtsein basiert auf einer Expansion des freien Willens; hierbei ist der esoterische Begriff von Freiheit an das Postulat der Selbstorganisation des Bewußtseins gekoppelt: mit der Zunahme von Bewußtsein wächst die Freiheit, und diese Zunahme organisiert sich das Bewußtsein selber. Ein Schöpfer-Gott, der organisiert, kommt in dieser Ideologie nicht vor.

Die Frage nach dem Geschöpf Mensch im *Ganzen* seiner Existenz *(conditio humana)* läßt sich – Gott sei Dank – nicht totharmonisieren. Erst aus der Frage: «Wo bist du, Schöpfer?» wird aus der Phänomenologie eine Existentiologie. Spätestens im *Leiden* erkennt sich der einzelne Mensch als Subjekt seines verworrenen Daseins, aus welcher Verwirrung keine Bewußtseinstiege herausführt, sondern nur die Orientierung auf seinen wahren Ursprung, nämlich die Beziehung zu Gott, der nicht das absolute Bewußtsein ist, sondern das höchste Du als Gegenüber des Menschen.

Das Leiden hat seine Ursache, letztlich, im Mißverständnis der *Position,* die sich der Mensch im Zusammenhang mit dem Ganzen der Welt zuerkennt. Als Lösung für das Leiden schlägt man in der Esoterik vor, die Energie, an welcher man leidet, entweder als Illusion oder als Gott zu erkennen. Andererseits empfiehlt man in der materialistischen Psychotherapie, das Ego zum Superego zu stärken, um sich gegen das Leiden zu behaupten.

In Wahrheit ist die Position des Menschen aus dem Gebrauch seiner *FreiHeit* gegenüber Gott, aber nicht gegenüber einer Energie oder einem Bewußtsein bestimmt. Wir verstehen in der Diätetik die FreiHeit des Menschen als ein *Nein* zu Gott. Dieses Nein kann der Mensch in der Hingabe geben, als einziges Geschenk, das er zu vergeben hat – das ist *Liebe*. Hiermit stellen wir den esoterischen Begriff von Freiheit, verstanden als eine zunehmende Entindividualisierung in den Lüften des Bewußtseins, wieder zurück auf den Boden, nämlich des Individuums.

Argumente für die Aufwertung des Begriffs «Bewußtsein»

Die Wiederentdeckung des Begriffs Bewußtsein ist häufig um den Preis der *Abwertung* des Begriffs erkauft. So ist zum Beispiel in der esoterischen Ideologie (alles Sein ist Bewußtsein) der Begriff maximal inflationiert, denn man gibt diesem Begriff nicht dadurch Wert, daß man alles, was ist, zu «Bewußtsein» erklärt, sondern ein Begriff wird um so reicher, je differenzierter der entsprechende Sachverhalt erkannt wird.

Was verstehen wir unter *Aufwertung* eines Begriffes? Von zwei Begriffen gilt derjenige als höherwertiger, dessen Inhalt durch Sinn und Form differenziert ist, so daß möglichst viele Begriffe erkannt, das heißt voneinander *unterscheidbar* werden. So ist zum Beispiel in der Esoterik zwischen Ich, Bewußtsein, Geist, Psyche, Mensch kein wesentlicher Unterschied zu erkennen, wohingegen wir in der Diätetik diesen Begriffen ihre wesentliche Charakteristik zurückgeben wollen.

In jeder Wissenschaft, sogar im unwissenschaftlichen Weltbild eines jeden Menschen, werden Inhalte in eine *Form (= Zusammenhang)* gesetzt, welcher Zusammenhang aber nicht selber aus Inhalt besteht. Anders gesagt: Die Form kann nie aus dem bestehen, was sie beinhaltet, denn sonst kann sie nicht Form bleiben, sondern wird zum formlosen Inhalt. So besteht

zum Beispiel die Teetasse nicht aus Tee, der Mensch nicht aus
Bewußtsein. Aus dem nämlichen Grunde besteht auch das Bewußtsein nicht aus Sein und das Sein nicht aus Bewußtsein;
vielmehr ist das Bewußtsein eine Form für das Sein.

Sinn, Form und Inhalt

In der Aufwertung eines Begriffes wird derselbe nicht nur mit
einem durch Form differenzierten Inhalt angereichert, sondern
insbesondere durch einen Sinn. Was verstehen wir unter *Sinn?*
Sinn ist das, was – ganz allgemein – auf den Ursprung (= das
eine Zentrum) hin orientiert. Der Sinn orientiert die Form, und
die Form umschließt den Inhalt im Sinne dieser (subjektiven)
Orientierung (Abb. 1).

Genauso, wie die Form nicht aus Inhalt besteht, sondern ihn
umschließt, und die Form den Inhalt mit dem Sinn verbindet,
genauso besteht der Sinn nicht aus Form, sondern er orientiert
die Form. Hieraus wird klar: Nicht die Form, sondern der Sinn
konfiguriert den Inhalt. «Sinn» kann nur ein Subjekt (z. B. Individuum) oder eine Sache (z. B. Zweck) sein, die allerdings wieder auf ein Subjekt hinweist. So bin zum Beispiel «ich» der Sinn
(Subjekt) für die Form «Bauen» des Inhalts «Haus». Oder das
Wasserglas ist der Sinn (Zweck) für den Inhalt «Wasser» und die
Form «Glas».

Sinn ist, beginnend mit geringstem Wert, eine Sache (z. B.
Zweck), die – zentripetal – auf ein Subjekt (z. B. einen Menschen) orientiert, das – zentripetal – auf das höchste Subjekt,
nämlich Gott, orientiert. Anders gesagt: Gott, das eine Zentrum, gibt dem Menschen Sinn, und der Mensch gibt dem Objekt Sinn.

Die Form ist sozusagen die Bühne, auf welcher der Schauspieler (Sinn) ein Stück (Inhalt) spielt, das nicht von ihm stammt,
sondern von einem Autor (Zentrum).

In der Diätetik erkennen wir das *Zentrum* (absoluter Grund,
Zentralsinn) logisch notwendig als denjenigen Begriff, den die
Menschheit immer schon für den höchsten Rang geprägt hat:
Gott. Gott ist jenes Du, das alles geschaffen hat und das Univer-

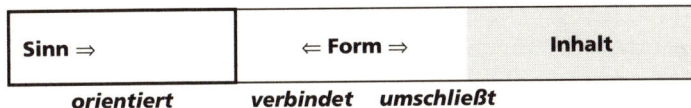

Abb. 1

sum dem Menschen anvertraut. Gott wertet jedes Tun des Menschen am Werden in Richtung hin zu Ihm (zentripetal) oder fort von Ihm (zentrifugal).

Hieraus ergibt sich die existentielle Position des Menschen, nämlich zwischen Deum und Universum. In diesem Zusammenhang wird der Mensch zwar in seiner relativen Kleinheit angenommen, aber sein wahres Wesen und seine Aufgabe ist dadurch aufgewertet. Axiomatisch formuliert: Der Mensch steht in der Relation zwischen Deum und Universum wie die Form zwischen Sinn und Inhalt. Aus dem Verständnis in das Wesen des Menschen in der Position des Zusammenhanges zwischen Gott und Universum ergibt sich seine existentielle Aufgabe und Problematik.

Der Begriff «BewußtSein» in der Diätetik

Unter *Diätetik* (griech. *diaita,* Lebensweise) verstehen wir, kurz gesagt, die Wissenschaft von der menschengemäßen Lebensweise. Hierfür ist unter anderem eine begriffliche *Ordnung* nötig, zum Beispiel das Erkennen von Begriffshierarchien. In der Diätetik konzipieren wir alle Ordnung in *Triaden,* die, ausgehend von der Ordnung des Deum als primäre Begriffstriade (die göttliche Trinität), bis hin in die Begriffe des Alltags reichen.

Ein Prinzip in der Diätetik lautet, daß die Bearbeitung eines Begriffes von dessen Alltagsbedeutung auszugehen habe und sodann dieser Alltagsbegriff optimal – zum diätetischen Begriff – aufzuwerten sei.

So haben wir also zuerst nach der *Alltagsbedeutung* von «Bewußtsein» zu fragen: Im Alltag (auch in Medizin und Psychologie) will man mit den Sätzen «Ich bin bei Bewußtsein» und «Das

wurde mir erst jetzt bewußt» ausdrücken, daß man sich in einem solchen *individuellen* Zustand befindet, in welchem man
etwas *erkennen* könne beziehungsweise erkannt habe. Also ist
der allgemein verständliche Begriff von Bewußtsein ein solcher
der *individuellen Zuständlichkeit*. Indem man im Alltag «bewußt» gegen «unbewußt» und «bewußtlos» abgrenzt, versteht
man das Bewußtsein als einen sowohl qualitativen als auch
quantitativen Begriff von *Wachheit* eines Individuums. Unter
Wachheit versteht man im Alltag ein Maß der Kommunikation
zwischen einem Individuum und seiner Umwelt. Aus dem Ge-
sagten ist klar: Man versteht im Alltag unter Bewußtsein etwas
Individuelles, das heißt, das «Bewußtsein» ist nicht etwas, das
sich *außerhalb* eines Individuums befindet.

Hier setzen wir mit einer weiteren Kritik ein: Dieser Alltagsbegriff von Bewußtsein kann unter anderem nicht verständlich
machen, wieso etwas, das sich nur auf ein Individuum beschränkt, dieses Individuum mit seiner Umwelt, die doch außerhalb des Individuums ist, verbinden kann. Ein Beispiel zur
Erläuterung: Das, was ein Individuum mit einem Etwas (z. B.
Brief) *außerhalb* des Individuums verbindet, kann *nicht innerhalb* des Individuums sein. So kann der Postbote, der mich mit
dem Brief verbindet, nicht in mir sein. Durch diese einfache
Beobachtung und Überlegung wird klar, daß wir zwischen
einer speziellen, *individuellen BewußtHeit* und einem allgemeinen, *außerindividuellen BewußtSein* zu unterscheiden haben.

Wie ist nun der Zusammenhang zwischen dem Innen (BewußtHeit) und dem Außen (BewußtSein) eines Individuums
denkbar? Mittels seiner individuellen BewußtHeit schaltet sich
ein Individuum – von der Vigilanz bis zur Aufmerksamkeit – in
das allgemeine Bewußtsein ein, vergleichbar einem TV-Apparat,
der sich in das allgemeine, außerapparative Programm einschal-
tet. (Übrigens: Dieses individuelle «Einschalten» erfolgt dadurch, daß das Individuum sein Nein zum Außerindividuellen
ausschaltet.) Die BewußtHeit ist also nicht eine individuelle
«Konstruktion» des Bewußtseins, sondern eine individuelle Ein-

schaltung – mittels der Gehirnfunktion – in das schon vorhandene, allgemein zugängliche Bewußtsein.

Der landläufige Begriff vom «Unbewußten» ist dem Worte nach falsch, denn tatsächlich ist man auch im sogenannten Unbewußten bei BewußtHeit, doch nicht bei Ich-BewußtHeit. Somit sollte das Adjektiv «unbewußt» auf «nicht-ich-bewußt» korrigiert werden. Zur Erläuterung: Wenn man landläufig «Bewußtsein» sagt (z. B. «Mir wurde dies bewußt»), so meint man «Selbstbewußtsein», das heißt, es wurde mir selbst dies bewußt. Diätetisch erkennen wir dieses sogenannte Selbstbewußtsein als eine *Ich-BewußtHeit*, welche, bevor sie zur Ich-BewußtHeit wurde, eine Es-BewußtHeit war. Diese Es-BewußtHeit nennt man fälschlich «unbewußt».

(Übrigens ist man auch im Schlaf bei BewußtHeit, doch nicht bei Ich-BewußtHeit, sondern bei Es-BewußtHeit.)

BewußtSein, BewußtWerden, BewußtHeit
Was ist in Alltag, Medizin und Psychologie mit «Bewußtsein» gemeint? Semiotische Antwort: «Ich erkenne etwas»! (Subjekt – Prädikat – Objekt). Wohin ist in dem Satz «Ich baue ein Haus» die BewußtHeit zuordenbar? Zum Subjekt «Ich», zum Prädikat «bauen», oder zum Objekt «Haus»? Antwort: Zum *Prädikat* (bauen). Nicht zum Subjekt (Ich), auch nicht zum Objekt (Haus)! Wieso? Denn das «Ich» oder das «Haus» gibt es auch ohne meine BewußtHeit; doch das «Bauen» bedarf der BewußtHeit; im Schlaf kann ich bekanntlich nichts bauen.

Mittels dieser Triade «Subjekt – Prädikat – Objekt» lassen sich die Titel-Begriffe wie folgt explizieren:

BewußtSein ist die Form, innerhalb welcher ein Sinn und ein Inhalt in einen (horizontalen) *allgemeinen* Kreiszusammenhang gesetzt sind, mit der Orientierung durch den Sinn «Mitte» (d. h. Ordnung; höchste Ordnung ist Spiritualität)!

BewußtHeit ist das Prädikat, durch welches ein Subjekt ein Objekt in einen (horizontalen) *individuellen* Zusammenhang setzt!

Abb. 2

BewußtWerden ist die Form, innerhalb welcher ein Sinn und ein Inhalt in einen vertikalen Spiralzusammenhang gesetzt sind, mit der Orientierung durch den Sinn «Zentrum» (d. h. Wert; höchster Wert ist Deum) (Abb. 2).

Was hat die *menschliche Existenz* mit BewußtSein zu tun? BewußtSein ist jene Form, die den Zusammenhang zwischen Ordnung und Manifestation festlegt. BewußtWerden ist jene Form, die den Zusammenhang zwischen Wert und Sein festlegt. Bewußtsein strukturiert das horizontale Wachstum, BewußtWerden die vertikale Entwicklung.

Als Illustration für das Ausgeführte möge Michelangelos Bild «Gott erschafft Adam» dienen (Abb. 3). Wie ist im Zusammenhang mit diesem Bild BewußtWerden und BewußtSein zu verstehen? Folgende Sätze sollen als Antwort dienen: *Bewußt-Werden,* illustriert in dem Satz: Michelangelo (Subjekt) verstand seine Existenz als Maler (Peripher-Inhalt; Sein; Objekt) als Zwiesprache/Gebet mit Gott (Zentral-Sinn; Wert; Subjekt).

BewußtSein, illustriert in dem Satz: Michelangelo (Subjekt) malte dieses Bild (Tertiär-Inhalt; Manifestation) im Auftrag des Papstes (Primär-Sinn; Ordnung; Sache).

Abb. 3: «Gott erschafft Adam». Michelangelo. Auch Michelangelo hat, wie in diesem Werk, den Menschen als Geschöpf zwischen Schöpfer und Schöpfung verstanden.

Der Mensch zwischen Deum und Universum

Die existentielle Position des Menschen ist kompliziert; also erwarte man nicht von uns, daß wir eine simple Beschreibung für einen komplexen Sachverhalt bieten können. Dennoch wollen wir uns bemühen, das Schwierige der *conditio humana* verständlich auszudrücken.

Innerhalb des Ganzen, was ist – in der Diätetik nennen wir dieses Ganze die *Omniale Trias* (= die Dreiheit des Ganzen) –, steht der *Mensch* in einer Position der Verbindung, nämlich zwischen Deum und Universum. Somit ist die dichteste Bestimmung des Menschen diejenige eines *Form*-Begriffes. Als Form kann sich der Mensch nicht selber orientieren (weil die Form, anders als der Sinn, kein Subjekt ist), sondern bedarf der Orientierung durch den Sinn.

Die Position des Menschen ist exzeptionell und wird dadurch kompliziert, daß der Mensch, obgleich Form (zwischen Schöpfer und Schöpfung), auch Geschöpf ist, also ein *Subjekt*. (Im obigen Beispiel von Michelangelo und seinem Werk steht der Mensch in der Position des *Sinns* als ein Subjekt.)

Das *Geschöpf* ist, anders als die Schöpfung, auch zur Orientierung im eigenen Recht fähig; das heißt, das Geschöpf (Individuum) orientiert sich selber nach Wert und Ordnung. Allerdings: Wenn sich das Geschöpf in dieser quasi autonomen Orientierung gegen seinen Schöpfer stellt – in der FreiHeit –, so stellt es sich auch gegen die natürliche Ordnung (d. h. die Ordnung des Universums), woraus Krankheiten folgen.

Es ist nun zu fragen, in welchem Zusammenhang der Mensch zu den Begriffen BewußtWerden, BewußtSein und BewußtHeit steht? Im *BewußtWerden* orientiert sich der Mensch hin zum Zentrum/Wert, wodurch er seine eigentliche/wahre *Identität* (= Seele) erfüllt. Beim BewußtWerden geht es also um den *Sinn* des Menschen innerhalb des *Ganzen* (= Omniale Trias).

Im *BewußtSein* orientiert sich der Mensch hin zur Mitte/Ordnung, wodurch er seine *Personalität* in der Lebensaufga-

Abb. 4: «Nukleares Kreuz». Salvador Dalí, 1952. Wir verstehen dieses Bild als Metapher für die Ordnung von BewußtSein (horizontaler Zusammenhang) und BewußtWerden (vertikaler Zusammenhang). Diätetische Kreuztriade.

be konkretisieren kann. Beim BewußtSein geht es also um die *Form* des Menschen innerhalb seiner selbst als Individuum. Diese Form des Menschen, die Personalität, gibt den Inhalten des Menschen Gestalt, aber nicht als Gestaltgeber eigenen Rechts (wie ein Subjekt oder gar Schöpfer) – siehe unsere Esoterikkritik oben –, sondern die Personalität des Menschen wird in ihrem Formen der Inhalte von der Identität des Menschen orientiert.

Schließlich: Die *BewußtHeit* ist das *individuelle* BewußtSein. Ein Mensch ist also – streng diätetisch gesagt – nie bei BewußtSein, sondern immer nur bei BewußtHeit. Es gibt keine BewußtHeit des BewußtWerdens, sondern nur des BewußtSeins. Wieso nicht? Weil die BewußtHeit bekanntlich durch die *Individualität* (d. h. «du», «ich» oder «es») orientiert wird, welche ein Begriff der *Personalität* ist. Wieso bekanntlich? Man denke bloß an den Alltag, wo immer *ich* es bin, der sagt: «Es ist mir über dich bewußt geworden.»

Eine wichtige BewußtHeit ist die *Psyche.* Was kann man sinnvollerweise darunter verstehen? In der Diätetik konzipieren wir die Psyche als die BewußtHeit der Personalität des Ego. Die Psyche ist auch die Form des Körpers; die Psyche steht in der Orientierung durch die Individualität «es».

Und was ist die *Ratio/Vernunft?* Die Vernunft ist die BewußtHeit der Personalität des Selbst. Die Vernunft steht in der Orientierung durch die Individualität «ich».

Zurück zum *BewußtWerden:* Um ein Begriff des BewußtWerdens zu sein, müßte die BewußtHeit nicht aus der Personalität, sondern aus der *Identität* (d. h. Ego, Selbst, Seele) ableitbar sein, was aber offensichtlich nicht der Fall ist. Doch wie heißt nun die individuelle Form des BewußtWerdens? Es ist der *Geist!* Der Geist des Menschen ist individuelles BewußtWerden.

Zusammenfassung

Die *BewußtHeit* ist das Individuelle am BewußtSein; der *Geist* ist das Individuelle am BewußtWerden. *BewußtSein* ist der horizontale und *BewußtWerden* der vertikale (= zentripetale) Zusammenhang für den Menschen.

Nun zum *Menschen:* Im *horizontalen* Zusammenhang ist der Mensch ein Kompositum seiner Personalität. Der Mensch entwickelt sich nicht, sondern er wächst bloß, in der *BewußtHeit* seiner Personalität, im Rahmen des zirkulären BewußtSeins. Hingegen im *vertikalen* Zusammenhang steht der Mensch als Geschöpf (Individuum) zwischen Schöpfer (Deum) und Schöpfung (Universum). Hier entwickelt sich der Mensch – im Rahmen des BewußtWerdens – innerhalb des *Geistes* seiner Identität.

Und die *Liebe?* Der Mensch kann nicht im BewußtSein, sondern nur im BewußtWerden der Liebe teilhaft werden. Denn Liebe ist nicht machbar, sondern ein Geschenk, das von außen kommt, von Gott. In der *Beziehung* des einen ganzen Menschen zum Du des anderen ganzen Menschen, mit Gott als Drittem im Bunde, ereignet sich dieses Geschenk.

Kapitel 6

Zwischen Zeugung und Tod und darüber hinaus

Einführung

von Gion Condrau

Das letzte Kapitel dieses Buches befaßt sich ausdrücklich und kritisch mit Fragen des Bewußtseins, dabei implizierend, daß wie andere Fragen menschlichen Daseins auch das Begriffssystem «Bewußtsein» von verschiedenen Gesichtswinkeln aus gesehen werden kann, vielleicht sogar muß. Dies geht schon aus dem ersten Beitrag von Gion Condrau hervor, der einerseits nachweist, wie das Dasein (in Anlehnung an Heidegger) als «In-der-Welt-Sein» nicht «Bewußtsein» bedeutet, sondern ein Existential, das heißt ein Grundphänomen unserer Existenz ist. So, wie der Mensch gegenüber allen anderen Lebewesen nach seinem «Sein» fragen kann und dadurch ein Seinsverständnis besitzt, ist ihm auch offenbar, daß es ein «Sein zum Tode» gibt, daß er also sterblich ist. Dieses Sterblichsein ist ihm eigen, ob er sich dessen bewußt ist oder nicht. Das «Wissen» um den eigenen Tod ist ihm aus dem Offenheitsbereich des Seins gegeben, während sich die Bewußtseinsbildung erst im Laufe der Zeit ereignet. Dem der Heideggerschen Sprache Unkundigen mag einiges rätselhaft und kontrovers erscheinen, obwohl sich der Verfasser bemüht hat, so deutlich, wie es eben die philosophische Abhandlung gestattet, seine Gedanken darzulegen.

In weite Gefilde entführt uns Werner J. Meinhold, der nach einer gut durchdachten Kritik des rein naturwissenschaftlichen Modells des Bewußtseins, das menschliche In-der-Welt-Sein aus der Sicht des Reinkarnationstherapeuten betrachtet. Spielten im vorhergehenden Beitrag Husserl und Heidegger eine entscheidende Rolle, so beruft sich Meinhold vor allem auf Steiner, wobei auch Goethe und Hölderlin zu Worte kommen, in einem

Nebensatz sogar Hegel. Das Literaturverzeichnis gibt im übrigen ausreichende Auskunft über die Quellen. Die Reinkarnationslehre geht davon aus, daß vergangenes Erdenleben sich nicht in «nichts» auflöst, sondern als «Karma» wieder «anwesend» ist, dem leibhaftig lebenden Menschen wieder begegnet und Wirkungen zeigt. So können Erinnerungen, die auf ein früheres Leben verweisen, die gesamte Lebensgeschichte prägen. Denn, so fragt der Autor, was soll mit den geistigen Gestaltungskräften eines Individuums geschehen, wenn dessen körperliche «Information» und Existenz aufhört? Offenbar hört sie nicht auf – was auf einen Gegensatz zum Artikel von Condrau hinweist – und verweist nicht von ungefähr auf Gott. Jeder Mensch habe als Lebensziel, die Schöpfungsaufgabe zu erfüllen, «seiner selbst, seines Nächsten und Gottes bewußt zu werden». Denn das Bewußtsein gründe sich auf der sinnlichen und sinnhaften Erfahrung seiner Selbst und der Welt, einer Erfahrung also nicht nur als stattgefundenes, sondern «als von einem individuellen Sein (Wesen) gestaltetes und wahrgenommenes Leben». Damit ist dem Bewußtsein die Verantwortung beigegeben, und wir nähern uns der antiken Auffassung, wonach Bewußtsein und Gewissen der gleichen Wortwurzel entstammen. «Somit ist das Bewußtsein die spezifische menschliche *Gabe und Aufgabe* schlechthin», steht am Ende dieses gehaltvollen, vielleicht aber auch Widerspruch herausfordernden Berichts.

Für Michaela Glöckler ist aus anthroposophischer Sicht alles Sein von Bewußtsein durchzogen, was auch (in vermindertem Maße) für alle Lebewesen, für Tiere, Pflanzen und selbst für die anorganische Natur gelte. Durch die Sinneswahrnehmungen gelange der Mensch «zur bewußten Erfahrung seiner selbst» und erlebe dadurch seine innere Verwandtschaft mit der Sinneswelt. In hohem Maße seien die weitverbreiteten Störungen des Selbstbewußtseins und der Selbstachtung Folge mangelnder Sinnespflege und -aktivierung. Als Kinderärztin verfügt die Autorin über ein reiches Erfahrungsgut zur Entwicklungsgeschichte individueller Bewußtseinserfahrungen.

Helmut Gebelein schließlich beschreibt als Chemiker einen

alchemistischen Erfahrensweg zur Erkenntnis. Bis ins 18. Jahrhundert galt die Alchemie als die älteste Wissenschaft, später
wurde sie als «Kunst» definiert, aber auch als Geheimwissenschaft ausgegliedert. Ausgehend von der Auffassung, alles, die
belebte wie auch die unbelebte Natur, sei «beseelt», weist Gebelein auf die alchemistischen Einflüsse auf die Psychoanalyse
hin und auf die mystische Schau Gottes, die in der spirituellen
Alchemie betont wird. Nicht von ungefähr wird hier auch auf
Jung verwiesen, der im alchemistischen Prozeß die Grundlage
für den Individuationsprozeß sah, wenn auch seine Auffassun-
gen nicht unbestritten blieben.

So weist denn dieses Kapitel eine Vielfalt von Meinungen
auf, die aber allesamt unser Interesse an dem wachhalten, was
das bedeutungsvolle Wort Bewußtsein ausdrückt.

GION CONDRAU

Das «Sein zum Tode» – Eine Frage des Bewußtseins?

Von alters her werden die Menschen «die Sterblichen» genannt. Heißt dies, daß sie um ihre Endlichkeit, ihr Sterblichsein *wissen*, daß somit die Frage des Sterbens im *Bewußtsein* des Menschen verankert ist? Sind wir nicht täglich mit dem Tod konfrontiert, der sich zwar aus unserem eigenen und persönlichen Dasein weitgehend fortgeschlichen hat, dafür aber in den Massenmedien in Wort und Bild (Fernsehen!) in brutalster Form sich präsentiert?

Bewußtsein – eine Schimäre?

Der deutsche Philosoph Ernst Cassirer (1874–1945) bemerkte im dritten Band seines dreibändigen Hauptwerkes «Philosophie der symbolischen Formen», der Bewußtseinsbegriff scheine der eigentliche Proteus der Philosophie zu sein, trete er doch in all ihren Problemgebieten auf (Diemer 1971, S. 888 ff.). In keinem von ihnen zeige er die gleiche Gestalt, sondern sei in einem unablässigen Bedeutungswandel begriffen. Tatsächlich läßt sich dieser Bedeutungswandel von der Antike bis in unsere Zeit verfolgen. Die lateinische *conscientia* besaß noch die Doppelbedeutung von Bewußtsein und Gewissen – was dann zu den französischen Begriffen *conscience psychologique* (Bewußtsein) und *conscience morale* (Gewissen), im Englischen zu *consciousness* (Bewußtsein) und *conscience* (Gewissen) führte. Der moderne Begriff von Bewußtsein geht aber auf René Descartes (1596–1650) zurück und bestimmt trotz aller Fragwürdigkeit immer noch den alltäglichen Gebrauch des Wortes. Beim französischen Denker verabschiedet sich das Gewissen aus dem Bewußtseinsbegriff. Bewußtsein wird zur Res cogitans, zum denkenden Ich. Es kann aber nicht Sache des vorliegenden Beitrages sein, die ganze philosophische Geschichte des Bewußtseins über Leibniz, Kant, Hegel, den deutschen Idealismus bis zum Neukantianismus, wo es zum «Urbegriff» der Psychologie wird (Natorp: «Das einzige Merkmal des Psychischen ist, daß es uns bewußt ist.») nachzuvollziehen. Für unser Thema gelten jedoch die Bewußtseinsbegriffe der Phänomenologen Edmund Husserl (1859–1938) und Martin Heidegger (1889–1976). Husserl sprach von einer «Lebenswelt»; sie ist die alltägliche und vorwissenschaftliche Lebensumwelt, in der wir bewußtseinsmäßig leben. «Soweit die Lebenswelt die raum-zeitliche sinnliche Erscheinungswelt ist, ist sie bewußt in der schlichten Erfahrung, die sich vollzieht in der *gegenwärtigenden Wahrnehmung* und deren *Vergegenwärtigungsmodifikationen*.» Dabei lebt das Subjekt in seinen Bewußtseinsweisen «intentional bezogen auf die Welt und die Objekte» (von Herrmann 1985, S. 45; S. 48). Heidegger dagegen spricht vom Dasein als «In-der-Welt-Sein». Husserl wirft er vor, noch in der Tradition von Descartes zu stehen. Er räumt aber ein, der Terminus Bewußtsein sei so alt wie das Wort «Dasein». Die Schwierigkeit, Bewußtsein zu erfahren, liege in der Bedeutung, die die Zeit der Entstehung diesem Wort gab. Bei Husserl bildet die sinnliche Erscheinungswelt in der bewußten Gegenwärtigung und Vergegenwärtigung die «Fundamentalschicht der Lebenswelt», während der Weltbegriff bei Heidegger weder auf Leiblichkeit noch auf Bewußtsein hinweist. Die «Welt» des Daseins bedeutet nichts anderes als ein Offensein für das Sein, weswegen Heidegger auch von einem ursprünglichen *Seinsverständnis* des Menschen spricht. Dieses ist ein Grundphänomen menschlicher Existenz.

Wenn das Dasein als In-der-Welt-Sein aber kein Bewußtseinsphänomen ist, ist es dann «unbewußt»? Die Frage nach dem Unbewußten im Menschen (Ellenberger 1973) beschäftigt uns ja schon lange und nicht erst seit Freuds (1856–1939) «Entdeckung» desselben. Bereits vor ihm wurde dieses «magische» Wort vom «Un-Bewußt-Sein» verschiedentlich angewandt (Carus, Nietzsche, Schopenhauer, sogar Kant und Feuerbach). Immerhin hat Freud wohl erstmals auf einen Aspekt des Unbewußten hingewiesen, der mit der *Verdrängung* in Zusammenhang steht. Wir kennen alle den Begriff «Verdrängung» aus dem Alltagsleben, auch wenn wir die mit ihm verbundenen metapsychologischen Spekulationen nicht teilen. Da ist allerdings etwas, das wir mit besonderer Vorliebe im Alltagsleben «verdrängen»: das Sterblichsein.

Philosophie, Theologie, Psychoanalyse und Daseinsanalyse haben sich ausführlich mit dem Problem des Sterbens und des Todes befaßt. Heidegger bezeichnete das menschliche Dasein als ein *Sein zum Tode*, und Freud sprach von einem *Todestrieb*: «Das Ziel alles Lebens ist der Tod.» (1955, S. 40) Bereits vor Freud und unter Vorwegnahme des Todestriebs sprach Schopenhauer vom Tode als dem eigentlichen Resultat und Zweck des Lebens (Zentner 1993). Die großen Denker betrachteten den Tod jedoch als bewußtseinsunabhängiges Faktum. Anders wohl die religiösen Bewegungen, die christliche im besonderen. «Media vita in morte sumus» («Mitten im Leben sind wir vom Tod umfangen»), ermahnte der mittelalterliche Mönch Notker Balbulus (der Stammler) aus St. Gallen seine Zeitgenossen. Damit wollte er wohl dem Menschen dessen Sterblichkeit ins Bewußtsein rufen. Martin Luther hat es später wiederholt. Und doch scheint es, haben die Menschen nur eine Möglichkeit, mit diesem immer präsenten beziehungsweise ursprünglichen Wissen umzugehen: die Abwehr, die Verdrängung oder die Flucht. Wenn wir Abwehr, Verdrängung oder Flucht in einem Atemzug nennen, dann nicht in der psychoanalytisch differenzierten Form. Wir könnten noch weitergehen und sehen, daß sogar in der tiefen Lebensmüdigkeit depressiver, zwangsneurotischer oder an der Sinnlosigkeit ihres Lebens verzweifelnder Menschen, ja selbst in der ausgesprochenen oder unausgesprochenen Todessehnsucht im Grunde die Angst vor dem Tod eine ausschlaggebende Rolle spielt.

Das Sein zum Tode

Was aber bedeutet dieses Sein zum Tode? Handelt es sich dabei lediglich um die Marotte eines lebensverneinenden, pessimistischen Philosophen, oder steckt ein tieferer Sinn dahinter? Die Frage ist nicht ganz abwegig. Mehrfach schon hat man Heidegger, von dem dieses «Sein zum Tode» stammt, des Pessimismus bezichtigt. Ihm selbst sind solche Vor- und Anwürfe nicht unbekannt geblieben. Heidegger spricht weder dem Pessimismus noch dem Optimismus das Wort. In einer Wintervorlesung im Jahr 1929 (1996, S. 327), also kurz nach Erscheinen von «Sein und Zeit» (1927), bezeichnet er Pessimismus und Optimismus «als je faktische Stellungnahmen zum faktischen Dasein», die schon Dasein voraussetzen, und zwar solches, das sich in der einen oder anderen Weise verstehen läßt. Der Pessimismus bestätige lediglich die wesenhafte Preisgegebenheit des Daseins in der Weise, daß er ihr nachgibt. Der Optimismus aber zeuge nicht weniger für diese Preisgegebenheit, sofern er sie ablehnt. Diese Preisgegebenheit werde weder durch den Pessimismus bewiesen noch durch den Optimismus widerlegt. Aus dieser Bestimmung müsse sich auch das Sein des Daseins als «Sorge» bestimmen lassen. Das habe nichts mit Schopenhauer oder christlicher Askese und Erbsündenlehre zu tun, auch nicht damit, «daß man mit dem Begriff ‹Sorge› auf Tod und Gewissen gestoßen» werde. Man habe wenig verstanden, «wenn man gegen sie die heitere Weltanschauung Goethes» ausspiele und eine allgemeine Biederkeit und Nettigkeit des Daseins gewahrt wissen wolle und «gar noch weise Belehrungen erteile, daß es im Leben auch so etwas wie Liebe gebe». Aber wie denn sollen wir das Sein zum Tode verstehen, wenn nicht in der abgründigen Weise, daß unser Leben an sich schon dem Untergang geweiht ist?

Dem Menschen wird, wie keinem anderen Lebewesen, *Seinsverständnis* zugebilligt. Das heißt: der Mensch als Dasein weiß um sein Sein, sofern er dies nicht vergessen hat (es soll ja auch eine Seinsvergessenheit geben). Das Wissen um sein Sein impli-

ziert aber auch das Wissen um das Nicht-mehr-Sein-Können.
Dies an sich ist noch keineswegs eine nihilistische Weltanschauung. Ganz im Gegenteil: Es besagt, daß der Mensch grundsätzlich seiner Endlichkeit gewahr ist, ob er dies zulassen kann oder
nicht.

Was aber ist damit gemeint, daß das Sein des Daseins eigentlich ein «Sein zum Tode» ist? Heidegger hat ganz deutlich gesagt, es handle sich dabei zunächst um eine rein ontologische
Aussage. Sprach Jaspers noch davon, der Tod sei eine *Grenzsi-
tuation* und gehöre in das Existieren und Philosophieren sei eigentlich «sterben lernen», wobei dieses Sterbenlernen gleichbedeutend sei wie Lebenlernen (1963, S. 121), so geht es Heidegger keineswegs um ein «Lernen». «Der Tod im weitesten Sinne»,
heißt es in «Sein und Zeit» (1957, S. 246), «ist ein Phänomen
des Lebens». Als solches braucht es nicht erlernt zu werden,
denn das Dasein stirbt fortwährend. Damit wird der Tod nicht
lediglich als das Ende allen Seins betrachtet, sondern in die Existenz hereingenommen. In der Hölderlin-Interpretation (1967,
S. 70) wird es deutlicher: «Der Mensch west als der Sterbliche.
So heißt er, weil er sterben kann.» Sterbenkönnen heißt, den Tod
als Tod vermögen. Nur der Mensch stirbt, das Leben ist ein
«Vorlaufen» zum Tode, und zwar fortwährend, solange der
Mensch auf dieser Erde weilt. Diese letzte Bemerkung hat viele
veranlaßt, Heideggers Philosophie als «diesseitig, materiali-
stisch und von lediglich säkularer Bedeutung» zu qualifizieren.
Ohne auf diese Frage näher einzugehen, sei hier lediglich festge-
halten, daß das Sein zum Tode Heideggers nichts mit dem Glauben oder Nichtglauben an das Jenseits, an ein Leben nach dem
Tode zu tun hat (Condrau 1991, S. 215).

In-der-Welt-Sein und Bewußtsein

Im faktischen, also ontischen Erlebnisraum des Menschen ent-
geht niemand, selbst bei aller Überzeugung, das Dasein finde
damit noch kein Ende, dem Schicksal des Sterbens. Wie aber

weiß der Mensch darüber Bescheid? Ist es eine Frage des «Bewußtseins»? Müßte sich der Mensch täglich mit seiner Endlichkeit und damit seiner Unvollkommenheit befassen? Was aber ist dieses «Bewußtsein», von dem immer wieder die Rede ist, und welchen Stellenwert nimmt es denn im menschlichen Existieren ein?

Heidegger hat bereits in «Sein und Zeit» die intellektualistische Deutung und Engnis der von Descartes ausgehenden neuzeitlichen Position des Bewußtseins relativiert (Vetter 1990). Eine Bestimmung des Daseins als Bewußtsein, eine Festlegung des Menschen als *animal rationale,* so stellt er fest, geht am Wesen des Menschen als Existenz vorbei. Im «Humanismusbrief» (1947) wird Heidegger noch deutlicher. *Animal rationale* bedeutet ja nichts anderes, als daß der Mensch ein Lebewesen ist, ähnlich dem Tier, das eben durch Vernunft, wir könnten hinzufügen, durch Bewußtsein, ausgezeichnet ist. Dadurch aber bleibt er im Tierhaften, «im Wesensbereich der *animalitas* verstoßen», auch wenn man ihm eine spezifische Differenz zuspricht, der *anima* noch das Subjekt, die Person, den Geist hinzufügt. Sind wir aber, so fragt Heidegger, «überhaupt auf dem rechten Wege zum Wesen des Menschen, wenn wir den Menschen und solange wir den Menschen als ein Lebewesen unter anderen gegen Pflanze, Tier und Gott abgrenzen»? Die Metaphysik, so meint er, denkt den Menschen von der *animalitas* her und nicht zur *humanitas* hin. Menschliche Existenz ist also nicht eine Frage der Vernunft oder des Bewußtseins, sondern etwas Wesenhaftes, das dem Seinsverständnis aneignet. Von daher erhält bereits das Wort «Da-sein» eine neue Bedeutung, wobei dieses Dasein den Begriff des «In-der-Welt-Seins» enthält. Die Welt des Daseins ist aber nicht irgendeine «Welt», in der wir uns befinden, und auch nicht lediglich das, was wir als «Umwelt» verstehen. «Welt» im Heideggerschen Sinne meint die Offenständigkeit des Daseins allem Begegnenden gegenüber, eine Offenständigkeit, die auf die Lichtung des Seins hinweist. Damit ist eigentlich die Freiheit angesprochen, denn Lichtung bedeutet nicht einfach das Licht, wie es uns von der Sonne oder von einer Lampe her leuchtet und die Dinge erhellt, es bedeutet vielmehr die Lichtung, wie sie uns als Metapher durch die *Waldlichtung* oder das *Lichten des Ankers* (beides Heideggersche Vergleiche) bekannt ist. In-der-Welt-Sein ist also weder durch den Bewußtseinsbegriff noch durch jenen des Unbewußten zu verstehen, sondern als ein Existential, ein Grundphänomen menschlichen Existierens schlechthin. «Der Mensch versteht Sein jedoch nicht erst im reflektierenden Denken und im begrifflichen Erfassen [...], sondern [...] mit dem Vollzug seiner Existenz» (von Herrmann 1985, S. 30). Sein hat den Charakter der Erschlossenheit, die wiederum erst auch die Einsicht in das vorbestimmte Los des Sterblichseins gewährt.

Wie immer wir uns dieser Einsicht gegenüber verhalten, es bestimmt auch unser Verhältnis zum Tode. Es gibt – und das ist die Intention eines wahrhaft sinnvollen Begegnens mit der Todesvorstellung – auch eine *Freiheit zum Tode,* welche Menschen dazu führen kann, die Gewißheit ihrer Endlichkeit mit Würde und Gelassenheit zu ertragen. Dabei muß aber im Auge behalten werden, daß die zumeist und wahrscheinlich überall anzutreffende Haltung eine Auseinandersetzung mit der *Angst* bedeutet, so daß Heidegger sagen kann, das Sein zum Tode sei wesenhaft *Angst*.

Die Angst vor dem Tod

Die Angst vor dem Tod aber ist keineswegs eine Frage des Bewußtseins. Sie äußert sich ganz im Gegenteil in vielerlei Verhaltensweisen des alltäglichen Lebens. Auch das Sterben anderer wird nur selten zum Anlaß genommen, über die eigene Sterblichkeit nachzudenken. Dort, wo nackte Angst das Verhältnis des Menschen zum Tod bestimmt, wird das Sterben als eine totale Vernichtung und Zerstörung der Existenz erfahren. Dabei sollte bedacht werden, daß die Angst des Daseins angesichts seiner möglichen Nichtigkeit Grundlage für jede den Menschen befallende Angst ist. Selbst in den kleinen oder großen Ängsten des Alltags findet sich die Todesangst wieder, wenn auch unausgesprochen und versteckt. Die Angst verweist somit auf die

Fragwürdigkeit unserer Existenz. Sie ist die radikale Grunderfahrung, in der dem Menschen das Seiende im ganzen entgleitet. Der Mensch begegnet seiner eigenen Todesmöglichkeit. Aus der Begegnung mit dem eigenen Tod als der absoluten Grenze entspringt die eigentliche Bedeutsamkeit und Dringlichkeit des Daseins. Verfügten wir über eine unendlich lange Zeit, so wäre nichts dringlich, nichts wichtig, nichts «wirklich». Besinnung aber lehrt uns erkennen, daß der Tod uns zur Übernahme der eigenen Existenz aufruft, er offenbart die Unwiderruflichkeit unserer Entscheidungen, er ruft uns auf zum eigentlichen und eigenen Leben in Freiheit und Selbstverantwortung.

Damit sind wir bereits auf einer anderen, durchaus menschlichen Ebene angelangt. Es braucht keinerlei philosophische Kenntnisse, um dies zu verstehen. Wir leben zwar in einer Welt, deren technische Möglichkeiten das «Ideal» der Unsterblichkeit hervorzaubern möchten. Noch nie in der Weltgeschichte ist es gelungen, technisch das Leben des einzelnen so zu verlängern wie heute. Doch ist das Leben dadurch schöner und lebenswerter geworden? Bringt die Lebensverlängerung dem «alten» Menschen mehr Glück und Zufriedenheit? Das ist zu bezweifeln. Der Lebensverlängerung fehlt die dazu notwendige soziale und mitmenschliche «Infrastruktur». Die Folgen sind bekannt: Zunahme der gesellschaftlichen Isolierung, Zunahme der Altersdepressionen, frühe Gehirnerkrankungen (Alzheimer) und schließlich Zunahme der Suizidalität im Alter. Der Traum von der Unsterblichkeit auf dieser Erde dürfte bald einmal ausgeträumt sein. Deshalb die Forderung, Sterben und Tod als zum Leben gehörende Gewißheiten zu akzeptieren. Ist diese Akzeptanz aber bewußtseinsabhängig?

Das Wissen um die eigene Sterblichkeit

Bewußtsein hat mit Wissen zu tun. Das Sein zum Tode, so stellten wir fest, ist aber kein Bewußtseinsphänomen. Nicht das «Bewußtsein» unserer Endlichkeit ist maßgebend, sondern die Feststellung, daß wir tatsächlich Sterbliche *sind,* unabhängig davon, ob wir daran denken oder nicht. Wissen und Bewußtsein sind ja, wie wir aufgezeigt haben, nicht dasselbe. Es gibt ein Wissen, das weder mit Ratio noch mit Gefühl oder Intuition vergleichbar ist. Aber dieses dem Dasein immanente Wissen ermöglicht erst auch das *Bewußtwerden,* welches sich im Laufe des Lebens entwickelt. Zunächst erfahren wir aber vom Sterben und Tod durch die alltägliche Erfahrung anderer, die diesen Prozeß durchgemacht haben. Damit meine ich keineswegs Sterbeerfahrungen, wie sie in der psychologischen Literatur immer wieder auftauchen, wonach Menschen einen sogenannt «klinischen» Tod überlebt haben und wieder ins wache Leben zurückgekehrt sind. Wir haben vermutlich alle Menschen sterben gesehen, wir alle sind irgendwann an Begräbnissen gewesen, wir sprechen von unseren Vorfahren als von den Toten. Dies gilt auch dann, wenn die traditionellen Riten um Sterben und Tod in der modernen Industriegesellschaft obsolet geworden sind.

Interessanterweise ist diese Erfahrung aber anscheinend nicht von Kindesbeinen an dem Menschen zugänglich. Glaubt man den Ergebnissen der empirischen Sozialforschung, so sollen Kinder vom ersten bis zum dritten Lebensjahr den Tod in seiner Bedeutung nicht erfassen. Erst zwischen dem fünften und neunten Jahr konkretisiert sich das persönliche Sterben als Vorstellung einer irreversiblen Auflösung des Körpers. Damit wird auch die Möglichkeit des eigenen Sterbens dem Bewußtsein zugänglich. Nicht zu Unrecht wurde aber darauf hingewiesen, daß die Bedeutung des Begriffes Tod und die Kenntnisse über den Tod sich mit der Entwicklung des Kindes ändern können, wobei das Todeskonzept in der westlichen Zivilisation in engem Zusammenhang mit der Tabuisierung des Todes, der damit verbundenen Erziehung sowie der Zugehörigkeit zu bestimmten sozioökonomischen Schichten zu sehen ist. Alle Zehnjährigen sollen sich schon in irgendeiner Weise mit dem Tod beschäftigt haben, aber erst mit etwa vierzehn Jahren ist das Todeskonzept des Erwachsenen annähernd voll ausgebildet. Der Pubertätsverlauf entscheidet dann weitgehend über die weitere Einstellung zum Tod (Condrau 1991, S. 367).

Hier sei eine Bemerkung von Medard Boss angebracht: man wisse, daß sich die Kinder vor dem Eintritt der Pubertät nicht vor dem Sterben zu fürchten pflegten, nach der Pubertät jedoch angstvoll dem Tod entgegenblickten. Boss führt dies darauf zurück, daß sich ein Adoleszenter im Geist der Neuzeit im Gegensatz zum Kinde «als ein sich selbst herstellendes, in sich abgeschlossenes und auf sich allein gestelltes Subjekt» (1975, S. 311) erfahre.

Diesen Angaben ist allerdings entgegenzuhalten, daß schon der Säugling und erst recht das Kleinkind offensichtlich eine Art Todesangst kennen. Könnte nicht bereits der erste Schrei des Neugeborenen die Angst vor der Trennung von der mütterlichen Geborgenheit und damit Todesangst ausdrücken? Ist nicht das Verlassenwerden für das Kleinkind bereits eine angstvolle Situation, in der es um sein Leben geht?

Wie aber steht es um das Wissen der Erwachsenen über ihr Sterblichsein? Im geschäftigen Alltag und in einer durch und durch von der Technik geprägten Welt wird der Tod, ich sagte es bereits, weitgehend tabuisiert. Zumeist besteht die Tabuisierung in einem Flüchten, und die alltäglichen Versuche, sich über das Unvermeidliche des Daseins hinwegzutäuschen, sind zahllos. Es scheint aber doch irgend etwas im Menschen zu sein, das ihn immer wieder an die Vergänglichkeit alles Irdischen erinnert. Dies mag sich in kleineren Dimensionen dort zeigen, wo etwas im persönlichen und beruflichen Alltag mißlingt, wo eine Beziehung zerbricht oder ein über alles gehütetes Besitztum verlorengeht. Es zeigt sich in all den mißglückten Versuchen, die eigene Identität zu finden, ein gesundes Selbstwertgefühl zu entwickeln. Es zeigt sich aber vor allem dort, wo aus der Not eine Tugend gemacht wird, wo sich Todesangst und Todesmut die Hand reichen oder wo von einer eigentlichen Todesversessenheit gesprochen werden kann. Spitzenleistungen im Sport nähern sich der Todesgrenze, Spitzenleistungen im Beruf werden unter Umständen nur auf Kosten eines Herzinfarktes erreicht, die Reihe könnte fortgesetzt worden. Dabei handelt es sich nicht einmal um Verhaltensweisen, die wir mit dem Begriff «Neurosen» zu erfassen brauchen.

Dort allerdings, im Bereich der neurotischen, psychotischen oder psychosomatischen Krankheiten, erweist sich dieses Sein zum Tode mit besonderer Eindringlichkeit. Ich denke hier an die Pubertätsmagersucht junger Menschen, an die vielen Jugendlichen, die der Sinnlosigkeit ihres Daseins nur die Flucht in einen pseudoglücklichen Zustand der Sucht entgegenzusetzen vermögen, an die Zunahme der Depressionen im Alter, an die neuerdings wieder gehäuft auftretenden Suizide auf allen Altersstufen. In den Sprechstunden der Ärzte und Psychotherapeuten häufen sich die Kranken, die über eine zuvor nie gekannte Lebensmüdigkeit klagen, die ihrem Dasein keinen Sinn mehr abzugewinnen vermögen und sich unter Umständen nur mit Hilfe der Chemie am Leben erhalten.

Das Zeitalter der Todesverdrängung hat aber noch andere Seiten. Befragen wir unsere Mitmenschen, wovor sie sich eigentliche ängstigen, so erhalten wir zumeist zwei verschiedene Antworten. Die einen fürchten sich vor dem Tod, die andern fürchten sich vor dem Sterben. Die Furcht vor dem Sterben hat denn auch zu einem Phänomen geführt, das in dieser Form noch bis vor wenigen Jahrzehnten unbekannt war. Die Menschen lassen sich versichern. Ganze Bewegungen sind entstanden, die eine eigentliche Sterbehilfe anbieten und die Angst vor dem Sterben vermindern sollten. Es gibt die «Deutsche Gesellschaft für humanes Sterben», es gibt in der Schweiz die «Exit»-Bewegung. Hinter dem Anspruch, der technisch-medizinischen Lebensverlängerung in den Spitälern einen Riegel vorschieben zu können, soll dem Menschen durch eine staatlich anerkannte «Sterbensgarantie» die Angst vor dem Sterbeprozeß genommen werden. Daß dies bis zur Selbstmordhilfe in einzelnen Fällen führt, sei hier nur am Rande vermerkt. Was nicht so deutlich wird, ist die Tatsache, daß hinter der Sterbensangst nicht nur die Angst vor der künstlichen Lebensverlängerung steht, sondern eigentlich die verbrämte und nackte Todesangst. Im gleichen Atemzug muß auch das Problem der aktiven und passiven Euthanasie gesehen werden, das die Politiker und Parlamente der modernen Welt beschäftigt. Sterbehilfe wird zur Sterbenachhilfe, wenn der

Mensch glaubt, über sein eigenes Leben und Sterben bestimmen zu können (Condrau 1991).

Das Sein zum Tode angesichts des sich nähernden unabwendbaren Schicksals

Wir stellen also fest, daß dem Menschen eine endlos scheinende Reihe von Möglichkeiten gegeben ist, sich zur Gewißheit des Todes zu verhalten. Meistens dienen sie der Todesvermeidung um jeden Preis, angefangen mit der Tabuisierung des Todesthemas in der öffentlichen Diskussion bis zur bewußten und willkürlichen Leugnung dieses Schicksals. Anders dürfte es sich bei jenen Menschen verhalten, die von einer unheilbaren Krankheit betroffen sind, denen bewußt wird, daß ihre Zeit abläuft und daß der Tod nur noch sie, nicht aber die anderen bedroht. Hier gibt es im Prinzip kein Ausweichen mehr, auch wenn dieses Wissen verschiedene emotionale und rationale Stadien durchläuft. Die Tendenz zur Verleugnung und Aufhebung des Todesurteils ist ebenso anzutreffen wie jene, sich dem Schicksalshaften zu ergeben. Verneinung, Zorn und Auflehnung, Unsicherheit, bewußte und «unbewußte» Leugnung wechseln sich ab; was übrigbleibt, ist nicht selten eine tiefe Depression. Die Kranken und Sterbenden fühlen sich recht bald einmal isoliert, selbst Sterbehilfeorganisationen und Sterbehospize vermögen diese Einsamkeit des vom Tode Gezeichneten nicht aufzuheben. Für die Sterbenden und ihre Angehörigen wie auch für die Ärzte und das Pflegepersonal beginnt eine Zeit, in der das Sein zum Tode einen zumeist schmerzlichen, aber jedenfalls bewußten Aspekt erhält. In dieser Situation sind alle tröstenden Worte oftmals leerer Schall und Rauch. Gewiß vermag dem einen oder anderen der Glaube an ein jenseitiges Weiterleben das Sterbenmüssen erträglicher machen, wirklich helfen kann aber nur «das nichtflüchtige, nicht verdeckende, das wahrhaft menschenwürdige Verhalten zum Tode» (Boss 1975), das eigentlich schon viel früher, also bevor

der Tod vor der Türe steht, des Menschen Dasein durchwalten
sollte.

> «Einzig ein solches ‹Sein zum Tode› schafft die Voraussetzung für
> ein immer neues Zurückholen des Da-seins aus der Verlorenheit
> und Verfallenheit an die Dinge des alltäglichen Betriebes zu ihm
> selbst. Es offenbart den Tod selber als die unbezügliche Möglichkeit
> des Daseins, insofern es erkennen läßt, daß dem Da-sein in seinem
> Sterben ein Halt an innerweltlich begegnenden Dingen und an an-
> deren Menschen versagt wird und entschwindet. Jeder hat seinen
> Tod in vollkommener Vereinzelung zu sterben.» (Boss 1975, S. 312)

Zu Recht bemerkt Boss aber, daß eine solche Einsicht in das
Wesen des Sterblichseins alles andere als ein resigniertes und
passives Hinstarren auf das Ende sein sollte. Ganz im Gegenteil.
Diese *bewußte* «Einsicht», dieses Wissen sollte den Menschen
auch freigeben, den Tod als eine Möglichkeit des Lebens zu
sehen und selbst für das Sein zum Tode die Verantwortung zu
übernehmen. Es geht also nicht nur um ein «Sein» zum Tode,
sondern auch um ein «Frei-Sein» zum Tode. Die Angst ist bekanntlich ein schlechter Ratgeber, wenn sie uns zur Flucht ver-
leitet; sie kann ein guter Ratgeber sein, wenn sie uns aufruft zur
Übernahme jener Verantwortung, der wir im Leben immer wieder verpflichtet sind, auch wenn sie uns auf die Endlichkeit und
Unvollkommenheit unseres Daseins verweist. Nicht von ungefähr sagt man, wer Angst vor dem Tode habe, fürchte sich auch
vor dem Leben. Insofern ist eigentlich auch unsere im Titel gestellte Frage beantwortet. Das Sein zum Tode ist ein Grundcha-
rakter unseres Daseins. Als solches ist es immer präsent, auch
dann, wenn wir dem Tod die «Bewußtwerdung» verweigern,
wenn wir vor ihm flüchten, ihn verleugnen oder schon den Gedanken an ihn als absurd verwerfen. Denken wir daran, daß wir
von Geburt an «Sterbliche» sind, und verschließen wir uns der
Bedeutung dieses Sterblichseins nicht, wird es uns gelingen, dem
unentrinnbaren Schicksal einigermaßen gelassen entgegenzu-
sehen.

Literatur

Boss, M.: Grundriß der Medizin und der Psychologie, 2. Aufl. Bern/Stuttgart/Wien 1975.

Condrau, G.: Der Mensch und sein Tod – certa moriendi condicio, 2. Aufl. Stuttgart/Zürich 1991.

Diemer, A.: Bewußtsein, in: Ritter, J.: Historisches Wörterbuch der Philosophie, Bd. 1, Basel/Stuttgart 1971.

Ellenberger, H. F.: Die Entdeckung des Unbewußten, 2 Bde., Bern/Stuttgart/Wien 1973.

Freud, S.: Jenseits des Lustprinzips, Gesammelte Werke, Bd. XIII, London 1955.

Heidegger, M.: Über den Humanismus, Frankfurt a. M. 1947.

Ders.: Sein und Zeit, Tübingen 8. Aufl. 1957.

Ders.: «... Dichterisch wohnet der Mensch ...» Vorträge und Aufsätze II, Tübingen 1967.

Ders.: Einleitung in die Philosophie, Gesamtausgabe Bd. 27, Frankfurt a. M. 1996.

Herrmann v., F.-W.: Subjekt und Dasein. Interpretationen zu «Sein und Zeit», Frankfurt a. M. 1985.

Jaspers, K.: Einführung in die Philosophie, 4. Aufl. Zürich 1963.

Vetter, H.: «Fürsorge». Wissenschaft und Glaube, 1990, S. 183–195.

Zentner, M. R.: Schopenhauer und Freuds Todestrieb, Arch. f. Geschichte der Philosophie 1993, S. 319–339.

MICHAELA GLÖCKLER

Die Bedeutung der Sinneswahrnehmung für Bewußtseinsbildung und Selbstbewußtsein – Ein Beitrag aus anthroposophischer Sicht[*]

So schwer es ist, zu erklären, was Bewußtsein eigentlich ist – geistig, seelisch oder körperlich erfaßt –, so einfach ist es, zu sagen, unter welchen Bedingungen es entsteht. Wo immer es auftritt, in der Selbsterfahrung ist es an zweierlei gebunden: einmal daran, daß eine Grenzerfahrung, eine Berührung, ein Anstoßen an etwas stattfindet. Da, wo ich berührt werde, werde ich mir meiner selbst bewußt. Auch gibt es das alte Wort: «Wär' ich ein König und wüßt' es nicht, so wär' ich kein König.» Also was habe ich von dem, was ich bin, wenn ich nichts davon weiß? Auf der anderen Seite ist das Bewußtsein vom eigenen Selbst davon abhängig, ob dieses eigene Selbst tätig wird, so daß dieses Tätigsein wahrgenommen werden kann. Denn wie soll ich mir meiner selbst bewußt werden, wenn ich nicht irgend etwas tue, von dem ich merke, daß ich das selbst getan habe, daß ich es also selbst gewesen bin? Ohne Tätigkeit kein Bewußtsein von dem, der tätig ist, ohne Selbsttätigkeit kein Selbstbewußtsein.

Nun ist es bemerkenswert, daß jede Sinnesaktivität, Sinnestätigkeit, Sinneswahrnehmung eben durch diese beiden geschilderten Bedingungen für die Bewußtseinserfahrung charakterisiert ist. Denn jede Sinnestätigkeit bedarf der Intentionalität, der Eigenaktivität im Wahrnehmungsprozeß. Und auf der anderen Seite sind die Sinnesorgane alle Grenzorgane, das heißt besonders empfänglich gestaltete Organe an der Körperoberfläche oder an Grenzbereichen, wo ein Äußeres und ein Inneres sich

[*] Gekürzte Wiedergabe des Vortrags beim 8. Meersburger Seminarkongreß. Die mündliche Darstellungsweise wurde beibehalten.

gegenseitig berühren, beeindrucken oder in Wechselwirkung treten können. Sinnestätigkeit ist einerseits Eigentätigkeit und andererseits modifizierte Grenzerfahrung.

Kinder und Erwachsene am Ende dieses Jahrhunderts haben etwas gemeinsam, was man vor zwanzig, dreißig Jahren noch nicht so beobachten konnte: auf der einen Seite herrscht eine erhöhte Sensibilität, Empfindlichkeit bis hin zu Überempfindlichkeit. Es kann einem beispielsweise passieren, daß, wenn man ein Kind nur aufmerksam darauf macht, daß es irgendein Wort falsch geschrieben hat, es einen schon schlägt, weil es die Frustration nicht erträgt, einen Fehler gemacht zu haben. Entsprechend ist aber auch in kollegialen und sozialen Bereichen dieses Sinken der Toleranzschwelle zu beobachten. Generell läßt die Frustrationstoleranz in der Gesellschaft nach, und entsprechend nimmt die Empfindlichkeit und Verletzlichkeit des Selbstbewußtseins zu. Neben dieser erhöhten Sensibilität ist aber auch das scheinbare Gegenteil zu beobachten: eine zunehmende Dickfelligkeit anderen Menschen gegenüber, ja ein Empathieverlust bis hin zu einer wachsenden Respektlosigkeit, die schon in das frühe Kindesalter reicht. Jeder kritisiert leicht und gern, sagt, was ihm nicht gefällt; eine Wahrnehmung aber von dem, wie es dem anderen Menschen geht, was er wirklich meint, was ihn beschäftigt – das ist schwach ausgeprägt.

Ich darf an diesen furchtbaren Unfall in Norwegen erinnern, der vor einigen Jahren durch die Presse ging und der mich seither wie eine Art Archetyp begleitet: ein sechsjähriger Junge hatte ein fünfjähriges Mädchen mit einem Plastikschlitten bewußtlos geschlagen, und dann blieb es im Schnee liegen und verstarb. Wie ein Aufschrei ging es damals durch die Presse, wie denn ein solcher Empathieverlust zu erklären sei. Die Mutter des Mädchens wurde dann gefragt, ob sie Haßgefühle dem Jungen und der Mutter des Jungen gegenüber empfände. Sie antwortete: «Ich kann keinen Haß empfinden, nur ein unendliches Mitleid, wenn ich daran denke, daß dieser Junge sein ganzes Leben mit einer solchen Schuld leben muß, die ihm sozusagen niemand nehmen kann, an der nur er arbeiten kann.»

Und so kann man bei Menschen heute entweder eine stärkere spirituelle Vertiefung und auch charakterliche Festigkeit beobachten, oder aber dieses Verlieren der Festigkeit und die Symptome eines schwachen, angreifbaren Selbstbewußtseins. Denn der Junge hatte sich nur über das Mädchen geärgert. Sie ließ ihn nicht mit dem Schlitten fahren. Es war ihr Schlitten, und er fand ihn schöner und wollte auch mal damit fahren. Und dann haben sie sich gestritten, und schließlich hat er dem Mädchen als der Stärkere den Schlitten weggerissen und auf es eingeschlagen, damit – wie er später sagte – es nicht mehr so laut schreie.

Das sind polare Erscheinungen. Der Welt gegenüber stumpfen wir ab, nehmen nicht mehr wahr, verlieren den Respekt; und uns selbst gegenüber werden wir immer empfindlicher, nehmen alles überzeichnet wahr und reagieren dementsprechend frustrationsintolerant. Hinzu kommen drei Dinge, die im Sozialen als eine Folge davon zu beobachten sind: Daß wir einerseits – und das hängt mit dieser verstärkten Hinwendung auf sich selbst zusammen – eine zunehmende Sexualisierung der Gesellschaft haben und andererseits eine sinkende Hemmschwelle der Aggressionsbereitschaft. Und als Drittes diese Symptomatik einer gestörten Identität und Selbsterfahrung, wie sie sich in dem zunehmenden Drogenkonsum manifestiert. Als Therapeuten haben wir mit diesen Zeitphänomenen ständig zu tun. Da ist dann zu fragen: Wo liegen die Ursachen dafür, und welche Rolle spielt dabei die Selbsterfahrung durch die Sinne? Ja, welche Komponenten in der Selbsterfahrung und im Selbstbewußtsein hängen mit den Sinnestätigkeiten des Menschen zusammen?

In der anthroposophischen Menschenkunde wird nicht nur von fünf oder sieben Sinnen, sondern von zwölf gesprochen. Ich werde nun diese zwölf Sinnestätigkeiten im Hinblick auf ihre Beteiligung an der Selbstwahrnehmung und am Selbstbewußtsein charakterisieren.

Die ersten vier, die körperorientierten Sinne, vermitteln Eigenschaften, die eigentlich sehr hohe spirituelle Qualitäten bewußtmachen, nämlich Existenzvertrauen, Harmonie, Einklang mit dem Kosmos, aber auch mit der Umwelt, dann Freiheitserleben und innere Ruhe. Es sind dies elementare Eigenschaften des Selbst. Ich kann sie mir bewußtmachen, ich kann sie durch die Bewußtwerdung verstärken und kann dadurch mein eigenes Wesen, mein Ich viel besser handhaben. Je mehr ich von mir weiß, je vertiefter ich diese Eigenschaften erlebe, um so mehr bin ich ich selbst.

Die nächsten vier Sinne sind mehr dem rein Seelischen zugeneigt, der Polarität der Gefühle von Sympathie und Antipathie.

Dann folgen vier Sinne, die dem geistigen Leben, dem Denken und Verstehen, zugeneigt sind.

Die körperorientierten Sinne

Der Tastsinn

Über ihn ist ja relativ viel geschrieben worden, auch in der Psychologie. Welche Art von Selbsterfahrung verdanken wir dem Sinn, der uns unsere Körperperipherie bewußtmacht, der sozusagen die Grenzbestimmung des Leibes schlechthin ist, durch den wir überhaupt uns als ein von der Umwelt abgegrenztes Selbst erleben? Ihm verdanken wir die Grundlage für jedes Selbstbewußtsein, weil wir uns durch ihn unsere körperliche Existenz bewußtmachen können. Wenn ich meine beiden Handflächen aneinanderlege, dann habe ich eine verstärkte Selbstwahrnehmung; wenn ich mich nicht berühre, nur zu jemandem spreche, bin ich mit meiner Konzentration, mit meinem Bewußtsein ganz bei dieser Person und habe keine deutliche Selbstwahrnehmung. Der Tastsinn vermittelt: ich bin getragen, ich bin gestützt oder, im Säuglingsalter, ich bin geborgen. Ich habe sozusagen eine Umwelt, die mich aufnimmt. Ich bin zwar isoliert, das spüre ich an der Grenze, aber ich bin zugleich auch geborgen. Ich bin als ein Einzelnes aufgenommen in ein Ganzes. Was als Empfindung und Gefühl in der Selbsterfahrung auftaucht, ist eben dieses Existenzvertrauen, dieses Daseinserleben, die Existenzerfahrung schlechthin. Und man kann sich vorstellen, was geschieht, wenn mit dieser Tasterfahrung – wie im Falle der Kindesmißhandlung oder des sexuellen Mißbrauchs – Unrechtserlebnisse und Störungen in der Selbsterfahrung zustande kommen, so daß man das, was man da erlebt, tief ablehnen muß und nicht darin Vertrauen entwickeln kann; daß das für das spätere Selbstbewußtsein eine ganz tiefgreifende Störung, Verunsicherung und Uneinigkeit mit sich selbst auslöst.

Wenn man diesen Sinn pflegen will, ist ein guter Rhythmus von Geborgenheit und Sich-selbst-überlassen-Sein wichtig. Wenn ich die Kinder nur mit mir herumtrage, dann haben sie es schwerer, sich später wirklich zum Einsamkeitserleben, zur Selbständigkeit hin zu entwickeln. Ich muß also wechseln zwischen diesem Geborgensein und dem Sich-selbst-überlassen-Sein, möglichst in einem guten Rhythmus, so daß immer das Neue wieder als angenehm und erfrischend und das Selbstbewußtsein belebend angesehen wird. So trägt diese Sinneserfahrung entscheidend dazu bei, Vertrauen zu entwickeln in die eigene Existenz und den Bestand der Welt.

Der sogenannte Lebens- oder Vitalitätssinn

Die vegetativen Nerven nehmen wahr, wie die Organe im Organismus zusammenarbeiten. Arbeiten sie harmonisch zusammen, dann ist ein körperliches Wohlbefinden und Harmonieerleben, eine Übereinstimmung mit dem Leib die Folge. Arbeiten die Organe unregelmäßig oder liegt Hunger vor oder Mangel in irgendeiner Weise, dann meldet dieser Lebenssinn Mißbehagen und Disharmonie. Die Pflege dieses Sinnes ist außerordentlich wichtig, weswegen ein guter Wechsel von Hunger und Sättigung – und weder das eine noch das andere sollten da übertrieben werden – stattfinden sollte. Denn was bedeutet dieser Sinn für die Selbsterfahrung, für das Selbsterleben? Es bedeutet das tiefgreifende Erleben: Ich selber als Mensch bin harmoniefähig. So wie ich beim Tastsinn erlebe, daß ich eine Existenz habe, daß ich bin, so erlebe ich durch den Lebenssinn, daß ich eine in sich zusammenstimmende Ganzheit bin, daß ich stimmig bin. Und auch dieser Sinn hat – wie der Tastsinn – eine soziale Komponente, denn der Lebenssinn erstreckt sich nicht nur auf dieses körperliche Harmonieerleben, sondern das Kind nimmt mit diesem Lebenssinn (weil es ja in dieser ersten Lebenszeit insbesondere unglaublich tief körperlich wahrnimmt) auch alle Unstimmigkeit und Disharmonie in der Umgebung wahr. Je regelmäßiger und besser aufeinander abgestimmt der Tagesablauf ist und die Menschen und die Vorgänge ineinandergreifen wie in einem stimmigen Organismus, um so pfleglicher und aufbauender ist das für die Selbsterfahrung des Kindes durch seinen Lebenssinn. Und wenn es einen gut entwickelten Lebenssinn hat und ein gesundes Harmonieempfinden wirklich von klein auf zum Selbstbewußtsein dazugehört, dann wird es später daran arbeiten können, für Ausgleich, für Heilung, für ausgewogene Verhältnisse zu sorgen. Solche Menschen haben immer einen feinen Sinn dafür, wo etwas fehlt, was jetzt gebraucht wird, wie es ergänzt werden kann. Ärzte und Therapeuten brauchen einen guten Lebenssinn; und wenn sie ihn nicht haben, müssen sie an seiner Entwicklung arbeiten.

Der sogenannte Bewegungssinn

Er stützt sich auf die Muskelspindeln. Mit ihrer Hilfe kann ich die Qualität einer Bewegung unmittelbar wahrnehmen, weil ich diese Wahrnehmungsorgane in meinen Muskeln habe. Wenn ich mich bewegen kann und die Erziehung so ist, daß sie ein freies Bewegungsspiel und freie Aktivität ermöglicht, ist das Besondere, das dieser Bewegungssinn meldet, ein elementares Freiheitserleben. Es ist eben mehr als nur ein Wort, wenn wir den Gelenkstatus beschreiben und von soundso viel Freiheitsgraden sprechen, je nach dem Umfang der Beweglichkeit, ob man ein Kugelgelenk oder ein Scharniergelenk vor sich hat. Und wenn man erlebt, mit welch unbändigem Freiheits- und Untersuchungsdrang schon die Krabbelkinder auf alles und jedes zugehen, um es zu untersuchen, und wie frustriert sie reagieren, wenn der Erwachsene sie wegzieht, weil sie an irgendeine Tischdecke geraten sind, die man halt nicht herunterziehen darf, weil da irgendeine kostbare Vase darauf zu wackeln beginnt, dann merkt man, was das Durchkreuzen dieses freien Bewegungsimpulses des Kindes für das Selbsterleben bedeutet. Was später Grundlage für unser Freiheitsgefühl ist und was sich nur durch diesen Bewegungssinn körperlich verankert als ein existentielles Selbsterlebnis «Ich bin ein freies Wesen», das fühlt das Kind und nimmt es als Erfahrung für sein Selbstbewußtsein mit aus der frühen Kindheit, wenn es sich hat ungestört frei und kräftig und differenziert bewegen können.

Der Gleichgewichtssinn

Auch dieser vermittelt neben dem, daß er die Lage des Körpers im Raum wahrnimmt (er ist ja im Innenohr gelegen), eine außerordentliche Botschaft an Selbsterfahrung und Selbsterleben, dieses Wunderbare, das auch Voraussetzung dafür ist, später überhaupt ein meditatives Leben führen oder auch jemand beruhigen zu können. Das ist der Sinn, der einem vermittelt, daß es bei aller Bewegung und bei aller Lageänderung im Raum auch einen Ruhepunkt gibt, einen Gleichgewichtspunkt, von dem aus die Veränderungen wahrgenommen worden können. An den Kindern kann man beobachten (wenn sie ihren Gleichgewichtssinn trainieren zum Beispiel im Kindergarten beim Freispiel), wie gerne sie Stelzen laufen, wippen oder balancieren, oder, wenn sie eben keinen Steg finden, wo sie balancieren können, dann suchen sie sich freiwillig die Rillen auf den Pflastersteinen und laufen dann ganz genau darauf. Man merkt, daß ein Instinkt da ist, diesen Gleichgewichtssinn auszubilden und dieses «Ich-kann-mich-Halten», diesen Ruhepunkt, diesen Schwerpunkt.

Viele sind nervös und unruhig, können nicht wirklich die Ruhe herstellen und setzen sich ständig Geräuschen und Beschäftigungen, Pseudobeschäftigungen aus, stimulieren unablässig die Sinne, damit sie nur ja nicht an diesen Ruhepunkt kommen, den sie nicht geübt haben, den sie nicht kennen, vor dem sie Angst haben wie vor einem Abgrund. Das kommt eben daher, daß heute die Möglichkeit für die Kinder immer ärmer wird, diesen Gleichgewichtssinn bis in die Schulzeit hinein zu üben.

Die dem Seelischen zugeneigten Sinne

Der Geruch

Es ist nun interessant, wenn wir zunächst den Geruchssinn nehmen, wie wir im Riechen existentiell Ekel und Wohlgefühl erleben. Wenn man etwas Ekelhaftes riecht, kann es einen schütteln bis zum Erbrechen, weil man im Geruchssinn die Kommunion mit dem Geruchsstoff erlebt. Die Geruchswahrnehmung ist ein molekulares Sichverbinden. Die Duftstoffe gehen eine echte Verbindung mit den Rezeptoren ein. Das ist Vereinigung auf substantieller Ebene, an der das Gefühl innigsten Anteil hat. Als Selbsterfahrung ergibt sich daraus das Erlebnis: Ich bin kommunionsfähig, ich kann verfließen, ich kann zusammenfließen mit der Materie, mit dem Sein dieser Welt. Ich bin mit der Welt wesensmäßig verbunden. Mein eigenes körperliches Wesen ist unmittelbar erlebnismäßig angeschlossen an das materielle Dasein der Umgebung. Also Kommunion nicht nur mit dem Geist, sondern auch mit der Materie, mit allem. Kommunionsfähigkeit des Ich – Wesensverbindung.

Der Geschmack

Im Geschmackssinn wird das Sympathie-Antipathie-Erleben, da, wo sich das Ich vereinigen will, wo es nein sagt, als eine wichtige Selbsterfahrung in sehr differenzierter Weise ausgebildet. Auf dieser Grundlage bildet sich ein ästhetisches Gefühl im Sozialen aus, wen man «schmecken» oder auch «riechen» kann und wen nicht. Für die Selbsterfahrung bedeutet ein differenziertes Geschmackserleben, daß man auch im Sozialen ein feines Abschmecken, Abtasten, Abspüren, in feinen Sympathie-Antipathie-Qualitäten hat.

Es ist der Geschmackssinn, so merkwürdig es klingt, in der frühen Kindheit der Vorbereiter für spätere seelische Sensibilität, für geschmackvolles Umgehen miteinander, für ästhetische Beurteilung, für ein Abschmecken der Dinge, der Vorgänge. Heute sind die Nahrungsgewohnheiten der Kinder vor allem in der früheren Kindheit oft einseitig: Wie häufig orientieren sich die Eltern aus Zeit- und Kräftemangel nur noch an dem, was die Kinder eben gerne essen, und dann kommt es zu sehr einseitigen Nahrungsgewohnheiten, wie zum Beispiel Nudeln und rote Soße oder immer «Schoko» oder eine bestimmte Sorte Keks und roter Saft, und das dann immer und ständig! Da kann sich einerseits eine differenzierte Geschmackspalette, ein differenziertes Sympathie-Antipathie-Abstufen gar nicht entwickeln, und andererseits lernen die Kinder auch nicht, ihre Antipathien zu bearbeiten und zu überwinden. Denn wenn bei der Antipathie immer sofort Schluß ist («Das muß ich nicht, das brauch' ich nicht, das mag ich nicht, das kann ich nicht, das will ich nicht!»), dann führt das eben ganz entscheidend zu einem Verhalten später, wo man nicht gelernt hat, eine Speise oder ein Problem, das einem unangenehm ist, im wahrsten Sinne des Wortes zu verdauen, durchzuschmecken, zu verarbeiten.

An meinen antipathischen Erlebnissen wache ich auf und kann etwas lernen. An den sympathischen Erlebnissen bestätige ich mich mehr selbst, da lerne ich nicht so viel. Im Leben ist beides nötig, einerseits diese Wachheit durch die verarbeitete Antipathie und andererseits Kraft durch die genossene Sympathie. Das aber hängt mit einer Geschmackskultur zusammen, ernährungsmäßig, ästhetisch, die wir ganz, ganz dringend – insbesondere in den ersten acht Jahren, in denen die Gesamtprägung des Nervensystems und der Sinnesorgane stattfindet – brauchen. Danach ist wenig mehr nachzuholen, dann kann man nur noch im übertragenen Sinn diese Dinge erlernen, aber man kriegt es nicht mehr so elementar in die Funktionsdynamik des Körpers herein. Rudolf Steiner benützt da den Ausdruck der Antiappetite. Der Erwachsene kann den Kindern helfen, ihre Antiappetite zu überwinden. Und es ist eine gute Regel einzuführen: auch von dem, was man nicht mag, muß man ein, zwei oder drei kleine Löffel essen ...

Im Johannesevangelium heißt es «Ich bin die Tür». Darin drückt sich eine bestimmte Form der Ich-Erfahrung aus, daß man eben auf- und zumachen kann, daß man bewußt in der Öffnung und in der Antipathie, in der Verschlossenheit, sich bewegt und nicht, daß man nur die Sympathie beherrscht und die Antipathie nicht, denn dann ist man eben keine Tür, dann geht es nicht souverän auf und zu in der eigenen Führung.

Das Sehen

Der wichtigste unserer Sinne, das Auge, ist ein sehr erkenntnisnaher Sinn. Unser ganzes Vorstellungsvermögen schließen wir ja an die Gesichtseindrücke an, aber er steht doch auch dem Leben noch sehr nahe. Denn die Gefühle lassen sich als seelische Farbklänge, als inneres Licht und innere Finsternis beschreiben.

Der Wärmesinn

Auch gegen den Wärmesinn wird heute verstoßen, weil wir eine «kalte Kultur» haben. «Nein, ich friere nicht», und dann faßt man die Hand an, und sie ist kalt. «Nein, ich habe keine kalten Füße», und faßt man die Füße an, sind sie kalt; dann kommt die Erklärung, «Das ist bei mir so, so fühle ich mich wohl». Es ist manchmal sehr schwer zu erreichen, daß jemand überhaupt die Wärme erträgt, daß die Wärme als Qualität wieder schön gefunden wird und daß man sich auch in seinem Ich nicht erkältet.

Wir sind eben als Ich-Wesen Wärme-Wesen. Unser Selbst ist seiner Natur nach warm; wenn wir begeistert sind, sogar brennend heiß. Und wenn wir es nur in seiner Kühlheit, in seiner Fähigkeit zur Distanz erleben, ist es eine sehr einseitige Selbsterfahrung. Die intellektuelle Entwicklung, die überall auf Kritik und Distanz aus ist, fördert diese Kälteerziehung, dieses Sichabheben, Sichdistanzieren. Wenn wir von seiten der Sinnespflege an einer Überwindung der intellektuellen Kultur arbeiten wollen, die Distanz und Antipathie und Kritiksucht wirklich in einseitiger Weise gebracht hat, so kann die Pflege des Wärmesinns hierfür eine wichtige Voraussetzung schaffen.

Wärme und Kälte sind beide im Wärmesinn zusammengefaßt. Wir nehmen über die Wärmerezeptoren die Temperaturdifferenzen immer wahr und damit eben auch die Kälte. Und wir entdecken, wenn der Wärmesinn kultiviert ist – und durch Bäder und auch Einreibungen, Massagen kann man das natürlich auch im Kindesalter, selbst wenn vier Jahre Vernachlässigung über das Kind hingegangen sind –, so erwacht das Kind zu dem Selbsterleben «Ich bin ein Wesen, das Wärme hat». Dabei haben wir es mit dreifacher Wärme zu tun: der körperlichen, der seelischen und der geistigen Wärme. Und deswegen erreiche ich körperlich das Ich über die Wärme, seelisch über die Liebe und Sympathie und geistig über Dinge, die begeistern, die das Ich unmittelbar erwärmen und ansprechen.

Die dem Geistigen zugeneigten Sinne

Das Hören
Beim Hören sind uns die Inhalte zunächst das wichtigste: *Was* wir hören, ob es Musik ist, Sprache ist, das Plätschern von Wasser, das Sausen des Windes, die Maschinengeräusche, alles, was die Umgebung bietet. Aber wir können uns fragen, was unser *Selbsterleben* durch diese Art der Grenzerfahrung empfängt, wie sie durch das Hören erfolgt. Mir ist die ganze Bedeutung dieser Erfahrung aufgegangen, als ich die ersten taubstummen Kinder behandelt beziehungsweise kennengelernt habe (die Stummheit ist ja nur sekundär, sie lernen dann auf anderen Wegen sprechen). Wenn ein Kind taub ist, dann ist es bezüglich seiner Welterfahrung und seines Selbsterlebens an der Welt stark auf das Auge angewiesen, und es hat in seiner seelischen Erfahrung ein Defizit. Und dieses Defizit erschwert es diesen Kindern zunächst sehr, in ihr seelisches Erleben eine Tiefendimension hereinzubringen. Denn der Sehsinn des Auges ist immer ganz an der Oberfläche, und auch wenn wir perspektivisch sehen, sehen wir immer die Oberfläche, so daß das Oberflächenbewußtsein dominiert.

Demgegenüber eröffnet das Hören den seelischen Innenraum, die Tiefendimension seelisch-geistiger Erfahrung. Und diese Tiefendimension ist tatsächlich ein Geschenk dieses Ohres, wo der Schall, der hereinkommt, in die Tiefe geht und er nicht, wie der Seheindruck beim Auge, eben reflektiert und abgespiegelt wird an einer Fläche. Was ganz interessant ist: Die Seele erlebt sich als einen autonomen Bereich, einen Innenraum, der sich verengen kann, der sich weiten kann. Diese *Seelenräumlichkeit*, diese Selbsterfahrung (Ich wohne mit meinem Ich, mit meinem Selbst in einem seelischen Raum, in einem Bewußtseinsraum) wird sehr stark in das Bewußtsein gebracht durch den Hörsinn. Und damit ist gerade dieser Sinn, so wie auch der Gleichgewichtssinn, dem er eng benachbart ist, eigentlich der wesentliche Grundsinn, um dann später auch meditativ in der Seele arbeiten zu können, indem man sich in diesem Seelenraum bewegen lernt.

Der Ich-Sinn

Sinne sind Organe, die uns vermitteln, daß sich ein Wesen oder ein Vorgang in der Sinneswelt, das heißt in der physischen sichtbaren Erfahrungswelt, kundgibt bzw. abspielt. Und nun leben wir ja als Geistwesen inkarniert in unserem Leib, das heißt, wir offenbaren uns auch physisch. Nun gibt es einen Sinn, der die Anwesenheit eines seelisch-geistig Realen im Physischen unmittelbar wahrnimmt, und das ist der von Rudolf Steiner sogenannte Ich-Sinn. Dieser Ich-Sinn vermittelt mir die unmittelbare Wahrnehmung, daß ich ein Wesen vor mir habe und auch welche Qualität dieses Wesen hat. Das Organ dieses Sinnes, jetzt zentralnervös-sensorisch gesehen, ist ganz eng verbunden mit dem Tastorgan. Der Ich-Sinn entwickelt sich organisch dadurch, daß das Kind in den ersten Lebensjahren die Tasterfahrung hat. Und es ertastet die Substanzen, die Dinge und Materialien in seiner Umgebung. Und je intensiver es diese Erfahrung hat, desto mehr prägt es sich dem eigenen Nervensystem und seinen verarbeitenden Strukturen ein. Und diese Prägung wird später (der Ich-Sinn entwickelt sich erst im Lauf der Kindheit zum Wahrnehmungsorgan) gesamthaft zum Sinnesorgan für die Wahrnehmung des Wesensgefüges eines anderen Menschen. Man kann ja dann nicht mehr jeden umarmen, um ihn als Wesen zu ertasten (obwohl es manche Länder gibt, wo man sich bei der Begrüßung mit einem *abrazo* umarmt). Dazu hat man dann diesen Ich-Sinn.

Der Gedankensinn

Dann gibt es einen zweiten erkenntnisorientierten Sinn, und das ist der sogenannte Gedankensinn. Dieser Sinn entwickelt sich auch in der frühen Kindheit, und zwar an den Erfahrungen des Lebenssinnes. Denn der Lebenssinn meldet, wie ich geschildert habe, das Zusammenstimmen der Funktionen, der Prozesse in ihrer Kompliziertheit, aber auch der Sinnzusammenhänge in der äußeren Umgebung. Und das ist die Grundlage, um nun, wenn gesprochen oder gelesen wird, das Sinngefüge dieser Lautgestalten sofort wahrzunehmen. Wie dieser Gedankensinn funktioniert, das habe ich erst richtig erlebt, als ich anfing, auf englisch Vorträge zu halten, weil ich nämlich nicht besonders gut Englisch kann. So mußte ich komplizierte Vorgänge oft mit sehr einfachen und manchmal für mein Empfinden auch nicht adäquaten bis hin zu falschen Worten aussprechen und war immer wieder erstaunt, daß die Menschen das doch recht gut verstanden haben. Dann sagte mir einmal eine Kollegin, die die Anthroposophie kennt: «Du brauchst dich gar nicht so aufzuregen, bei uns kannst du ziemlich alles sagen, Hauptsache, du verbindest mit dem, was du sagst, einen sinnvollen Gedanken, denn wir haben einen gut ausgebildeten Gedankensinn. Wir kriegen mit, was du sagen willst, auch wenn du unter Umständen die falschen Worte benützt.» Und das Interessante ist, daß das in romanischen Ländern grundsätzlich anders ist. Ich habe dasselbe nämlich dann in Frankreich und Spanien probiert, weil ich auch ganz ordentlich Französisch und Spanisch kann, und habe bemerkt daß die Verständigung viel weniger gut ist und man doch den Vortrag lieber übersetzt hören möchte.

Der Wortsinn oder Lautsinn

Der Wortsinn hingegen vermittelt das ganz Individuelle, was über eine bestimmte Lautgestalt, eine bestimmte Physiognomie geht. Der Wortsinn ist nicht nur an das gesprochene Wort gebunden und meldet mir zum Beispiel, daß «love» eine andere Qualität der Liebe hörbar macht als «Liebe» oder «ljubow». Das Wort bezeichnet denselben Gedanken, aber was ich empfin-

de bei «amour», «amore», ljubow», «love», «Liebe», sind ganz
verschiedene Qualitäten. Und daran schult sich natürlich dieser
Lautsinn, daß man das überhaupt merkt. Die A-U-Laute erzeugen eine völlig andere Stimmung als die I-E-Laute. Und solche
Qualitäten zu schulen, diesen Wortsinn, man kann auch sagen,
Individualitätssinn, das ganz Spezifische auszubilden, das kann
man natürlich auch über Zeichensprache, über Mimik (weswegen er ja auch Physiognomiesinn genannt wird) oder über eine
Geste.

Und die Tatsache, daß man eine individuelle Lautphysiogno-
mie, Bewegungsgestalt oder Klein-, Mikrobewegung, Wortge-
stalt als etwas Seiendes erleben kann, entwickelt sich nun auf
der Basis des Bewegungssinnes. Am differenzierten Erlernen des
eigenen Bewegungsvermögens der Gestensprache und dann
auch an den Mikrobewegungen beim Spracherwerb gibt es an
dieser Erfahrung wiederum, wie auch bei Ich- und Gedankensinn, diese rückwirkenden differenzierenden Einprägungen in
die zentralnervösen und verarbeitenden Strukturen. Und das
funktioniert dann, wenn es ausgereift ist, als Lautgestaltsinn
oder Wortsinn.

Schlußfolgerungen

Und so werde ich mir meiner Individualität, meiner ganz freien,
geformten, eigentümlichen Physiognomie, am Lautsinn bewußt.
Ich werde mir meiner Sinnhaftigkeit und Stimmigkeit, meinem
Gerechtfertigtsein bewußt durch den Gedankensinn, und ich
werde mir meiner Wesenhaftigkeit bewußt durch den Ich-Sinn.
Und so, wenn man alles zusammennimmt, kann man *zwölf
Qualitäten* des Selbstbewußtseins, der Selbsterfahrung, des
Selbsterlebens beschreiben: Sie reichen von den Wesenserfah-
rungen über die Sinneserfahrung durch die Individualitätserfah-
rung zur Lichterfahrung, zur Wärmeerfahrung, zur Seelenhaf-
tigkeitserfahrung, dieser seelisch-räumlichen Erfahrung. Dann
zu diesem differenzierten Erleben der Kommunionsfähigkeit,

der Umgangsfähigkeit im Sozialen mit Geschmack und Geruch und dann zu diesen Qualitäten, die wir hatten: Freiheitserleben, Harmonieerleben, innere Ruhe und Existenzvertrauen.

Mir geht es so, daß ich in Beratungen immer versuche herauszufinden: Wie umfassend ist eigentlich das Selbstbewußtsein ausgebildet, und wo wird Mangel geschildert? Und wenn man diese zwölf Qualitäten kennt und darauf achtet, erlebt man sehr deutlich in dem, was gesagt wird, wie bestimmte Mangelzustände charakterisiert werden. Und dann ist es neben allem, was man sonst therapeutisch macht, immer auch eine ganz wunderbare Möglichkeit, sich jetzt zu überlegen (auch gemeinsam mit dem Klienten oder den Eltern, wenn es sich um ein Kind handelt), wie man diese Qualität erwecken kann durch Eigentätigkeit, durch Sinneserfahrung. Und daß dabei die künstlerischen Therapien eine große Rolle spielen (bis hin zu Eurythmie und Heileurythmie), das liegt auf der Hand.

Mit diesen Kurzcharakteristiken der Sinne wollte ich zeigen, in wie hohem Maß die intentionale Sinneswahrnehmung und das Erleben der Sinnesempfindung dazu beitragen, daß der Mensch sich selbst erlebt und dadurch in seinem Selbstbewußtsein auch immer wieder bestätigt wird. So erlebt er durch seine Sinne nicht nur die Umwelt mit all ihren Qualitäten, sondern auch sich selbst. Das Geheimnisvolle dabei ist jedoch, daß alles, was dem Menschen von außen über seine Sinne begegnet, zugleich etwas in seinem Inneren wachruft als körperliches, seelisches und geistiges Erleben, als etwas, was er letztlich selber ist. Wir brauchen die Welt, um uns in ihr und an ihr selbst zu erleben. Umgekehrt erleben wir aber auch an uns selbst die Qualitäten der Welt: Licht, Farbe, Klang, Festigkeit, Sinn, Wärme und so fort. Ich werde mir durch die Sinneserfahrung meiner eigenen seelisch-geistigen Natur bewußt, wobei mir die Sinne sagen, daß sich dieses seelisch-geistige Erleben, dieses Selbst, in der sinnlich-physischen Welt aufhält.

Literatur

Goebel, W., Glöckler, M.: Kindersprechstunde, Stuttgart 1996.
König, K.: Sinnesentwicklung und Leiberfahrung, Stuttgart 1971.
Steiner, R.: Zur Sinneslehre. Themen aus dem Gesamtwerk Nr. 3, ausgewählt und herausgegeben von C. Lindenberg, Stuttgart 1990.

Werner J. Meinhold

Bewußtsein im Lichte von Reinkarnation und Karma

> *Des Menschen Seele gleicht dem Wasser:*
> *Vom Himmel kommt es, / Zum Himmel steigt es,*
> *Und wieder nieder / Zur Erde muß es,*
> *Ewig wechselnd.*
> J. W. von Goethe

Selten kann es geschehen – und dann meist unvermutet –, daß man sich plötzlich *eins* fühlt, vielleicht mit einer Landschaft im klaren Morgenlicht, mit einem Baum, der auf seine Weise zu uns spricht, mit einem lautlos dahinziehenden Vogel, mit einer bewegenden Musik – oder mit einem Menschen, in einem besonders intensiven Augenblick.

Was ist es, das uns dann so tief erreicht, und was ist es, das uns in diesem einzigartigen Gefühl des *Eins*-Seins zum Schwingen bringt? In solchen Augenblicken wird etwas erfahrbar, das mehr ist und etwas anderes als einfach nur ein Reaktionsablauf des Nervensystems, mehr und etwas anderes als nur eine zweckmäßige biochemische oder biophysikalische Reizantwort eines «selbstregelnden Systems», bestehend aus Organ- und Zellansammlungen beziehungsweise elektromagnetischen Schwingungsfeldern, genannt «Mensch».

Elektromagnetische Schwingungsfelder bilden zwar die Grundlage jenes Ausschnittes der Wirklichkeit, der für unsere sinnliche Beobachtung und für die Meßbarkeit mit Geräten zugänglich ist. Daß aber dieser uns zugängliche Ausschnitt nicht die ganze Wirklichkeit ist und daß unsere Wahrnehmung davon kein getreues Abbild, sondern eine von unseren eigenen Eigenschaften beeinflußte oder sogar konstruierte Erfahrung liefert, wissen die Mythologien vieler Völker seit Jahrtausenden und wurde bereits von den ältesten philosophischen Schulen gelehrt. Auch die Naturwissenschaft war sich stets ihrer Grenzen bewußt, wiewohl oft angestrebt wurde (und zum Teil heute noch wird), ihre Ergebnisse als vollständige und allgemeinverbindliche Weltbeschreibung darzustellen.

Inzwischen sind neuere, ganzheitliche Forschungsansätze in vielen Bereichen über die Grenzen des mechanistisch beschränkten Denkmodells hinausgegangen und versuchen, das zuvor ausdrücklich Ausgeschlossene wieder einzubeziehen, nämlich das Geistige (im religiös-philosophischen Sinne).[1]

Auf der Grundlage dieser wieder neu erschlossenen Dimension zeichnen sich vier weitgehende Konsequenzen für ein erweitertes Weltverständnis ab:

- Zum ersten mehren sich die Hinweise darauf, daß der Ursprung jeder *Information* im wörtlichen Sinne, also jedes Gestaltungsvorgangs, nicht in der grobstofflichen Materie liegt, sondern im «feinstofflichen», energetischen Bereich, der wiederum direkt über die seelisch-geistige Ebene steuerbar ist.[2] Demnach beschreibt das darwinistische Modell mit dem Zusammenwirken von Mutation und Selektion bei der Entwicklung (Evolution) der Lebewesen lediglich biologische Vorgänge, als «Begründung» der Evolution hat es jedoch endgültig ausgedient. *Hieraus stellt sich die Frage, welche geistigen Energien diese Entwicklung veranlassen und auf welches Ziel hin.*
- Zum zweiten muß auch für die feinstoffliche Dimension der Energieerhaltungssatz gelten, das heißt, daß das Geistige unvernichtbar und damit «unsterblich» beziehungsweise ewig ist. *Es stellt sich damit die Frage, was mit den geistigen Gestaltungskräften eines Individuums geschieht, wenn sich dessen körperliche «Information»[3] und Existenz auflösen.*
- Zum dritten wird deutlich, daß Sinnesorgane und Nervensystem zwar die biologischen Träger unseres Bewußtseins und

unserer Wahrnehmung sind, daß sie aber lediglich gemäß ihren Eigenarten Reize übermitteln und verarbeiten und nicht etwa «die Welt an sich» abbilden beziehungsweise erfahren.[4] *Nicht das Auge sieht, sondern die Seele. Was ist diese Seele, die sich ihrer selbst und der Welt bewußt ist?*

• Zum vierten zeigen die Ergebnisse der neuen Forschungsansätze eine für das bisherige westliche Denkmodell geradezu unvorstellbare Tatsache auf: daß wir nämlich mit unserem Geist (Vorstellung) die von uns erlebte Welt in einem sehr viel weitgehenderen Ausmaße selbst gestalten, als dies angenommen wurde. *Welche Folgen hat die Erkenntnis der «Selbsterzeugung unserer Welt»[5] für unser Leben und unsere Weltsicht?*

Mit diesen Überlegungen schließt sich ein weiter Kreis, denn die Aussagen der neuen Naturwissenschaft nähern sich damit wieder den großen überlieferten Weisheitslehren. So schreibt Eliade (1988) über die alte Yogatradition: «Die Genesis der Welt ist ein psychischer Akt, und aus dieser Selbsterkenntnis [...] kommt die Evolution der physischen Welt.» Ähnliches drücken die Biologen Maturana und Varela (1990) in der Sprache der neuen Wissenschaft aus: *«Erkennen hat es nicht mit Objekten zu tun,* denn Erkennen ist effektives Handeln; und indem wir erkennen, wie wir erkennen, bringen wir uns selbst hervor.»

So könnte denn aus dieser ganzheitlichen Sicht die eingangs gestellte Frage nach dem, was im Gefühl des *Eins*-Seins erreicht wird und was dieses Eins-Sein bewußt wahrnimmt und fühlt, zunächst einmal hypothetisch und in Übereinstimmung mit der christlichen Mystik Meister Eckharts beantwortet werden mit: *das Geistige* beziehungsweise *der unsterbliche Seelengrund.*[6]

Was wiederum jenes Geistige ist, wird von jeder Weltanschauung verschieden gesehen. Die Lehre von Wiederverkörperung und Karma gibt eine besondere Antwort auf diese Frage, die in der Folge dargelegt werden soll. Mit den Ergebnissen der neuen Naturwissenschaften fügt sie sich wie kaum ein anderes geisteswissenschaftliches Denkmodell zu einem Ganzen.

Grundgedanken zur Lehre von Reinkarnation (Wiederverkörperung) und Karma

> *O, dich zu denken, die du aus Gottes Hand*
> *Erhaben über tausend Geschöpfe gingst,*
> *In Deiner Klarheit Dich zu denken,*
> *Wenn du zu Gott dich erhebst, o Seele!*
> Friedrich Hölderlin

Die Lehre von der Wiederverkörperung ist auf der ganzen Welt verbreitet und Bestandteil der ältesten Weltreligionen. Die Mehrheit der Weltbevölkerung und, nach neuesten Umfragen, auch etwa ein Drittel der sich als christlich verstehenden Menschen glauben daran. In unserem Kulturkreis gehören so bedeutende Geister wie Plato, Lessing, Goethe, Hölderlin, Nietzsche und Steiner[7] dazu.

Die Wiederverkörperungslehre geht davon aus, daß jedem Menschen ein unsterbliches Geist-Ich zugehört (die unsterbliche Seele im religiösen Sinn). Dieses Geist-Ich geht von Gott aus (beziehungsweise vom «Nirwana», dem unbeschreiblichen «Zustand» vor der Schöpfung). Es hat die Aufgabe, wieder in Gott beziehungsweise zum Nirwana zurückzukehren, eine Aufgabe, der es sich letztlich nicht entziehen kann. Die Wiederverkörperungslehre kennt also nicht das Konzept der «ewigen Verdammnis».

Verschiedene religiöse und weltanschauliche Richtungen sehen für den Weg von Gott zu Gott verschiedene Sinngebungen (Meinhold 1994), eine positive wird vielleicht am schönsten in den hier als Motto gewählten Versen Hölderlins ausgedrückt. Der (jeder) Mensch hat demnach als Lebensziel, die Schöpfungsaufgabe zu erfüllen, nämlich sich im Spiegel der Schöpfung seiner selbst, seines Nächsten und Gottes bewußt zu werden, also die Selbst-, Welt- und Gotteserkenntnis zu entwickeln und sein Leben entsprechend zu führen. Er wird dann dereinst, gottähnlich, wieder an der ursprünglichen Einheit seines Seelengrundes mit Gott teilhaben dürfen. Daß dies in einem einzigen Leben nicht erreichbar ist, erscheint einsichtig, schon weil der Mensch sich in seiner Entwicklung zunächst einmal erst noch auf dem Wege zum Menschen hin befindet.

Das Gottesbild der Wiederverkörperungslehre stellt Gott zumeist als Inbegriff der reinen, alles einbeziehenden Liebe dar. Jedes Denken, Tun oder Lassen, das nicht aus reiner Liebe erfolgt, erzeugt eine «Karma» genannte Wirkung, die dem Geist-Ich ihres Erzeugers anhaftet. Karma kann (und muß) durch entsprechende Erkenntnis und ausgleichende, nicht karmabildende Lebensführung wieder aufgelöst werden. Das Karmagesetz ist demnach nicht als Lohn oder Strafe zu verstehen, sondern als eine Art wertfreies Naturgesetz. Am treffendsten wäre der Karmabegriff mit «Verantwortung» zu übersetzen. Sprachgeschichtlich bedeutet Verantwortung das, was hervorgeht (*ver*) aus unserer Reaktion (*Ant*wort) auf die Schöpfung (*Wort*).

Zwischen den Verkörperungen, zwischen Tod und neuerlicher Zeugung also, erfolgt nach einer Rückschau auf das vergangene eine Art karmische Vorbestimmung des kommenden Lebens. Alle Verhältnisse, wie Zeit, Volk, Eltern und andere wichtige Bezugspersonen, biologische, psychische, soziale und andere «Startbedingungen», werden gemäß dem Karma ausgewählt, so daß es möglich wird, mit dem Annehmen der Aufgaben jedes Lebens Karma aufzulösen. Schwierige Lebenssituationen, Krankheiten usw. können unter dieser Sicht als positive karmische Ereignisse entflechtend wirksam werden, so für den einzelnen wie für die gesamte Schöpfung, derem Ganzen jeder Mensch untrennbar zugehört. Die Welt ist auf diese Weise über alle Zeit und jeden Raum hinweg in allen ihren Teilen verbunden, das Karmagesetz entspricht demnach dem von der Atomphysik bekannten Gesetz der allvernetzenden «nichtlokalen Wechselwirkung».

Nach Steiner begegnet man in jedem Leben erneut den zwölf wichtigsten Bezugspersonen des vorangegangenen Lebens. Das Geschlecht und alle anderen Beziehungen können sich jedoch ändern. Bei meiner Arbeit mit der Reinkarnationstherapie hat sich immer wieder gezeigt, daß solche von früheren Leben verwandten Seelen an den Augen erkannt werden (wobei Form und Farbe der Augen völlig anders sein können). Wenn also die Seele sieht, wenn sie dieses ursprüngliche Eins-Sein erkennt, so scheint sie es doch vor allem über das Auge zu tun, aus dem der verwandte Seelenfunke vielleicht am deutlichsten hervorleuchtet. So erwidern kleine Kinder, die in ihrem Seelenleben den Erinnerungen der Vorinkarnationen noch am nächsten stehen und noch nichts zur Bedeutung der Augen «erlernt» haben, von Geburt an mit unergründlicher Tiefe den Blick ihrer Eltern.

Bewußtsein, Wahrnehmung und Wiederverkörperung

> *Die Folgen unserer Taten treten im richtigen Augenblick von außen wieder an uns heran,*
> *wie das vom Gedächtnis Bewahrte von innen wieder an uns herantritt.*
> RUDOLF STEINER

Die hier zitierte Aussage Steiners über das Karma bedeutete in letzter Konsequenz, daß wir in dem, was wir als «außen» wahrnehmen, uns selbst in den Folgen unserer Handlungen begegnen. Ist also unsere Wahrnehmung, die Grundlage unseres «Bewußtseins», grundsätzlich auf unsere eigene innere Bühne beschränkt und jedes Außen nur ein Schein oder, in der Sprache der Tiefenpsychologie, ein «Hilfs-Ich»?

Was mit «Bewußtsein» überhaupt gemeint sein kann, wie der Begriff in verschiedenen Weltbildern verstanden wird und wie er als scheinbar selbstverständlicher und deshalb kaum hinterfragter Inhalt den Alltag unseres Zivilisationsverhaltens mitbestimmt, ist in anderen Beiträgen des Buches angesprochen. Hier soll nur seine eigentliche Bedeutung angesehen werden. Sprachgeschichtlich gehen aus seinen Wurzeln «ues-et» die Worte Sein, Sinn, Wesen, Wissen und Seele hervor, und es ergibt sich die Urbedeutung von «die Sinne auf die Reise schicken». Demnach gründet sich Bewußtsein auf der *sinnlichen* und *sinnhaften Erfahrung* seiner Selbst und der Welt, Erfahrung also nicht nur als stattgefundenes, sondern als von einem individuellen Sein (Wesen) gestaltetes und wahrgenommenes Leben. Das Leben wird dadurch hinausgehoben über eine bloß biologische Prozeß-haftigkeit, es wird zur Lebensgeschichte, zur Schöpfungsge-schichte.

Die Schöpfung und das Leben des einzelnen erhalten ihren Sinn durch die sinnliche, sinnhafte Teilnahme des Geistigen. Die «Inkarnation» (lat. *incarnare:* ins Fleisch gehen) wiederum ist Grundlage für die erkennende Verwirklichung des Geistigen in der Existenz, im Dasein.

Somit ist das Bewußtsein die spezifische menschliche *Gabe* und *Aufgabe* schlechthin. Die Raumzeitwelt, in deren Körper-haftigkeit die Existenz allein stattfindet, kann nicht «umgan-gen» werden, will man dieser Aufgabe gerecht werden. Auf ein «besseres Jenseits» hin gerichtete Weltfluchtmodelle, die das Diesseits als «Jammertal» und die Körperlichkeit als «unrein» abwerten, sind zu simpel konzipiert und verkennen die Notwen-digkeit der Existenz. Denn *Erkenntnis* und *Freiheit* können nur aus dieser *Notwendigkeit* hervorgehen, wie Hegel (1952) her-vorhebt, wenn er sagt: «Die Freiheit ist die Einsicht in die Not-wendigkeit.»

Der Weg einer geistigen Entität (Ich-Existenz) zur Einsicht in die Notwendigkeit, zur Erkenntnis der göttlichen Liebe trotz und in aller Not dieser Welt ist weit. Es ist der Weg des «verlo-renen Sohnes» im biblischen Gleichnis, der die Freuden und Leiden seiner Heldenreise erfahren darf und muß, um mit diesen Erfahrungen heimzukehren.

Aus der Sicht der Reinkarnationslehre wäre es vermessen, anzunehmen, ein Mensch könne diesen Weg in einer einzigen Existenz zurücklegen. In unserer heutigen Zeit, in der die Be-wußtseinsentwicklung zur vordringlichen Aufgabe wird, scheint der «Trunk des Vergessens» zwischen den Verkörperungen in seiner Wirkung nachzulassen. Bei immer mehr Menschen drän-gen sich Erinnerungen auf, die glaubhaft von Vorleben herrühren. Diese neue Art der Bewußtseinsentwicklung zeigt jedoch auch an, daß die Zeit für eine neue Art der Menschheitsevolution reif ist. Nicht mehr die biologische Fortentwicklung des Menschen steht in erster Linie an, sondern die Förderung seines sinnlichen und verantwortlichen Erkennens auf der weiten Grundlage seiner ganzen Wirklichkeit und ihrer geistigen Quellen.

Neue Augen und Ohren gilt es zu entwickeln, die sich nicht betäuben lassen vom Lautsprechergetöse und blenden lassen von grellen Plastikfarben, sondern auch die leisen und verdrängten Ebenen des Menschseins liebevoll erkennend wahrnehmen. «Auf daß es nicht abermalen heiße von den Menschen: sie haben Ohren und hören nicht, sie haben Augen und sehen nicht.» (Meyrink o. J.) So geht wohl die Reise des verlorenen Sohnes «aus Gottes Hand erhaben über tausend Geschöpfe, bis seine Seele in Klarheit zu Gott sich erhebt».[8]

Anmerkungen

1 Im Beitrag von Franz Moser sind hierfür einige Beispiele gegeben.

2 Siehe die Biophotonenforschung um F.-A. Popp.

3 «Information» wird hier im Sinne von Franz Moser als geistige Formgebung verstanden.

4 Siehe zum Beispiel Thure v. Uexküll (1979): «[Jeder einzelne erlebt als] individuelle Wirklichkeit [...] seine Umgebung in den Deutungen der Programme seiner Phantasie (der inneren Bühne) [...], die immer wieder von Situation zu Situation neu auf- oder umgebaut wird.»

5 Siehe auch den Beitrag von Hans Rudi Fischer.

6 In der indischen wie in der christlichen Mystik wird das Selbst beziehungsweise das Geist-Ich mit reinem Bewußtsein gleichgesetzt. Siehe Reiter (1997).

7 Rudolf Steiner bezeichnet die Reinkarnationslehre als *den* Grundpfeiler der Anthroposophie (von ihm begründete Erkenntnislehre).

8 Nach den oben zitierten Versen Hölderlins.

Literatur

Eliade, M.: Yoga. Unsterblichkeit und Freiheit, Frankfurt 1988.

Goethe, J. W. v.: Werke, Hildburghausen 1873.

Hegel, G. F. W.: Phänomenologie des Geistes, Hamburg 1952.

Hölderlin, F.: Sämtliche Werke, Leipzig o. J.

Maturana, H. und Varela, F.: Der Baum der Erkenntnis. Die biologischen Wurzeln des menschlichen Erkennens, München 1990.

Meier, G.: Im Anfang war das Wort. Die Spracharchäologie als neue Disziplin der Geisteswissenschaften, Bern 1988.

Meinhold, W. J.: Der Wiederverkörperungsweg eines Menschen durch die Jahrtausende, Mannheim 1994.

Ders.: Das große Handbuch der Hypnose – Theorie und Praxis der Fremd- und Selbstanalyse, Kreuzlingen 1997.

Meyrink, G.: Das grüne Gesicht, Freiburg o. J.

Popp, F.-A. und Mei, W.: Die Haut als Lichtspeicherorgan, in: Condrau, G., Dogs, W., Meinhold, W. J. (Hrsg.): Haut – ganzheitlich verstehen und heilen, Heidelberg 1997.

Reiter, P.: Die Gottesgeburt im Herzen, in: Condrau, G., Hahn, S., Meinhold, W. J. (Hrsg.): Das Herz – Rhythmus und Kreislauf des Lebens, Zürich 1997.

Steiner, R.: Wiederverkörperung und Karma und ihre Bedeutung für die Kultur der Gegenwart, Dornach 1978.

Uexküll, T. v.: Lehrbuch der psychosomatischen Medizin, München 1979.

Helmut Gebelein

Anmerkungen zum alchemistischen Erfahrens- und Bewußtseinsweg

Welchen Grund kann es heute noch geben, sich mit Alchemie zu beschäftigen? Sicherlich, die Alchemie gehört zur Geschichte der Chemie, und das Interesse der Chemiehistoriker an diesem Gegenstand ist daher verständlich. Aber in einem Buch, das sich mit der Frage nach dem Bewußtsein befaßt, solch ein Thema anzubieten, ist sicherlich nicht unproblematisch.

Es scheint mir daher nötig, bevor ich weiter auf das Thema eingehe, eine kurze Ehrenrettung der Alchemie vorzunehmen.

Die meisten Menschen denken bei dem Begriff Alchemie an die – natürlich zumeist betrügerische – Goldmacherei. Diese Auffassung ist nicht richtig. Ich habe in einem Buch[1] dargestellt, daß die Alchemie eine wichtige Rolle in der europäischen Kulturgeschichte spielte. Die Goldmacherei blühte besonders in der Spätphase der Alchemie, im Barock, ist also keine Erscheinung des Mittelalters, sondern in der Neuzeit anzusiedeln. Die Alchemie war ein völlig anderes System der Naturerklärung als unsere heutigen Naturwissenschaften. Dieses System, das auch als «hermetische Philosophie» bezeichnet wurde, zeichnet sich durch zwei wesentliche Grundsatzannahmen aus, die in unserer modernen Naturwissenschaft nicht mehr gelten. Die Alchemie war eine «ganzheitliche Wissenschaft», sie umfaßte Kunst, Medizin, Religion und Wissenschaft. Das bedeutete auch, daß dieses Modell der Naturerklärung moralisch-ethische Kategorien beinhaltete genauso wie ästhetische Kategorien. Dies ist einer der Gründe dafür, daß die Alchemisten selbst ihre Wissenschaft als Kunst bezeichneten. Das Symbol dieser Ganzheitlichkeit, wie auch der ewigen Wiederkehr, ist der Ouroboros, die Schlan-

Abb. 1: Michael Maier: Atalanta Fugiens, Oppenheim, 1618. Emblema XIV: Diß ist der Drache / welcher seinen eigenen Schwanz auffrißt.

ge oder der Drache, der sich in den eigenen Schwanz beißt (Abb. 1).

Diese ganzheitliche Wissenschaft ging durch die Trennung in die Bereiche Naturwissenschaften, Medizin, Human- oder Geisteswissenschaften, Kunst und Religion verloren.

Hören wir dazu den Biologen Needham, der die Geschichte der chinesischen Wissenschaft, auch der chinesischen Alchemie erforschte: «Als die Ethik aus den Wissenschaften vertrieben wurde, wurde alles anders und bedrohlicher. [...] Die Wissenschaft braucht das Beziehungsgefüge von weltanschaulichen, historischen und ästhetischen Erfahrungen. Allein und isoliert kann sie großen Schaden anrichten, [...] [sie kann] nicht nur die Menschheit, sondern alles Leben auf der Erde auslöschen.»[2]

Noch für Newton, der sich sein ganzes Leben lang mit Alchemie beschäftigte, waren Naturwissenschaft und Moral ver-

EMBLEMA XLII. *De secretis Naturæ.*   177
In Chymicis versanti Natura, Ratio, Experientia & lectio,
sint Dux, scipio, perspicilia & lampas.

Abb. 2: Michael Maier: Atalanta Fugiens, Oppenheim, 1618. Emblema XLII: Dem der in Chymicis versiret, sey die Natur / Vernunfft / Erfahrenheit und Lesen / wie ein Führer / Stab / Bryllen und Lampen.

bunden. Als ein Beispiel dafür kann ein Brief von ihm an Oldenburg, damals Sekretär der Royal Society, aus dem Jahr 1676 gelten, in dem er auf die Frage nach der Veröffentlichung alchemistischer Geheimnisse eingeht. Boyle hatte einen Bericht über ein «ungewöhnliches Experiment» veröffentlicht, das ihn zu der Annahme brachte, der Stein der Weisen sei prinzipiell darstellbar, und zwar in einer Weise, wie die Alten dies beschrieben hätten. Nun aber wollte er wissen, ob es gut sei, solche und weitere Ergebnisse zu veröffentlichen, oder ob es besser sei, sie zu verschweigen, damit sie nicht in «kranke Hände fielen», und fragte weise und erfahrene Männer um ihre Meinung. Newton meinte, Boyle sollte «hohe Verschwiegenheit» bewahren. Newton dachte, wie aus dem Brief abzulesen ist, es sei nicht sicher, alchemistische Kenntnisse zu veröffentlichen, und empfahl Boyle zu warten, bis er sicher sei, entweder durch eigene

Experimente oder durch den Rat «wahrer hermetischer Philosophen», daß er mit einer Veröffentlichung nicht «ungeheure Vernichtung über die Welt» bringe.[3]

Der zweite Punkt, der die Alchemie von der Naturwissenschaft unterscheidet, ist der Umgang mit der Natur. Die Alchemie folgt der Natur, die Naturwissenschaften unterwerfen die Natur (Abb. 2).

Nicht mehr «Beeinflussung der Natur durch Anpassung», sondern «Unterwerfung der Natur durch Arbeit», wie es Adorno und Horkheimer in ihrer «Dialektik der Aufklärung» formulieren, ist nunmehr das Programm.[4] Die Naturwissenschaften haben daher nichts mehr mit der Natur zu tun. Der Biochemiker Chargaff schreibt daher ironisch: «Der Ausruf ‹Zurück zur Natur› würde unsere gegenwärtigen Naturforscher mit Recht überraschen, denn dort waren sie nie gewesen.»[5]

Bis ins 18. Jahrhundert hinein galt die Alchemie als die älteste Wissenschaft, eine Wissenschaft, die schon Adam im Paradies von Gott gegeben worden war, deren Kenntnisse aber durch die Sündhaftigkeit der Menschen in der Sintflut verlorengegangen seien. Nur ein geringer Teil des früheren großen Wissens sei über die Sintflut hinaus gerettet worden, dieser kleine Teil des Wissens ist in der Alchemie überliefert worden. Diese Auffassung vertrat Newton, und sie war der Anlaß für seine lebenslange Beschäftigung mit der Alchemie.[6] Auch in der ersten Geschichte der Alchemie des renommierten Historikers Fresnoy, die 1742 in Paris erschien und interessanterweise «Geschichte der hermetischen Philosophie» hieß, wird diese Auffassung vertreten.

Natürlich war die Transmutation der Materie, die Herstellung des Goldes aus unedlen Metallen, insbesondere Blei und Quecksilber, das Hauptziel der Alchemisten. Alle Metalle wollen zu Gold, dem perfekten Metall, werden. Der Stein der Weisen ist das Mittel, das das erreichen soll. Bei Valentinus lesen wir dazu, daß der Stein der Weisen die «leprösen» – also die kranken – Metalle heilt. Es ist daher nicht überraschend, daß es auch die Vorstellung gab, alle Krankheiten seien durch den Stein der Weisen zu heilen. Die Suche nach dem Lebenselixier war das Hauptziel der chinesischen Alchemisten, sie suchten das Mittel, das ihnen einen unsterblichen Diamantkörper geben sollte.

Anzumerken ist allerdings, daß die Transmutation zu Gold eine einfache Stoffumwandlung war, keine Elementumwandlung. Es gab die vier Elemente: Feuer, Wasser, Luft und Erde. Unser Elementbegriff der Chemie wird erst im 18. Jahrhundert entwickelt, und es dauert bis zum Beginn des 20. Jahrhunderts bis endgültig geklärt ist, welche Stoffe wirklich Elemente sind.

Warum war es nun gerade das Gold, das die Alchemisten so interessierte? Dafür gibt es verschiedene Gründe. Gold ist ein Metall, das gediegen vorkommt, es muß nicht erst durch die technische Nutzung des Feuers hergestellt werden, ja es verändert sich, dem Feuer ausgesetzt, nicht einmal. Die Feuerprobe war und ist die anerkannte Methode der Prüfung des Goldes. So schreibt Magnus: «Ich habe alchemistisches Gold und Silber, welche mir gebracht wurden, der Prüfung unterworfen. 6 oder 7 Feuer halten sie aus.»[7]

Es kommen zwar auch andere Metalle, Silber, Quecksilber, Kupfer, Meteoreisen etc., gediegen vor, doch sind diese Vorkommen sehr selten, und die Metalle sind nicht feuerbeständig. So war es sicherlich eine «wissenschaftliche Sensation», als es gelang, aus Erde mit Hilfe des Feuers Metalle freizusetzen. Die Technologie der Metallherstellung war einer der größten Fortschritte, die die Menschheit jemals erzielte, so ist es auch kein Zufall, daß ganze Epochen nach Metallen benannt werden (wir kennen die Bronzezeit und die Eisenzeit). In der Mythologie gibt es davor das goldene und das silberne Zeitalter.

Das Gold ist leicht zu bearbeiten, es können relativ einfach Kultgegenstände hergestellt werden, als technischer Werkstoff ist es unlegiert nicht fest genug, doch ist es zäh und kann daher zu dünnen Folien – Blattgold – gehämmert werden. Die Farbe des Goldes symbolisiert die der Sonne, die des Silbers wird mit der Farbe des Mondes verbunden. Nicht uninteressant scheint mir auch, daß Gold durch ein tödliches Gift, Cyanid, aufgelöst werden kann. Das für den Menschen tödliche Gift «tötet» auch das edelste aller Metalle, das Gold.

Für die Alchemisten spielte allerdings noch ein weiterer Punkt eine besonders wichtige Rolle. Alle geschaffenen Dinge bestehen aus drei Prinzipien: Sal, Sulfur und Merkur. Ich sage bewußt nicht Salz, Schwefel und Quecksilber, denn diese chemischen Stoffe sind nur relativ gute materielle Repräsentanten dieser Prinzipien.

Sal steht dabei für den Körper, für das durch das Feuer nicht mehr Veränderbare. Viele Salze können dem Feuer ausgesetzt werden, nach dem Schmelzen und Abkühlen werden sie unverändert gefunden.

Sulfur steht für die Seele, für das Brennbare. Bei Demokrit bestand die Seele ja sogar aus unvergänglichen Feueratomen. Die Seele wird dann mit dem unvergänglichen Bewußtsein gleichgesetzt.

Merkur steht für den Geist, für das Flüssige, Bewegliche. Der lateinische Gott Merkur, dessen griechischer Name Hermes ist, der Gott, der die Seelen in die Unterwelt führt, der im Himmel, auf der Erde und in der Unterwelt zu Hause ist, symbolisiert die Beweglichkeit des Geistes.

In unserer Welt ist demnach der Körper der Träger der Seele, eine Seele ist ohne den Körper nicht vorstellbar. Gleichzeitig bedeutet das, daß alles, sowohl die belebte als auch die unbelebte Natur, beseelt ist. Damit wird auch die Evolution der Metalle verständlich. So, wie sich die menschliche Seele im alchemistischen Prozeß vervollkommnen soll, so auch die Metalle.

Die Arbeit, die ein Alchemist auf sich nahm, wollte er das «große Werk» vollbringen, war langwierig, schwierig und gefährlich. Einer der Gründe dafür, daß die Alchemie immer als Geheimwissenschaft betrachtet wurde, lag in der Schwierigkeit der Arbeit. Darüber hinaus waren und sind die Rezepte nicht leicht verständlich, denn sie beschreiben den Prozeß als chemischen, im Labor durchzuführenden und als Prozeß der Entwicklung des Alchemisten selbst. Daher sind die alchemistischen

Texte selbst auf drei Ebenen zu interpretieren, die den drei Prinzipien der Alchemie: Merkur, Sulfur und Sal entsprechen[8]:

1. Sal: Naturwissenschaftlich-chemisch, als Vorschrift für chemisches Arbeiten. Diese Lesart entspricht dem Sal der Alchemisten, sie bezieht sich auf die materielle Welt. Die Interpretation alchemistischer Schriften als Anweisungen für das Arbeiten im Labor wird als die Aufgabe der Chemiegeschichte betrachtet. Die damit befaßten Historiker berücksichtigen dabei allerdings nicht immer den alchemistischen Hintergrund der von ihnen benutzten Arbeiten. Allzuleicht sind sie geneigt, die Vorschriften nach unserem heutigen Verständnis zu interpretieren und die berichteten Ergebnisse als Dreckeffekte abzutun. Die Texte sind allerdings nicht leicht verständlich, auch weil sie bestimmte, damals allgemein bekannte Tatsachen nicht erwähnen.

2. Merkur: Psychoanalytisch, dies führt ins Unbewußte. Hermes, lateinisch Merkur, ist dafür zuständig.

3. Sulfur: Hermetisch-religiös, dies führt zur mystischen Schau Gottes, die in der spirituellen Alchemie besonders betont wird.

Nun ist es nicht immer einfach, Sulfur und Merkur auseinanderzuhalten. Wird, wie gelegentlich in der neueren Alchemie, Merkur oder Geist mit Energie, Sulfur oder Seele mit Information gleichgesetzt, so ist einzusehen, daß Information ohne Energie nicht möglich ist, Sulfur und Merkur daher nur schwer zu trennen sind. Burckhardt erläutert, daß im menschlichen Mikrokosmos der Sulfur in gewisser Weise dem Geiste und der Merkur der Seele vergleichbar seien. Er fügt aber auch hinzu, daß es Alchemisten gibt wie Valentinus (und auch Paracelsus), die den Sulfur mit der Seele *(anima)* und den Merkur mit dem Geist *(spiritus)* vergleichen: «Das widerspricht nur dem Anscheine nach dem, was wir vorher sagten: In der Sprache dieser Verfasser entspricht die *anima* der unsterblichen Seele, folglich der eigentlichen und das Wesentliche des Menschen betreffenden Form, einem «Siegel», welches das formende Prinzip der seelischen Substanz aufprägt; und tatsächlich gehört der geistige Schwefel zu diesem Prinzip. Was den Begriff *spiritus* angeht, so bezeichnet er keineswegs den transzendenten Geist oder *intellectus agens*, sondern den Lebensgeist – auch das arabische Wort *ar-rûh* hat diese doppelte Bedeutung –, folglich die feinstoffliche Energie, durch die das Individuum mit der kosmischen Umgebung verbunden und deren lebendige Aneignung in gewisser Weise der Atmung vergleichbar ist; nun ist gerade dieser verhältnismäßig nicht-individualisierte Aspekt der Seelensubstanz, der dem Quecksilber entspricht, unmittelbarer Ausdruck der Naturkraft innerhalb der feinstofflichen Welt.»[9] Diese feinstoffliche Welt entspräche dann dem «Prana» der Inder oder dem «Orgon» Reichs.

Im «großen Werk» geht es nun nicht nur um die Herstellung des Goldes, dies wird nur als das äußerliche Kennzeichen dafür, daß die Arbeit des Alchemisten erfolgreich war, betrachtet. Es war vor allem Jung[10], der sich, angeregt durch Silberer, mit diesem Aspekt der Alchemie beschäftigt hat. Nach Jung waren es Halluzinationen und Visionen, die der Alchemist in den Kolben projizierte, und daher hatte die Arbeit im Labor keinen wirklichen Erfolg. Der Stein der Weisen war nach Jung nicht wirklich das Ziel der Arbeit, sondern das Ziel war ein Individuationsprozeß, ein Finden des Selbst. Die Texte der Alchemisten lassen solche Interpretationen selbstverständlich zu, sie sind eben – wie gesagt – auf den verschiedenen Ebenen zu verstehen. Der erste Schritt des Individuationsprozesses ist, das Dunkle, den Schatten zu akzeptieren und in die Person zu integrieren. Bei Maier findet sich ein Bild (Abb. 3), das in dieser Weise interpretiert werden kann. Ein weiterer Beleg für diese Interpretation der Alchemie ist das Motto der Alchemisten: «Du mußt alles selbst tun.»

Jung hat allerdings die Laborarbeit in der Alchemie unterschätzt. Ich finde dies erstaunlich, denn in den Gefäßen der Alchemisten fanden feststellbare Veränderungen der Substanzen statt. Die Aggregatzustände, Farben ändern sich, all dies sind nicht nur Visionen, sondern nachvollziehbare Vorgänge. Vorgänge, wie sie in der Chemie ja auch weiterhin passieren. Jung hat den Aspekt des Sulfur zu einseitig gesehen. Es ist allerdings richtig, sowohl die Vorgänge, die sich im Schmelztiegel der Seele

EMBLEMA **XLV.** *De secretis Naturæ.* 189
Sol & ejus umbra perficiunt opus.

Abb. 3: Michael Maier: Atalanta Fuojens, Oppenheim, 1618. Ernblema XLV: Die Sonn und ihr Schatten vollnbringen das Werck.

abspielen sind real, wie auch die, die im Schmelztiegel des alchemistischen Labors ablaufen.

Zur Illustration kann die Kaffeekantate von Johann Sebastian Bach dienen, in der es heißt:

«Sooft ich meine Tabakspfeife,
mit gutem Knaster angefüllt,
zu Lust und Zeitvertreib ergreife,
so gibt sie mir ein Trauerbild
und füget diese Lehre bei:
daß ich derselben ähnlich sei.»

Das Rauchen der Tabakspfeife ist ein Symbol der Vergänglichkeit alles Irdischen, auch wir werden zu Asche und Staub. Diese Erkenntnis wäre ohne eine Tabakspfeife nicht in derselben Weise möglich.

Der Alchemist und Dichter Bernus kritisiert die Auffassung Jungs mit folgenden Worten: «Hier geht es einzig und allein darum, der Auffassung Jungs [...] auf das entschiedenste entgegenzutreten, weil die Autorität des Schweizer Seelenforschers dazu angetan ist, einen völlig einseitigen Aspekt der Alchymie zu einem wissenschaftlichen Axiom werden zu lassen. Gegenüber der irrigen und, von einer höheren geistigen Warte aus gesehen, völlig oberflächlichen Behauptung Jungs, es handle sich bei den alchymistischen Anweisungen und Bildgebungen ausschließlich um Ausdeutungen seelischer Entwicklungsvorgänge, wird von einem, der sich in den alchemystischen Erlebniskreisen auskennt und den alchymistischen Erfahrungsweg auch in dem Sinn der praktischen Alchemie gegangen ist und nicht nur über ihre Zeichensprache und Symbolwelt spintisiert hat, festgestellt: Der sogenannte Stein der Weisen, das geheimnisvolle Elixier ist darstellbar.»[11]

Diese Kritik an einer einseitig tiefenpsychologischen Interpretation der Alchemie wiegt um so schwerer, da Bernus durchaus den seelischen und religiösen Gehalt der Alchemie sieht und die Entwicklung der Person und des Bewußtseins auch für ihn der wesentliche Teil der Alchemie ist. Er schreibt und damit möchte ich schließen: «Gewiß steht die Transmutations-Idee im Mittelpunkt des alchymistischen Einweihungsweges, doch nicht die Verwandlung der Metalle, sondern der innere mystische Transmutationsprozeß, wovon die äußere chemisch-physikalische Metallverwandlung nur die innerhalb des Materiellen sichtbar und real gewordene Erscheinungsform ist. – Das ist, was die wirklichen Adepten meinen, wenn sie sagen: *Nur dem gelingt der Stein der Weisen, der ihn zuerst gemacht hat in sich selber. – Sammelt vorab euch Schätze in den Himmeln, so wird das Irdische euch von selbst zufallen [...].*»[12]

Anmerkungen

1 Gebelein, H.: Alchemie, München 1996.
2 Temple, R. K. G.: Das Land der fliegenden Drachen, Bergisch Gladbach 1990, S. 10.
3 Dobbs, B. J. T.: The Foundation of Newton's Alchemy or «The Hunting of the Green Lyon», Cambridge 1975, S. 194 ff.
4 Adorno, Th. W.; Horkheimer, M.: Dialektik der Aufklärung, Amsterdam 1955, S. 30.
5 Chargaff, E.: Das Feuer des Heraklit, Stuttgart 1979, S. 232.
6 Figala, K.: Die exakte Alchemie des Isaac Newton, Basel 1984.
7 Gebelein, H.: Alchemie, München 1996, S. 124.
8 Silberer, H.: Probleme der Mystik und ihrer Symbolik, Wien 1914, S. 138.
9 Burckhardt, T.: Spiegel der Weisheit, München 1992, S. 282.
10 Jung, C. G.: Psychologie und Alchemie, Olten 1979.
11 von Bernus, A.: Alchymie und Heilkunst, Nürnberg 1969, S. 37.
12 Ders.: ebd. S. 93.

Anhang

Kurzbiographien

GERHARD S. BAROLIN
Feldkirch. Prof. Dr. med., Mitglied der Wiener Med. Fakultät. Vertritt
das Fach Nervenheilkunde (Neurologie, Neurophysiologie, Psychiatrie und Psychotherapie) in Praxis, Lehre und Forschung. Befürworter
der «integrierten Psychotherapie». Ungefähr hundert Publikationen
zu diesem Thema. Wegbereiter für Neuro- und Altersrehabilitation.
Erstbeschreiber der «spontanen Altersregression im Symboldrama»
im Rahmen der katathymen Imaginationstherapie. Entwickelte das
Kombinationsmodell mit analytisch orientierter Gruppenpsychotherapie, Autogenem Training und respiratorischem Feedback.

ZYGMUNT BAUMAN
1925 geboren. Polnischer Soziologe und Philosoph, gehört zu den Mit-
begründern postmoderner Reflexionen über Philosophie und Soziologie. Bis 1968 war er Soziologieprofessor an der Universität Warschau.
Aus politischen Gründen verließ er Polen und lehrte im Ausland, zum
Beispiel als Gastprofessor in Leeds (England). Autor von über dreißig
Büchern, zum Beispiel «Kultur und Gemeinschaft» (1968), «Moderne
und Ambivalenz» (1991) und «Postmoderne Ethik» (1993).

MARTHA BIERTZ-CONTE
Mainz. Dr. med., Fachärztin für Allgemeinmedizin mit Zusatzbezeichnungen Naturheilverfahren, Homöopathie und Psychotherapie. Aus-
bildungspraxis in Mainz. Präsidentin der Internationalen Gesellschaft
für Psychotherapie und Psychopädie. Wissenschaftlicher Beirat des
Verlages La Vie. Auszeichnung der Carl-Gustav-Carus-Stiftung für
psychosomatische Forschung. Vertreterin des Deutschen Ärztinnen-
bundes im Landesfrauenrat Rheinland-Pfalz.

GION CONDRAU

Zürich. Prof. Dr. med. et phil., 1919 geboren. Habilitation an der Medizinischen Fakultät Zürich und an der Philosophischen Fakultät Freiburg. Titularprofessor 1967. Fachausbildung in Psychiatrie und Neurologie. Direktor des Daseinsanalytischen Instituts für Psychotherapie und Psychosomatik in Zürich. Seit 1953 in eigener Praxis tätig.

ALBERT CRAMER

Dr. med., 1918 geboren. Dreißig Jahre in einer Allgemeinpraxis in Hamburg als homöopathischer Arzt in Chirotherapie und Naturheilverfahren tätig. Danach sieben Jahre leitender Arzt des Werksarzt-Zentrums Minden und Dozent an der Akademie für Arbeitsmedizin Berlin. Langjähriges Vorstandsmitglied unter anderem des Zentralverbandes der Ärzte für Naturheilverfahren. Mitbegründer der Deutschen Gesellschaft für manuelle Medizin. Autor von «Geschichte der manuellen Medizin» (1990).

ANNETTE CRAMER

München. Studierte Musik, Psychologie und Philosophie, danach Musiktherapie. Weiterbildung in Atem- und Stimmarbeit und in körperorientierten Therapien, in chinesischer Musiktherapie und in Nada-Yoga (Klang-Yoga). Seit 1976 als Musiktherapeutin tätig. Dozentin für Musik und Musiktherapie. Veröffentlichungen in Fachzeitschriften und Buchbeiträge. Ständige freie Mitarbeiterin bei Fernsehen und Rundfunk. Ambulant tätig in einer Praxisgemeinschaft in München.

HANS RUDI FISCHER

Heidelberg. Dr. phil., Philosoph und Sprachwissenschaftler. Mitarbeiter am Heidelberger Institut für systemische Forschung, Therapie und Beratung. Mehrere Buchpublikationen als Autor und Herausgeber.

WILLIBALD GAWLIK

Greiling. Dr. med., nach Approbation und Promotion klinische Tätigkeit, zuletzt am homöopathischen Krankenhaus in Höllriegelskreuth bei München. Seit 1955 Niederlassung als Arzt für Allgemeinmedizin mit den Zusatzbezeichnungen Homöopathie und Naturheilverfahren. 1969 bis 1976 erster Vorsitzender des Deutschen Zentralvereins homöopathischer Ärzte. 1976 bis 1990 Vorsitzender des Arbeitskreises homöopathischer Ärzte im Deutschen Zentralverband der Ärzte für

Naturheilverfahren. 1978 bis 1990 Mitglied der homöopathischen Arzneibuchkommission im ehemaligen Bundesgesundheitsamt in Berlin. 1980 bis 1990 Vorsitzender der Arzneimittelkommission D für Aufbereitung und Zulassung homöopathischer Arzneimittel im ehemaligen BGA. Verfasser mehrerer homöopathischer Fachbücher und Autor von etwa sechzig Beiträgen in in- und ausländischen, homöopathischen und allopathischen Zeitschriften und in Zeitschriften für Naturheilverfahren.

HELMUT GEBELEIN
1940 geboren. Nach der Promotion in Theoretischer Chemie an der Frankfurter Universität war er im Schuldienst und am Institut für Wasser-, Boden- und Lufthygiene des Bundesgesundheitsamts tätig. Seit 1972 lehrt er als Professor für Didaktik der Chemie an der Universität Gießen. Er beschäftigt sich unter anderem mit der Geschichte der Naturwissenschaften und führt Veranstaltungen durch zu Alchemie und hermetischer Philosophie.

MICHAELA GLÖCKLER
Dornach. Dr. med., geb. von Kügelgen. Zahlreiche Praktika an Waldorfschulen. 1971 Staatsexamen für das Lehramt an Gymnasien. 1972 bis 1978 Studium der Medizin in Tübingen und Marburg. Weiterbildung zur Kinderärztin am Gemeinschaftskrankenhaus in Herdecke und an der Universitäts-Kinderklinik in Bochum. Schulärztliche Tätigkeit an der Rudolf-Steiner-Schule in Witten. Seit 1988 Leitung der Medizinischen Sektion am Goetheanum. Tätig an der Freien Hochschule für Geisteswissenschaft in Dornach. Viele Publikationen.

KATHARINA HILGER
Koblenz. Diplom-Sozialpädagogin und Erwachsenenbildnerin. Lehrerin für Deutsch und Religion. Erfahrung in der Vermittlung von Autogenem Training und Rollenspiel im Schul- und Vorschulalter. Leiterin des Wohnheims Stolzenfels. NLP-Master-Practitioner. Vermittelt Autogenes Training, Hypnose und andere Therapiemethoden im klinischen Bereich sowie in der Rehabilitation und in der Ausbildung. Dozentin und Lehranalytikerin der GTH. Vorstandsmitglied der Vereinigung zur Förderung ethischer Hypnose. Vizepräsidentin der Internationalen Gesellschaft für Autogenes Training und Hypnosetherapie.

GERHARD LANGER

Wien. Facharzt für Psychiatrie und Neurologie. Universitätsprofessor für Psychiatrie. In Wien als Seelenarzt in selbständiger Praxis tätig. Universitäre Lehrveranstaltungen zu Humandiätetik und Menschenheilkunde.

SABINE LICHTENFELS

1954 geboren. Theologin, Friedensforscherin, Autorin, Medium und Mutter zweier Kinder. Nach Bruch mit der Kirche Weiterarbeit in den Bereichen außerkirchliche Theologie, Trance, Traum- und Gebetsforschung. Gründung einer spirituellen Schule jenseits aller Glaubensbekenntnisse in Form von «Wüstencamps». Entwickelte mit anderen Frauen die Idee des sexuellen Humanismus, dargelegt in ihrem gemeinsamen Buch «Rettet den Sex» (1988). Sie schreibt «Der Hunger hinter dem Schweigen. Annäherung an spirituelle und sexuelle Wirklichkeiten» (1992) und «Weiche Macht. Perspektiven einer neuen Frauenbewegung und einer neuen Liebe zu den Männern» (1996). Sie lebt heute in Portugal, wo sie ein Forschungsprojekt für spirituelle und geschichtliche Grundlagen für eine gewaltfreie Kultur begründet hat.

WERNER J. MEINHOLD

Pirmasens. Heilpraktiker und Psychotherapeut. Lange Auslandaufenthalte mit Studien zum Schamanismus und zur Volksmedizin. Hypnose-Ausbildung unter anderem bei Dietrich Langen. Vorsitzender, Dozent und Lehranalytiker der GTH (Deutsche Ges. f. therapeutische Hypnose und Hypnoseforschung). Leiter der Gesellschaft «Harmonie 1782» (Gesellschaft für geistige Heilwesen). Buchveröffentlichungen über Psychotherapie, Hypnose, Wiederverkörperung, Therapiehindernisse und Krebs.

FRANZ MOSER

Nestelbach (Österreich). Studium der Chemie an der TU Graz und an der Princeton University (USA). Zwölf Jahre tätig in der Industrie in Deutschland und in Holland. Dreißig Jahre Professor für Grundlagen der Chemietechnik an der TU Graz. Studium der neuesten Erkenntnisse in Wissenschaftstheorie, Quantentheorie, Philosophie und Weisheitslehren.

TILMANN MOSER

Freiburg. 1938 geboren. Studierte Philologie, Politik und Soziologie in Tübingen, Paris, Berlin, Frankfurt und Gießen. Ausbildung zum Psychoanalytiker am Sigmund-Freud-Institut in Frankfurt. Sechs Jahre Dozent für Psychoanalyse und Kriminologie am Fachbereich Rechtswissenschaft der Frankfurter Universität. Seit 1979 in freier Praxis als Psychoanalytiker tätig. Zahlreiche Veröffentlichungen.

EMMANUEL O. OLUKOTUN

Matamoros, Tamps, Mexiko. Geschäftsführender Vorsitzender der Internationalen Akademie für Eklektische Psychotherapie und des Weltverbandes der Eklektischen Hypnotherapeuten. Er ist afrikanischer Psychologe und eine weltbekannte Autorität für Anwendungen der eklektischen Psychotherapie, Hypnotherapie und für traditionelle Anwendungen afrikanischer Heilungsrituale.

GERTRUD ORFF

München. Hat aus musikalischem und heilpädagogischem Hintergrund die Orff-Musiktherapie in praktischer Arbeit mit gestörten Kindern entwickelt und theoretisch unterbaut. Es liegen aus dieser am Kinderzentrum München (Leitung Prof. Hellbrügge) durchgeführten Therapie-Praxis zwei Fachbücher vor: «Die Orff-Musiktherapie» (1974) und «Schlüsselbegriffe der Orff-Musiktherapie» (1984).

MARIA REITH

Ottobrunn. Psychotherapeutin und Heilpraktikerin. Leitet seit 1984 Traumseminare. Ausbildung in Gestalttherapie, Hypnose, Transaktionsanalyse, Tanztherapie und Psychotherapie. Eigene Praxis. Leitet Seminare in der Erwachsenenbildung sowie in der Fortbildung von Lehrern und Erzieherinnen.

GOTTFRIED WASER

Basel. 1943 geboren. Privatdozent für Gestaltende Psychotherapie/Kunsttherapie an der Medizinischen Fakultät der Universität Basel. In psychiatrisch-psychotherapeutischer Praxis tätig. Erster Vorsitzender der Internationalen Gesellschaft für Kunst, Gestaltung und Therapie.

YASMINE WESSELY
Wien. Dr. med. und Mag. phil. Praktische Ärztin, Shiatsu-Praktikerin und Kunsthistorikerin.

HONG LI YUAN
Stuttgart. 1957 geboren in Shanghai. In seiner chinesischen Heimat kam er mit dreizehn Jahren erstmals mit der Heilkunst des Qi Gong in Berührung, als ihn ein Qi-Gong-Meister von einer lebensgefährlichen Krankheit heilte. Er verbrachte dann mehrere Jahre bei diesem Meister im Tempel, um selbst das Geheimnis von Qi Gong zu ergründen. Anschließend studierte er chinesische Medizin. Er ist Großmeister für Qi Gong und seit 1988 Vorstandsmitglied der Qi-Gong-Gesellschaft von Shanghai. 1995 gründete er die Deutsche Gesellschaft zur Förderung von Qi Gong und chinesischer Heilkunde, die er seither leitet.

Namenregister

Abel 22
Adam 294
Adorno 294
Aristoteles 122, 123
Augustinus 17, 22

Bach 299
Balbulus 254
Bardin 79
Barolin 53, 68, 83
Bauman 17, 18, 20
Benedetti 145
Bernus 300
Biertz-Conte 160
Boadella 198
Bohm 197
Bohr 208
Boss 261, 264
Boyle 293
Buddha 200, 206
Burckhardt 297

Carus 144, 254
Cassirer 252
Cayce 101
Chardin 203
Chargaff 294
Condrau 10, 252
Cramer, Albert 171

Cramer, Annette 108, 121

Dalí 243
Darwin 203
Davies 207
De Klijn 171, 173
Demokrit 296
Descartes 252, 253, 257
Di-Pol 76
Dieckmann 96
Diehl 89
Diemer 252
Dreifuß-Kattan 154
Dunne 206

Eckhart 284
Eigen 203
Einstein 197, 207
Eliade 284
Ellenberger 253

Faraday 100
Feldenkrais 179
Feuerbach 254
Fischer 215
Foerster 226
Fresnoy 294
Freud 56, 111, 144, 254
Furrer 144

Sachregister